인생에
깊이를
더하는
고전
읽기

인생에
깊이를
더하는
고전 읽기

초판 1쇄 인쇄 | 2024년 7월 25일
초판 1쇄 발행 | 2025년 8월 1일

편저자 | 이강래 **펴낸이** | 전영화 **펴낸곳** | 다연
주소 | 경기도 고양시 덕양구 의장로 114, 더하이브 A타워 1011호
전화 | 070-8700-8767 **팩스** | (031) 814-8769 **이메일** | dayeonbook@naver.com
본문 | 미토스 **표지** | 강희연

ⓒ다연

ISBN 979-11-90456-58-6 (03190)

인생에 깊이를 더하는

고전 읽기

이경래 편역

다연
DAYEONBOOK

역사(歷史) 속에서 배우라, 혹은 고전(古典)에서 배우라는 말을 흔히 하거나 듣는다.

분명 현대를 살아가는 데 있어서, 그리고 미래를 전망하는 데 있어서 역사와 고전을 반드시 배우고 터득하지 않으면 안 된다. 왜냐하면 고전은 인간의 영지(英智)를 모아놓은 결정(結晶)이며, 역사는 인간의 고투(苦鬪)를 집대성해 놓은 기록이기 때문이다. 그런 선현(先賢)들의 지혜를 배우고 익힌다는 것은 이 험한 현실을 살아감에 있어서 크게 도움이 될 것이다.

그러나 고전이든 역사의 기록이든 그 양이 방대하여, 어떤 순서로 읽어나가야 좋을는지 감이 안 잡히는 수가 있다. 특히 중국의 고전에서는 그런 느낌이 더하다.

오늘날과 같이 바쁜 시대, 더구나 비즈니스 사회의 제일선에서 활약하고 있는 사람들에게는 더욱 심각한 문제이다.

이 책을 엮은 의도도 실은 거기에 있다. 중국 고전의 알맹이만을 간추려, 눈코 뜰 새 없이 바쁜 현대인들에게 알기 쉽게 소개해 보고자 시도한 것이다.

그런 취지에서 엮게 된 이 책에서는 특히 다음 두 가지 점에 유의하였다.

1. 중국의 고전을 수기치인(修己治人)의 지도철학(指導哲學)으로부터 평범한 처세의 지혜에 이르기까지 폭넓게 망라하였다. 또한 한 가지 패턴에 얽매이지 않고 수많은 원전(原典)에서 명구를 뽑았다.

　2. 단순한 지식이 아니라 매일의 비즈니스라든가 생활에 도움이 되는, 실천적인 지혜를 중심으로 하여 엄선했다.

　이 책을 계기 삼아 독자들이 중국 고전과 친숙해졌으면 하는 바람 또한 간절하다.

編著者 識

차례 | January 1

차례 | February 2

차례 | March 3

차례 | April 4

차례 | June 6

차례 | August 8

차례 | September 9

차례 | October 10

차례 | December 12

January 1

이익을 추구할 때는 손실의 면도 고려에 넣어야 한다. 그러면 모든 일은 순조롭게 진전된다. 이와 반대로 손실을 입었을 때는 그것에 의해 얻어진 이익의 면도 고려에 넣는다. 그렇게 하면 쓸데없는 걱정을 하지 않아도 된다.

진실로 날마다 새로워지면
나날이 새로워지고 또 날로 새로워진다

苟日新, 日日新, 又日新 구일신, 일일신, 우일신 _대학

자기계발(自己啓發)을 권유한 말이다.

『대학(大學)』이란 책은 전문(全文)이 불과 1천7백53자로 된 소책자인데, 그 내용은 '수신(修身), 제가(齊家), 치국(治國), 평천하(平天下)'의 핵심을 설명한 것으로서 의외로 어렵다. 표제의 구절은 그 안에 있는 말이다.

수신이니 수양이니 하면 머리를 절레절레 흔드는 사람이 적지 않다. 그러나 이것은 원래 남의 강요에 의해서 되는 것이 아니라, 자신을 단련코자 하는 자각적 노력이 있을 때 이루어지는 것이다. 그것을 설명한 말이 위의 구절이다.

옛날 은(殷)나라의 명군(名君) 탕왕(湯王)은 이 말을 세숫대야에 새겨놓고 '수신'의 결의를 새로이 했었다고 한다. 그 세숫대야는 일상생활에서 쓰는 것이 아니라 제사 때 손을 씻기 위한 대야였다는 설도 있다.

그야 어쨌든 이러한 결의가 없으면, 인간은 제아무리 나이가 들어도 진보를 바랄 수 없는 법이다.

가담항어(街談巷語)
세상의 풍설, 즉 세상에 떠도는 뜬소문을 말한다 _漢書·藝文誌.

지난 것을 익히어
새 것을 알게 된다

溫故知新 온고지신 _논어

하루하루의 자기계발은 그 누구에게도 바람직스런 일이다.

왜냐하면 이 자기계발에 태만할 경우 자신의 인생을 충실하게 다져나갈 수가 없기 때문이다. 그러나 누구보다도 이것이 요구되는 사람은, 사람 위에 서서 일하는 사람, 즉 리더들이다.

리더가 자기계발을 게을리 한다면 리더로서의 설득력이 생겨날 수 없다.

그럼 자기계발을 하려면 어떻게 해야 할까?

그것을 설명한 것이 공자(孔子)의 표제어이다.

"지난 것을 충분히 익혀 새로운 것을 알면, 그로써 다른 사람의 스승이 될 수 있다[溫故知新, 可以爲師矣]."

의역을 하면 다음과 같다.

"역사를 깊이 탐구함으로써 현대에 대한 인식을 깊이 해나가는 태도, 이것이야말로 지도자의 자격을 얻는 길이다."

이 말을 줄여서 '온고지신'이라고 한다.

가여낙성(可與樂成)
일의 성공을 함께 즐길 수 있음 _史記·商君傳.

기(驥)는 하루에 천릿길을 달리지만 노마(駑馬)도 열흘이면 이를 따라잡는다

驥一日而千里, 駑馬十駕, 則亦及之矣 기일일이천리, 노마십가, 즉역급지의_순자

'기(驥)'란 하루에 천리나 달리는 명마(名馬)이다. 인간으로 빗대자면 천재(天才)라고 해도 좋다.

이에 비하여 '노마(駑馬)'란 둔재(鈍才)이다. 천재에 비하면 1할 정도의 능력밖에 안 되지만, 그런 '노마'라 할지라도 10일간 계속 달리면 '기'가 하루에 가는 거리를 따라잡을 수 있다는 말이다. 두말할 것도 없이 이는 평소의 노력이 얼마나 중요한가를 새삼 강조한다.

아무리 훌륭한 목표를 세우더라도 실행에 옮기지 못하면, 그림 속의 떡과 같은 것. 또 실행에 옮긴다 하더라도 중도에서 집어치운다면, 역시 아무 효과도 없다. 무슨 일이든 꾸준히 밀고 나감으로써 풍성한 열매를 기대할 수 있는 법이다.

특히 그처럼 끊임없는 노력을 필요로 하는 것이 자기계발이다. 리더 된 사람은 모름지기 '노마'를 본받아서 배우고 자기 자신을 단련해 나감에 있어 단 하루라도 태만히 하는 일이 없어야겠다.

각주구검(刻舟求劍)
움직이는 배에 표시를 하여, 물속에 빠뜨린 칼을 찾으려 함 _呂氏春秋.

배를 한입에 삼킬 만큼 큰 물고기는 강(江)의 지류에서 헤엄치지 않는다

呑舟之魚 不游支流 탄주지어 불유지류 _열자

'탄주지어(呑舟之魚)'란 배를 한입에 삼킬 만큼 큰 물고기이다. 그처럼 큰 물고기는 강의 지류(支流)에서 노는 일이 없다는 뜻이다.

이 말에는 다음과 같은 뜻이 포함되어 있다.

1. 큰 목표를 갖는다.

2. 환경을 정리 정돈한다.

인생의 목표는 크고 높게 가질수록 좋다. 처음부터 작고 낮은 목표를 세웠다가는 고만고만한 수준에서 맴돌기 십상이기 때문이다. 그런 점으로 볼 때 큰 목표를 세우고 일에 착수한다면, 설령 반밖에 실현하지 못했다 하더라도 어느 정도의 수준까지 도달할 수 있을 것이다.

목표를 세웠으면 그 다음에는 그것을 실현시키기 위한 환경을 갖출 일이다. '지류'와 같은 곁길에 한눈 팔지 않도록 하고, 항상 목표를 향해 전력 질주하여야 한다. 때에 따라 천천히 가도 상관없다. 그러나 큰 목표에서 눈을 떼는 일은 절대로 없어야겠다.

간담상조(肝膽相照)
서로가 마음을 숨김없이 터놓고 친하게 사귄다 _韓愈의 柳子厚墓誌銘.

천하의 일, 뜻대로 안 되는 것이
항상 7~8할은 있다

天下不如意, 桓十居七八 천하불여의, 환십거칠팔 _진서

이 세상에는 자기 뜻대로 되지 않는 것이 70~80%라는 의미이다. 진대(晉代)의 양호(羊祜)란 장군이 한 말이다.

양호는 정남대장군(征南大將軍)이 되어, 남쪽 국경지대에 주둔하고 있으면서 오(吳)나라에 대한 진공작전을 준비하였다. 그러나 몇 번이고 조정에 진언을 했건만 공격명령이 내려오지 않았다. 승산은 충분히 있지만, 왕의 명령 없이는 군단을 움직일 수가 없다.

갖은 고생 끝에 작전계획을 수립했던 양호로서는 분하기 짝이 없었으리라. 그때 한 말이 표제의 말이다.

오늘날에도 양호와 같이 안타까운 상황에 놓이는 경우가 어디 한둘이랴. 특히 조직 속에서 살아가는 사람일수록 그런 탄식이 절로 나오게 마련이다. 인생에는 아무리 애를 쓰고 아무리 고로(苦勞)를 겪어도 보답받지 못하는 일이 많다. 그러나 그런 일을 핑계 삼아 노력을 게을리 해서는 안 될 것이다.

간성난색(姦聲亂色)
간사한 소리는 귀를 어지럽게 하고, 좋지 못한 색깔은 눈을 어지럽게 한다 _禮記·樂記篇.

백리 길을 가는 사람은 구십 리를 반으로 친다

行百里者半九十 행백리자반구십 _전국책

백리 길을 가는 사람은 구십 리를 갔을 때 비로소 반쯤 왔다고 생각하라는 말이다. 두말할 것도 없이 최종 단계의 중요성을 강조한 어구이다.

명군(名君)으로 일컬어지는 당(唐)나라 태종(太宗)은 정치하는 자의 마음가짐에 대해서 이런 말을 남겼다.

"나라를 다스리는 마음가짐은 병을 치료할 때의 마음가짐과 똑같다. 환자는 치유되어 갈 때일수록 더한층 간호에 유의하지 않으면 안 된다. 자칫 방심하여 의사의 지시에 따르지 아니하면 그야말로 생명을 잃는 수가 있다. 나라를 다스림에 있어서도 이와 똑같은 마음가짐이 필요하다. 천하가 안정되어 있을 때일수록 더더욱 신중을 기해야 하는 것이다."

질병 치료나 정치 분야뿐만이 아니다. 최종 단계에서 긴장을 풀었다가 일을 그르치는 예는 얼마든지 있다.

일을 마무리 짓는 때야말로 긴장의 끈을 더욱더 당겨야 할 때이다.

갈이천정(渴而穿井)
목이 말라야 비로소 샘을 판다. 준비 없이 있다가 일이 발생한 후에야 서두른다. _說苑.

항산(恒産)이 없으면
그로 인하여 항심(恒心)을 잃게 된다

無恒産者, 因無恒心 무항산자, 인무항심 _맹자

'항산(恒産)'이란 생활을 충분히 꾸려나갈 만한 안정된 수입, 즉 자산(資産)이다. '항심(恒心)'이란 그 어떤 난관에 처해도 악(惡)으로 치닫지 않는 마음, 이를테면 부동심(不動心)이라고 해도 좋겠다.

『맹자(孟子)』의 이 대목을 소개하면 다음과 같다.

"항산이 없어도 항심이 있는 것은 '선비[士]'만이 할 수 있는 것이다. 일반 백성들은 항산이 없으면 그로 인하여 항심을 잃게 된다."

항산이 없이도 항심을 계속 유지하는 것이 이상(理想)이다. 그러나 그것은 지조가 굳센 인물이라야 가능한 일이다. 일반인들에게 그것을 기대한다는 것은 무리이다. 그러므로 일반인들에게는 무엇보다도 먼저 생활을 안정시켜 주어야 한다. 그것이 위정자가 할 일이라고 맹자는 주장했다.

항산이 없이 항심을 지속한다는 것은 분명 어려운 일이다. 항심을 계속 가지기 위해 확고한 생활 설계를 해야 한다.

개관사방정(蓋棺事方定)
관 뚜껑을 덮을 때에야 그 사람의 진가를 안다 _晉書.

처음엔 누구나 잘하지만
끝까지 잘하는 예는 드물다

靡不有初, 鮮克有終 미불유초, 선극유종 _시경

누구나 일을 시작할 때는 잘하지만, 그것을 끝까지 지속시켜 나가는 자는 얼마 안 된다는 의미이다.

무엇인가 새 일을 시작한다고 하자. 그런 때는 누구든 그 일을 성공시켜 보려고 긴장하여 일에 임한다. 그러므로 성공할 확률이 높다.

그러나 일이 궤도에 오름에 따라 서서히 자신감이 생기고 점차 긴장감이 풀어지게 된다. 그리고 이윽고는 마음이 해이해져서 본의 아닌 실수가 생기고, 끝내 실패로까지 연결되는 수가 있다.

세상에는 그런 사례가 적지 않은 것이다.

그렇게 되지 않기 위해서는,

1. 최초의 긴장감을 지속시켜 나가도록 마음 쓸 것

2. 일이 잘 풀려나갈 때일수록 마음을 다잡고 있을 것

이상 두 가지 점에 유의할 필요가 있다. '초심(初心)'을 잊지 말라'는 말이 있는데, 바로 이 경우의 충고인 것이다.

개문읍도(開門揖盜)
문을 열어놓고 도둑을 맞아들임. 즉 스스로 화를 불러들인다는 뜻. _三國志·吳志.

기기는 가득 차면
반드시 쓰러지는 법이다

敧器以滿覆 기기이만복 _채근담

'기기(敧器)'란 물이 가득 차면 엎어지고 텅 비면 기울어지나 알맞게 차면 반듯해지는, 금속으로 만든 그릇인데, 흔히 중용(中庸)을 지키기 위해 신변에 놓고 경계로 삼았다. '유좌기(宥坐器)'라고도 한다.

『순자(荀子)』「유좌편(宥坐篇)」에 이런 이야기가 있다.

어느 날 공자(孔子)가 노(魯)나라의 종묘를 참관했는데, 이 '기기'를 보자 시험 삼아 제자에게 명하여 물을 부어보라고 했다. 그러자 물이 가득 차는 순간 기기는 뒤집어졌다.

그것을 본 공자는 "아아, 가득 차서 뒤집어지지 않는 것은 이 세상에 없도다!"라며 개탄했다는 것이다.

이 말은 가득 찬 경우에 있는 사람을 경계하는 말이다.

『채근담』에서도 뒤이어 '군자(君子)도 또한 가득 찬 상태를 구하면 안 된다'며 경고하고 있다. 그런 상태에 있게 되면 향상심(向上心)이 결여되어, 진보를 바라기가 힘들어지기 때문이다.

건곤일척(乾坤一擲)
운명과 흥망을 걸고 단판에 승부를 겨룬다 _ 韓愈의 詩.

상대방의 장점은 높이 평가해 주고,
그 단점은 눈감아 주어라

貴其所長, 忘其所短 귀기소장, 망기소단 _삼국지

『삼국지』에 등장하는 영웅인 오(吳)나라의 손권(孫權)은, 라이벌이었던 위(魏)나라 조조(曹操)라든가 촉(蜀)나라 유비(劉備)에 비하면 권모술수와 적덕(積德)이란 점에서 훨씬 뒤지는 리더였다. 그러나 손권의 장점은 인재를 알아보는 눈이 밝다는 점이었다.

실로 그의 휘하에는 유능한 인재가 수없이 육성되었고, 손권은 그 인재들의 활약에 힘입어 난세(亂世) 속에서 우뚝 서는 데 성공했던 것이다.

그 손권이 '나는 이런 태도로 부하들에게 임하고 있다'고 전제한 다음 한 말이 표제어이다.

바꿔 말하면 "부하의 단점에는 눈을 감고, 오로지 그 장점만을 보며 그 장점을 발휘할 수 있도록 기회를 만들어 준다."는 의미가 되리라.

인간이란 꾸중보다는 칭찬을 들을 때, 하고자 하는 의욕도 샘솟고 창의력도 발휘하게 마련이다.

구태여 단점을 들추기보다는 손권처럼 장점을 들어 칭찬해 주는 편이 부하를 부리는 첩경인지도 모른다.

격물치지(格物致知)
이치를 깊이 연구하여 지식을 확실히 하라 _大學.

호사스런 죽음보다
고생스런 삶이 낫다

好死不如惡活 호사불여악활 _격언

'호사(好死)'란 훌륭한 죽음, 멋들어진 죽음이란 뜻. '악활(惡活)'은 어려운 삶, 고생스러운 삶이란 의미이다. 고생스럽게 살더라도 어쨌든 사는 편이 멋지게 죽는 것보다 낫다는 말이다. '죽은 정승, 산 개만 못하다'는 속담이 생각난다.

요즈음 생활고를 비관하여 자살했다든가, 심지어는 일가족이 집단자살을 했다는 뉴스가 이따금 보도되는데, 그때마다 마음이 스산해지곤 한다.

일반적으로 우리나라 사람들은 강한 벽에 부딪히거나 하면 본능적으로 죽음을 선택하려고 한다. 위기관리(危機管理)에 약한 일면이 드러나는 듯하여 딱하다는 생각을 지울 길 없다.

그와 대조적으로 중국 사람들은 무척 강하다. 아무리 어려운 일이 도래하더라도 참아내며 열심히 살아가려고 한다.

한 번의 기회밖에 주어지지 않은 것이 인생이다. 무엇 때문에 죽음을 서두른단 말인가. '악활'이더라도 좋다. 어쨌든 살아 있기만 하면 언젠가는 꽃 피는 계절이 찾아올 것이다.

견마지양(犬馬之養)
부모를 봉양만 하고 경의를 표하지 않음. 즉 봉양만 하는 것은 효도가 아니라는 뜻. _論語·爲政篇.

선행(善行)을 쌓는 집안에는
반드시 경사스런 일이 생긴다

積善之家 必有餘慶 적선지가 필유여경 _역경

『역경』에는 이 말 다음에 '적불선지가(積不善之家) 필유여앙(必有餘殃)'이란 구절이 이어진다. '선행(善行)'을 쌓는 집안에는 자자손손에 이르기까지 반드시 행복이 찾아온다. 그러나 '불선(不善)'을 쌓는 집안에는 자자손손에 이르기까지 반드시 재앙이 몰려온다'는 의미이다.

착한 일을 하면 행복이라는 보상이 따른다. 악한 일을 하면 불행이라는 보응이 있다. 그러므로 행복이라는 보상을 기대하려면 평소의 행위를 조심하지 않으면 안 된다. 또 악행을 하고 있다는 것을 깨달았으면 얼른 궤도수정(軌道修正)을 해야 한다는 말이다.

전형적인 '인과응보(因果應報)'의 논리라고 해도 좋다. 모든 일을 합리적으로 생각하려는 사람은 어쩌면 이런 사고방식을 거부할는지도 모른다. 그러나 이 말을 자기 자신에게 들려줌으로써, 스스로의 행동에 늘 근신해 나갈 수 있다고 본다.

견토방구(見兎放狗)
토끼를 발견한 후에 사냥개를 풀어 놓아도 늦지 않다. 즉, 일이 일어난 후에 대처해도 늦지 않는다는 뜻. _新序.

우공(愚公)이란 노인, 산을 옮겨놓다

愚公移山 우공이산 _열자

옛날 북산(北山)에 우공(寓公)이라는 노인이 있었다. 그 노인네 집 앞에는 태형(太形)과 왕옥(王屋)이라는 두 산이 치솟아 있어, 출입하는 데 여간 불편한 것이 아니었다. 어느 날 우공은 뜻을 굳게 세우고는 산을 파내기 시작했다. 그렇게 파낸 흙은 우공과 아들, 손자 등 셋이서 목도에 담아 메고 발해 (渤海)까지 갖다 버리는데, 한번 왕복하는 데만도 무려 반년이 걸렸다.

그것을 보고 가까이에 사는 지수(知叟 : 영리한 늙은이란 뜻)란 노인이 비웃었던바, 우공은 이렇게 말했다고 한다.

"내가 죽더라도 아들이 있네, 내 아들에게는 또 아들이 있고, 그 아이도 자라면 또 아들을 낳을 것이 아닌가. 자손은 끊길 리 없고, 산은 지금보다 높아질 리가 없어. 그러니 언젠가는 저 산도 평평해지고 말 거라구."

이 우공이산(愚公移山)의 우화(寓話)가 강조하고 있는 바는 ①장기적 안목 ②황소걸음이라도 계속 전진 등의 두 가지이다. 이 우공처럼 장기적인 전망을 내다보며, 초조해하지 말고 착실하게 전진하는 것이 성공의 지름길인지도 모른다.

경국지색(傾國之色)
나라를 기울게 하고 망칠 정도로 예쁜 미인 _漢書.

훌륭한 일을 이루려면
목표와 지속적인 노력이 필요하다

功崇惟志, 業廣惟勤 공숭유지, 업광유근 _서경

훌륭한 일, 큰 사업을 성공시키기 위해서는 '지(志)'와 '근(勤)', 이 두 가지 요건을 갖추어야 한다는 말이다.

'지'란 목표이다. 분명한 목표도 없이 행동하는 것을 망동(妄動)이라고 한다. 망동을 일삼아서는 사업이든 일이든 성공을 이룰 수 없다. 아니, 성공은 커녕 오히려 패망의 길로 간다고 보아야 옳을 것이다.

목표는 높고 클수록 좋다. 그러나 아무리 큰 목표를 세웠다 하더라도 그것을 실현시키기 위한 수단과 방법이 따르지 못한다면, 이 또한 아무 가치도 없다. 그래서 필요한 것이 '근', 즉 지속적인 노력이다.

'지'와 '근'은 수레의 두 바퀴와 같다고 해도 틀림이 없겠다. 인생을 설계하는 데 있어서도 이 말은 적용된다.

가능하다면 전 생애를 통한 큰 목표를 세우는 것이 좋다. 그것이 어렵다면 단기적인 목표라도 꼭 세워야겠다. 그리고 목표를 세웠으면 그 다음에는 오직 '근'이 있을 뿐이다.

경낙과신(輕諾寡信)
무슨 일에나 승낙을 잘하는 사람은 믿음성이 적어서 약속을 잘 어긴다 _老子·제63장.

안일한 생활을 즐기다가는
이름을 드날릴 수 없다

懷與安實敗名 회여안실패명 _좌전

춘추시대(春秋時代)에 천하를 호령했던 패자(霸者) 중 한 사람을 들자면 진문공(晉文公)을 들 수 있다. 이 사람은 젊었을 때 후계자 책정의 내분(內紛)에 휘말려 들어 외국으로 도망쳤고, 무려 19년 동안이나 이나라 저나라를 떠돌다 귀국하여 왕위에 오른다. 보기 드물게 끈기가 강한 사람이다.

그 문공이 제(齊)나라에 머물고 있을 때의 일이다. 인내심이 강했던 그도 오랜 타향살이에 지쳤음인지 어느덧 안락한 생활에 젖어들고 말았다. 분연히 일어서서 대권을 잡아야겠다는 웅지(雄志)를 포기한 것만 같았던 것이다. 그러한 그의 나약한 모습을 지켜보며 안타까워하던 현지처(現地妻)가 '한을 벌써 잊었습니까……'라며 문공을 격려했던 말이 표제어이다.

'회(懷)'는 즐기겠다는 마음, '안(安)'이란 안일을 추구한다는 의미이다.

망연히 비디오나 인터넷 게임 같은 것에 젖어서 하루하루를 맥없이 보내는 사람은 훌륭한 일을 해낼 수 없는 법이다.

경원(敬遠)
공경하여 멀리한다. 변하여, 꺼리며 멀리한다는 뜻으로도 쓰임. _論語·雍也篇.

인생을 살아가는 데 최상의 방법은
물처럼 살아가는 것이다

上善若水 상선약수 _노자

'상선(上善)'이란 가장 이상적인 생활방법을 가리킨다. 이상적으로 살아가려면 물의 상태에서 배우라는 뜻의 말이다.

물에서는 배워야 할 만한 것이 세 가지나 있다.

우선 첫째로, 물은 지극히 유연하다는 점이다. 네모진 그릇에 담으면 네모진 모양이 되고, 둥근 그릇에 담으면 둥근 모양이 된다. 그릇에 따라 모양을 바꾸어 나가며, 조금도 거역하는 법이 없다.

둘째로, 물은 스스로를 높이려 하지 않고 낮은 곳으로, 낮은 곳으로 흘러간다. 그것은 곧 겸허(謙虛)이다. 결코 자기를 과시하려는 법이 없다.

셋째로, 무서운 에너지를 비장하고 있다는 점이다. 급류(急流)가 되면 아무리 크고 강한 바위라도 밀쳐내고 부수기까지 한다.

이와 같이 물은 유연과 겸허, 그리고 비장된 에너지 등 세 가지 특징을 가지고 있다. 어느 누구라도 그것을 몸에 익힌다면 대성할 수 있을 것이다.

경위지사(傾危之士)
궤변을 늘어놓아 국가를 위태롭게 만드는 인물 _史記·張儀列傳.

온종일 먹고 마시기만 하며
마음 쓰는 곳이 없다면 지극히 곤란한 일이다

飽食終日, 無所用心, 難矣 포식종일, 무소용심, 난의 _논어

"하루 종일 배불리 먹기만 하고 마음 쓰는 데가 없으면 참으로 딱한 일이다. 장기와 바둑이 있지 않으냐? 차라리 그런 것이라도 하는 편이 안하는 편보다 현명하다[飽食終日, 無所用心, 難矣. 不有博奕者乎, 爲之猶賢乎已]."

공자가 한 말이다.

'박혁(博奕)'이란 장기와 바둑 같은 오락을 가리킨다. 아무 일도 하지 않고 빈둥빈둥 노는 것보다는 차라리 오락에 몰두하는 편이 낫다는 것이다.

무슨 일이든 간에 열성을 쏟아 붓고 머리를 쓴다면, 거기에 인간으로서의 성장과 진보가 따르는 법이다. 그저 할 일 없이 빈둥거리며 어떤 일에도 의욕을 못 가지는 인간에게는 성장도 진보도 없다.

공자라고 하면 아주 딱딱하고 재미없는 노학자(老學者)가 연상되지만 '박혁' 등을 거론한 것을 보면 의외로 세상 물정에도 밝았던 것 같다.

경천동지(驚天動地)
하늘과 땅을 놀라게 할 만큼 큰 일 _朱子語錄.

대담하게 되기를 욕심내고
소심(小心)하게 되기도 욕심내라

膽欲大而心欲小 담욕대이심욕소 _근사록

담(膽)은 크게, 그러나 마음은 작게, 다시 말해 대담하되 세심(細心)하라는 뜻의 말이다.

이 두 가지 요소는 언뜻 보기에 모순되는 것처럼 여겨질지 모른다. 그러나 그 양면(兩面)을 몸에 지니고 있지 않으면 큰일을 해낼 수 없으며, 사업을 성공시킬 수도 없다.

어떤 일이든 곤란한 경우는 생기게 마련이다. 가령 일이 순조롭게 풀려나가더라도 언제 어떤 곤경이 닥쳐올는지 모른다. 그런 때에 필요한 것이, 어떤 역경에도 굴하지 않는 정신력과 왕성한 투쟁정신이다. 이것을 '대담'이라고 한다.

그러나 아무리 '대담'하더라도 무모하고 경솔하다면 곤란하다. 그것은 도리어 자멸을 재촉할 뿐이기 때문이다. 대담하면서도 그와 동시에 면밀한 조사나 신중한 배려가 따라야 하는 법이다.

이 두 가지 요건을 몸에 익힌다면, 무슨 일을 하더라도 성공의 확률이 높을 것이다.

경화수월(鏡花水月)
거울에 비친 꽃과 물속에 비친 달. 즉, 볼 수만 있고 가질 수는 없는 것. _李白의 詩.

군자의 교제는
물과 같이 담담하다

君子之交淡若水 군자지교담약수 _장자

'군자(君子)'는 훌륭한 인물이란 의미로서, 영국 사람들이 말하는 젠틀맨이 이에 가까운지도 모르겠다.

'군자'의 반대가 소인(小人)인데, 이는 보잘것없는 인간이란 의미이다.

『장자(莊子)』에 나오는 이 말에는 다음과 같은 대구(對句)가 있다.

"군자의 교제는 맑은 물과 같이 담담하고[君子之交淡若水],

소인의 교제는 단 술과 같이 달콤하다[小人之交甘若酒]."

단 술과 같이 달콤한 교제는 왜 나쁘다는 것일까? 금방 싫증이 나고 사이가 벌어져서 오래가지 못하기 때문이다. 사귀기도 쉽지만 헤어지기도 쉽다는 말이다.

그런 점에서 볼 때, 맑은 물과 같이 담담한 교제는 언제까지나 싫증이 나지 않아서 오래 지속된다는 말이다. 바람직한 인간관계를 맺으려면 군자의 교제를 언제나 마음바탕에 두어야 할 일이다.

계명구도(鷄鳴狗盜)
맹상군이 닭 우는 흉내를 내는 자의 힘으로 함곡관을 빠져 나오고, 개의 흉내를 내는 자로 하여금 도둑질하게 한 고사(故事). 변하여, 천한 재주도 쓸일 때가 있다는 뜻. _史記·孟嘗君列傳.

지혜로운 자가 바르게 판단하는 것은 이해(利害)를 동시에 생각하기 때문이다

智者之虛 必雜於利害 지자지허 필잡어리해 _손자

'지자(智者)'란 그릇된 판단을 하지 않는 사람이다. 그러면 왜 '지자'가 판단을 그르치지 않는 것일까? '반드시 이해(利害)를 섞어서 생각한다.' 즉 이익과 손실의 양면에서 사물을 생각하기 때문이라고 했다. 손자의 이 말은, 말하자면 양면사고(兩面思考), 토털 사고(total 思考)의 권유이다.

'그럴듯한 말에는 함정이 도사리고 있다'는 것은 누구나 다 아는 사실이다. 그러나 그것을 안다고 하여 자칫 외면하다가는 나중에 큰 낭패를 당하는 경우도 생긴다. 이런 부류의 사람들은 '지자(智者)'라 할 수 없다.

손자는 이런 말도 하고 있다.

"이익을 추구할 때는 반드시 손실의 면도 고려에 넣어야 한다. 그러면 모든 일은 순조롭게 진전된다. 이와 반대로 손실을 입었을 때는 그것에 의해 얻어진 이익의 면도 고려에 넣는다. 그렇게 하면 불안에 떨 걱정도 없을 것이다."

이런 생활태도를 몸에 익힌다면 실패도 적겠거니와, 손실을 본다 해도 큰 후회는 안 하게 될 것이다.

고복격양(鼓腹擊壤)
백성들이 천하의 태평을 즐긴다는 말 _莊子와 十八史略.

상대방을 치켜세우고 나를 낮추는 것이 덕(德)의 기본이다

卑讓 德之基也 비양 덕지기야 _좌전

'덕(德)'이란 무엇인가? 한마디로 설명하려면 의외로 어렵다. 국어사전을 찾아보면 '마음이 올바르고 인도(人道)에 합당한 일', 즉 '훌륭한 인격'이란 의미이다.

그럼 이 훌륭한 인격을 만들어 나가는 데 있어 기본이 되는 것은 무엇일까? 『좌전(左傳)』에 의하면 '비양(卑讓)'이라고 했다.

'비(卑)'는 낮다는 뜻이다. 자기 자신은 낮은 곳에 몸을 두고 상대방을 올려세워 주는 것, 이것이 '비'이다. '양(讓)'은 사양한다는 뜻이다. 자기는 한 걸음 두 걸음 뒤로 물러서고 상대방에게 길을 터주는 것, 그것이 '양'이다.

알기 쉽게 말한다면 '비양'이란 곧 '겸허(謙虛)'이며, 이것이 덕의 기본이라고 했다.

우리나라에도 '곡식 이삭은 익을수록 고개를 숙인다'는 속담이 있다.

'비양'은 어떤 사람에게도 필요한 덕목이거니와, 특히 이것을 필요로 하는 사람이 리더인 것이다.

고성낙일(孤城落日)
아무 도움이 없이 고립된 상태의 처참함을 이름 _王維의 詩.

리더는 넓은 식견과
강한 의지력을 지녀야 한다

士不可以不弘毅 사불가이불홍의 _논어

'사(士)'란 '사농공상(士農工商)'의 서열만 보아도 알 수 있듯이 사람 위에 서는 사람, 즉 리더의 입장에 있는 사람을 가리킨다. 그런 입장에 있는 사람은 '홍의(弘毅)'여야 한다는 말이다. '홍(弘)'이란 넓은 식견, '의(毅)'란 강한 의지력이다.

넓은 식견을 갖추지 못하면 시야가 좁아져서 시야 협착증에 빠지게 되며, 마침내는 벽에 부딪치고 만다. 또 강한 의지력을 몸에 지니고 있지 못하면 곤란한 일을 당했을 경우 끈기 있게 타개해 나갈 수가 없다. 리더로서는 실격이 아닐 수 없다.

오늘날의 기업은 대기업이든 중소기업이든 우리나라의 경제, 혹은 세계 경제와 직접적인 관계를 맺고 있다. 따라서 넓은 식견을 갖추지 않고서는 기업 운영을 궤도 위에 올려놓을 수가 없다.

그리고 경영자 내지는 리더가 그 진가를 발휘하는 것은 기업과 조직체가 곤경에 빠져 있을 때이다.

온갖 난관을 극복해 나가는 원동력은 무엇인가? 그것이 곧 강한 의지력인 것이다. 그러기에 리더는 '홍의'해야 한다고 했지 않은가.

고침안면(高枕安眠)
베개를 높이 베고 편안히 잠잔다 _戰國策.

너그럽되 두려워하게 하고
엄하되 사랑하게 하라

寬而見畏, 嚴而見愛 관이견외, 엄이견애 _송명신언행록

조직관리의 비결은 '엄(嚴)'과 '관(寬)'의 균형을 잡는 데 있다고 한다.

'엄'이란 엄격한 태도, 신상필벌(信賞必罰)의 방침이다. 그러나 '엄'으로만 임하면, 명령에 따르도록 할 수는 있어도 심복(心服)시킬 수는 없다. 그래서 필요한 것이 '관'이다.

'관'이란 관용, 다시 말해 온정주의(溫情主義)라고 해도 좋다. 그러나 '관'으로만 임하게 되면, 이번에는 조직 안에 긴장감이 없어지고 이른바 응석부리기 구조가 되어버린다.

'관'으로 임하면 사랑하고, '엄'으로 임하면 두려워하는 것이 일반적인 경향이다. 그러나 사랑의 대상이나 두려움의 대상이어서만은 안 된다는 것이다.

그럼 어떻게 해야 할까? 그 절묘한 조화를 표현한 것이 위에 나오는 구절이다.

"너그럽되 상대로 하여금 두려워하게 하고, 엄하되 사랑하게 하라."

어느 시대든 리더는 위 구절을 명심하고 노력해야 한다.

곡학아세(曲學阿世)
비뚤어진 학문을 하여 세속에 아부한다 _史記·儒林傳.

지도자가 한 말은
몸 밖에 나온 땀과 같다

綸言如汗 윤언여한 _예기

'윤언(綸言)'이란 천자(天子)의 말이다. 이것은 땀과 같다고 했다. 즉, 한번 자기 몸에서 나와버리면 두 번 다시 되돌아 들어갈 수 없다. 그와 마찬가지로 천자가 하는 말도 한번 그 입에서 나오면 취소할 수가 없다는 뜻이다.

그러므로 톱(top)은 발언을 신중히 하지 않으면 안 된다는 것이 '윤언여한(綸言如汗)'의 의미이다.

이것은 톱에게만 경고하는 말이 아니다. 평사원에서 과장, 과장에서 부장, 중역으로 지위가 올라감에 따라 발언의 신중을 요한다. 그러므로 발언은 지위가 높은 사람일수록 조심하지 않으면 안 되는 것이다.

일반적으로 리더는 자기주장을 피력할 때에는 단호하게 해야 한다. 그렇지 못하다면 리더로서의 자격이 없는 것이다.

그렇다고 해서 함부로 실언(失言)을 한다거나 이미 한 말을 취소해야 한다면, 이 또한 리더로서는 실격이라고 아니할 수 없다.

골계(滑稽)
재치가 있어 말이 유창함. 변하여, 남을 웃기려고 일부러 우습게 하는 말이나 몸짓, 익살. _史記와 楚辭.

호랑이 굴에 들어가지 않고는
호랑이 새끼를 잡을 수 없다

不入虎穴, 不得虎子 불입호혈, 부득호자 _후한서

후한왕조(後漢王朝) 때, 서역(西域) 공략에 큰 공을 세운 반초(班超)라는 장군이 있다. 그가 소수의 부하들을 이끌고 선선(鄯善)이란 나라에 사신으로 갔을 때의 일이다. 선선국 왕이 정중한 태도로 반초 일행을 맞고 있는데, 그때 흉노(匈奴)에서 사신이 또 들어오자 태도가 돌변했다.

반초는 부하들을 불러놓고 말했다.

"호랑이 굴에 들어가지 않으면 호랑이 새끼를 잡을 수 없다[不入虎穴, 不得虎子]. 선선국 왕에게 본때를 보여주기 위해서는 흉노에서 온 사절단을 박살내야 한다."

그날 밤 반초는 흉노 사절단의 막사를 기습 공격하여 쑥밭으로 만들어 버렸다. 그제야 선선국 왕은 겁을 집어먹고, 후한에 복속하기를 맹세했다고 한다.

반초가 한 말은 결단을 표명한 말이다. 그러나 결단을 내리기에 앞서 심사숙고하지 않으면 성공하기가 힘들다. 반초의 경우도 결단을 내리기 전에 흉노 측의 동정을 주도면밀하게 살폈었다는 사실을 잊어서는 안 되겠다.

> **공덕겸융**(功德兼隆)
> 공과 덕이 융성하고 아주 많음 _唐書·太宗紀.

소의 꼬리가 되기보다는 닭의 주둥이가 되어라

❀————————

寧爲鷄口, 無爲牛後 영위계구, 무위우후 _사기

대기업에서 빛을 못 본 채 세월을 보내는 것보다는 중소기업이라도 좋으니 그 우두머리가 되어 수완을 마음껏 발휘해 보라는 의미의 말이다. 줄여서 '계구우후(鷄口牛後)'라고도 한다.

큰 조직에 몸을 맡기는 편이 안전도(安全度)란 면에서 훨씬 유리하고, 장래에 대한 불안감도 적을는지 모른다. 그 반면 들어가면서부터 경쟁이 치열한 데다 한평생 빛을 못 본 채 평사원으로 끝낼 가능성도 많다고 할 수 있다.

이에 비하여 작은 조직은 안정성이란 점에서는 뒤지겠지만, 인재 층이 얇은 까닭에 수완을 발휘할 기회도 빈번하고 등용의 찬스도 많다.

그리고 격동기가 되면 큰 조직이라고 해서 언제까지나 안태(安泰)하리라는 보장도 없다. 이와 반대로 작은 조직이더라도 시세의 흐름을 타고 급성장하는 예는 적지 않다.

그렇다면 '닭 주둥이[鷄口]'가 되는 것도 한 가지 방법일는지 모른다. 단, 그 길을 택하여 성공하기 위해서는 남다른 노력 및 시세에 대한 뛰어난 통찰력이 필요하다 하겠다.

> **과목불망**(過目不忘)
> 한번 본 것은 잊지 않음 _晉書.

좋은 상품은 진열장에 내놓지 않고 깊숙이 감춰 두는 법이다

良賈深藏若虛 양고심장약허 _사기

현명한 상인(商人)은 좋은 상품일수록 진열장에 내놓지 않고 깊숙이 넣어 둔다는 의미이다.

공자(孔子)가 젊었을 때 노자(老子)를 찾아갔다. 공자가 가르침을 청하자 노자는,

"진짜 장사꾼은 상점에 비싼 물건을 진열하지 않고[良賈深藏若虛],

군자는 성덕이 있어도 외부에 과시하지 않는다[君子盛德容貌若愚]."

라는 말을 인용한 다음, 이렇게 말했다고 한다.

"그대는 자신의 능력을 내세우며 욕망과 의욕을 너무 표출하고 있소. 모두 무익한 일이니 삼가도록 하오."

빼어난 능력이 있다 하여 그 능력을 내세우며 과시한다면, 주위로부터 빈축을 사게 되어 좋지 않은 결과를 초래할 수 있다. 실력을 깊숙이 감추어 둠으로써 오히려 인간으로서의 깊은 맛이 우러나는 법이다.

'양고심장약허(良賈深藏若虛)'는 바로 그 점을 지적한 말이다.

과즉물탄개(過則勿憚改)
과실이 있을 때는 가릴 것 없이 고쳐야 한다 _論語·學而篇.

교묘하게 표면만 꾸미는 것은,
보잘것은 없으나 정성 들이는 것만 못하다

巧詐不如拙誠 교사불여졸성 _한비자

'교사(巧詐)'는 교묘하게 표면만을 장식하여 남을 속이고자 하는 것으로, 언뜻 보기에는 그럴듯한 계책일지 모르나 오히려 주변의 반발만 사게 된다. '졸성(拙誠)'이란 보잘것은 없지만 정성이 깃들인 것으로, 우직함이라고나 할까.

인생을 살아가는 데 필요한 것은 '교사'보다도 '졸성'이라는 것이 이 말의 의미이다.

'교사'는 남의 눈을 속여 일시적으로 호도할 수는 있을 것이다. 그렇지만 그런 속임수나 사기는 언젠가는 마각이 드러나기 마련이다. 그러나 '졸성'은 서서히 사람의 마음을 사로잡는다. 긴 안목으로 볼 때 분명 '교사'보다는 '졸성'이 낫다고 할 수 있다.

어떤 의미에서 현대는 '교사'가 판을 치는 세상이라고 해도 과언이 아니다. 그러나 인간관계의 기본은 예나 지금이나 그다지 변한 것이 없다. '교사'보다 '졸성'을 찾으려는 심정은 오늘날에도 강하게 이어지고 있음을 알아야겠다.

관인대도(寬仁大度)
너그럽고 어질며 도량이 넓다 _史記·高祖紀.

지(智)·인(仁)·용(勇), 이 세 가지는 천하의 달덕(達德)이다

智仁勇三者 天下之達德也 지인용삼자 천하지달덕야 _중용

'달덕(達德)'이란 덕 중의 덕, 다시 말해 중요한 덕이란 의미이다. 덕은 몇 가지 요소로 성립된다.

그 중에서도 가장 중요한 것이 지(智)·인(仁)·용(勇), 이 세 가지라고 했다.

첫째, '지(智)'란 ①깊이 통찰할 수 있는 능력, ②사물을 적절히 판단할 수 있는 능력—이 두 가지의 복합에서 형성된다.

둘째, '인(仁)'이란 상대방의 처지에 서서 생각하는 것, 즉 동정(同情)이다. 물론 그 전제조건으로서 '나도 인간이며 그대도 인간이다'라는 인간적 공감(共感)이 있지 않으면 안 된다.

셋째, '용(勇)'이란 용기이다. 결단력이라고 해도 좋을지 모르겠다. 나아가든 물러서든 간에 양자택일을 해야 하는 경우 쾌도난마(快刀亂麻)와 같이 결단할 수 있는 능력, 그것이 '용'이다.

그렇다면 이 세 가지 '덕'은, 경쟁이 치열한 현실을 살아가는 데 있어 필요불가결한 것임에 틀림없다.

괘관(掛冠)
의관(衣冠)을 걸어놓는다는 뜻으로, 벼슬자리에서 물러나는 것을 이름 _後漢書.

족한 줄 알면 욕이 없고
멈출 줄 알면 위태롭지 않다

知足不辱, 知止不殆 지족불욕, 지지불태 _노자

"부족하다 할 때 손을 뗄 줄 알면 욕을 당하지 않고, 머무를 줄 알면 위험을 면한다."

는 뜻의 말이다. 노자(老子)가 주창한 처세 철학의 백미로서, '지족지계(知足之戒)'라고도 한다.

노자가 여기서 경고하는 바는 '내가 우선'이라며 나서는 태도, 이익이 된다 싶으면 남이야 어찌 되든 간에 시악을 쓰고 덤벼드는 태도이다. 왜 그렇게 하면 안 되는 것일까? 결국 주변 사람들로부터 반감을 사게 되어, 그나마차지한 이득도 오래 지속될 수 없기 때문이다.

자기의 이익을 추구하려면 필히 상대의 이익도 배려해야 한다. 자기 혼자만의 이익을 추구하다가는 결코 바람직한 결과를 얻을 수 없다는 말이다. 그러나 개인이든 나라든 이 점을 소홀히 한다. 국가 간의 무역마찰도 그한 예라고 할 수 있겠다.

『노자』의 이 구절에 깊이 귀를 기울였으면 하는 마음 간절하다.

교천언심(交淺言深)
교제한 지는 얼마 안 되지만 서로 마음을 털어놓고 이야기함 _戰國策.

군자(君子)에게는
세 가지 즐거움이 있다

君子有三樂 군자유삼락 _맹자

군자와 같이 훌륭한 인물들한테는 세 가지 즐거움이 있다고 한다.

그 세 가지란 과연 무엇일까? 『맹자』에 의하면 다음과 같다.

"부모가 모두 살아 계시고 형제에게 아무런 사고가 없는 것이 첫 번째 즐거움이고, 하늘을 우러러 조금도 부끄러움이 없는 것이 두 번째 즐거움이며, 천하의 영재(英才)를 얻어 이를 교육하는 것이 세 번째 즐거움이다."

알기 쉽게 다시 표현한다면 이렇게 될 것이다.

1. 부모가 건재하고 형제들에게 아무 재앙이 없을 것

2. 언제 어디서 누가 보든 항상 떳떳하게 살 것

3. 뛰어난 영재를 발굴하여 그 성장을 도와줄 것

같은 인생을 즐기는 데도 그 즐기는 방법은 사람에 따라 다를 수밖에 없다. 가능하다면 군자의 즐기는 방법을 따라야 하지 않겠는가.

교토사 주구팽(狡兎死走狗烹)
약삭빠른 토끼를 잡고 나면 사냥개를 삶아 먹는다 _史記·淮陰侯列傳.

February 2

남을 배신하는 사람은 그 말이 버젓하지 못하다. 마음에 의심을 가진 자는 그 말이 횡설수설이다. 선을 악이라고 말하는 자는 논지에 일관성이 없다. 신념을 가지지 못한 자는 사용하는 말이 비굴하다.

사람들은 모두 유용(有用)의 용(用)만 알 뿐 무용(無用)의 용(用)은 모른다

人皆知有用之用, 而莫知無用之用也 인개지유용지용, 이막지무용지용야 _장자

무용(無用)의 용(用)이란 쓸모없으리라고 생각했던 것이야말로 실은 쓸모가 있다는 뜻이다.

장자는 유용성(有用性)만을 추구하고 있는 일면적(一面的)인 가치관에서 '무용'의 것까지 시야에 넣는 다면적(多面的)인 가치관으로의 전환을 설명했는데, 세상 사람들이 그것을 이해해 주지 않는다며 탄식했다.

예컨대 우리가 평소에 별 생각 없이 나누는 인사말. 그 인사말이 자신의 삶에 별로 중요하지 않을 것같이 생각되지만, 곰곰이 생각해 보면 그것이 인간관계를 원활하게 만드는 데 큰 역할을 한다는 사실을 깨닫게 된다. 이런 것들도 '무용지용'이라고 말할 수 있을 것이다.

유용성만을 추구하는 인간은 어딘지 여유가 없어 보인다. 인간으로서의 스케일도 작고, 장래의 대성(大成)도 기대할 수 없다는 생각이 든다.

장자가 말하는 '무용지용'을 발견할 수 있다면, 인생의 새로운 지평을 펼쳐나갈 수 있을 것이다.

구밀복검(口蜜腹劍)
입에는 꿀이 있지만 그 뱃속에는 칼이 있다 _新唐書·李甫林傳

소인(小人)의 학문은
귀로 들은 것을 입으로 뱉는 데 있다

小人之學也, 入乎耳, 出乎口 소인지학야, 입호이, 출호z _순자

귀로 들은 것을 그대로 남에게 전할 뿐이니 조금도 자기의 몸에 익혀지지 않는다. 이를 '구이지학(口耳之學)'이라 한다.

자기 자신을 향상시키기 위해서는 오로지 배움에 힘써야 한다. 그러나 배운다 하더라도 위에서 말한 '구이지학' 식의 배움은 도리어 유해무익(有害無益)하다고 했다.

순자는 이어서 다음과 같이 말하고 있다.

"옛날 사람은 자기 자신을 위하여 학문에 열중했는데, 오늘날의 사람은 남을 위하여 학문을 하고 있다. 군자(君子)는 학문에 의해 자신을 향상시키는데, 소인은 학문에 의해 자신을 팔고 있다. 묻지 않았건만 지껄여 댄다. 이것을 잔소리라고 한다. 한 가지를 물으면 두 가지를 대답한다. 이것을 불필요한 참견이라고 한다. 그 어느 쪽도 좋지 못하다. 군자란 치지 않으면 울리지 않고, 치면 울리는 법이다."

어차피 어려운 학문을 하려고 마음먹었다면 '군자지학(君子之學)'을 목표로 삼을 일이다.

구우일모(九牛一毛)
아홉 마리의 소 중에서 뽑은 한 개의 털. 무수히 많은 것 중에 하나를 뜻함. _報任安書.

상대방을 알고 나를 알면 백번 싸워도 위태롭지 않다

知彼知己 百戰不殆 지피지기 백전불태 _손자

너무나도 유명한 말이므로 구태여 설명할 필요조차 없을는지 모르겠다. 요컨대 주관적(主觀的), 일면적(一面的)인 판단을 경계한 말이다.

구태여 『손자』까지 들먹이지 않더라도 사전조사(事前調査)의 필요성과 중요성은 누구나 다 알고 있다. 그러나 머리로는 이해를 하고 있으면서 막상 실행에 옮기려면 의외로 어렵다. 나중에야 '아차!' 하며 후회하는 일이 얼마든지 있는 것이 현실이다. 즉, 인간사에는 이따금 예측이 빗나가는 일이 일어난다. 그 이유는 세 가지가 있을 것으로 생각된다.

1. 조사 부족
2. 희망적 관측
3. 사전신뢰(事前信賴)

전쟁뿐만이 아니다. 사업이나 하고자 하는 일을 새로 시작하려고 할 때도 역시 가능한 한 조사를 철저히 하고 그것을 객관적으로 판단하는 냉정함을 잃어서는 안 된다.

국척(跼蹐)
하늘에 대하여 몸을 구부리고 땅에 대하여 발소리를 죽이며 걷는다. 즉, 황송하여 몸둘 바를 모른다. _詩經·小雅篇.

전쟁에서 패한 장수는
용(勇)을 말하지 마라

敗軍之將 不可以言勇 패군지장 불가이언용 _사기

보통 '패전지장(敗戰之將) 유구무언(有口無言)'이라느니, '패군지장(敗軍之將)은 병(兵)을 논하지 않는다'라는 말들을 하는데, 그 원전은『사기』이다.

두말할 것도 없이 실패한 자는 그 일에 대해서 의견을 진술할 자격이 없음을 의미한 말이다.

분명 패전을 한 장수는 전쟁에 진 데 대해 변명을 해서는 안 된다. 모든 책임을 지고 침묵을 지키는 것이 올바른 태도일 것이다.

그러나 돌이켜 생각하면 그러한 경우 책임을 지는 방법에는 두 가지가 있을 것 같다. 우선 자기 자신을 책(責)한다. 이것 역시 책임을 지는 방법으로는 공감이 가는 방법이다. 실패하고도 비굴하게 이 핑계 저 핑계를 댄다면 리더로서의 자격이 없다 하겠다.

그러나 그와 동시에 왜 패했는지 그 패인(敗因)을 분명히 밝혀 놓는 것도 리더가 취할 태도가 아니겠는가? 후임자가 똑같은 실패를 반복하지 않도록 말이다.

국파산하재(國破山河在)
비록 나라는 망해도 산과 하천은 그대로 남아 있다는 뜻 _杜甫의 詩.

하늘을 원망하지 말고
남을 탓하지 마라

不怨天, 不尤人 불원천, 불우인 _논어

공자(孔子) 만년(晩年)에 있었던 일 같다.

어느 날 '아아, 나를 이해해 주는 사람이 없구나'라고 한탄했다. 그 말은 들은 제자 자공(子貢)이 '어째서 그런 말씀을 하십니까?'라고 물었던바, 공자는 이렇게 대답했다. '하늘을 원망치 않고[不怨天], 사람도 탓하지 않겠다[不尤人]. 아래서부터 배워 위로 통달했으니, 나를 알아주는 이는 하늘뿐이로다.'

좀 더 알기 쉽게 번역하면 다음과 같다.

"나는 하늘을 원망하는 것도 아니고 사람을 탓하는 것도 아니다. 나는 일상적인 것으로부터 높고 깊은 것까지 모든 것에 대하여 탐구하려는 뜻을 가져 왔다. 그러한 나를 이해해 주는 것은 하늘밖에 없을 것으로 생각한다."

괴로울 때나 고통스러울 때는 자칫 자신의 책임은 제쳐놓고 하늘을 원망하고 사람을 탓하기 쉬운 것이 인지상정이다. 그러나 그런 자세로 일관하면 아무리 세월이 흘러도 진보란 있을 수 없고, 마음의 평안도 얻어지지 않는다.

군계일학(群鷄一鶴)
무리지어 있는 닭 중에 한 마리의 학이 있다는 뜻으로 뛰어난 인물을 말함 _晉書.

앞에 있을 때는 복종하다가
돌아서서 뒷말 한다

無面從退有後言 무면종퇴유후언 _서경

대면하고 있을 때는 '네, 네' 하며 상대방의 의견에 따르다가도 뒤돌아서서는 불평불만을 늘어놓거나, 비난을 한다[面從後言]. 그런 짓을 하지 말라는 말이다. 성천자(聖天子)인 순(舜)이 후계자인 우(禹)에게 경계로 삼으라 했던 말이라고 한다.

이 구절 역시 인간관계 속에서 우리가 저지르기 쉬운 과오를 지적한 말이다. 성공하는 사람은 결코 그러한 태도를 취하지 않는다.

이런 언행은 두 가지의 마이너스를 초래한다. 한 가지는 본인 인격의 저열함을 드러낸다는 점이다. 그리고 또 한 가지는 '후언(後言)'은 반드시 상대방의 귀에 들어간다는 점이다. '이것은 비밀인데…'라며 아무리 못을 박아도 결국에는 상대방의 귀에 들어간다. 당연한 일이지만 상대방이 좋은 감정을 가질 리 없다. 그 결과 인간관계는 결정적으로 악화되고 만다.

하고 싶은 말이 있으면 직접 상대방에게 말하라. 말해서 안 될 말이면 끝까지 침묵을 지키는 것이 바람직하다.

권토중래(捲土重來)
한번 실패한 사람이 그 실패에 굴하지 않고 다시 분발하여 쳐들어감 _杜甫의 詩.

앞에 있었던 일을 잊지 않으면
뒷일의 스승으로 삼을 수 있다

前事之不忘, 後事之師 전사지불망, 후사지사 _전국책

'전사(前事)'란 정확하게 표현하자면 '옛날의 일'이겠지만 여기에는 ①자기 자신의 체험 ②역사상의 경험, 이 두 가지의 의미가 포함되어 있다.

그것은 현재는 물론 미래를 살아가는 데 참고가 된다.

특히 중요한 점은 실패의 경험에서 배우는 것이다. 그것을 간과하면 몇 번이고 같은 실패를 되풀이하는 우를 범할 수 있다. 이러한 사람은 결코 성공하지 못한다.

1973년, 당시 일본 수상이었던 다나카 가쿠에이(田中角榮)가 국교 회복 교섭을 위해 북경(北京)을 방문한 적이 있었다. 그때 중국 수상 주은래(周恩來)가 한 말이 바로 위에서 든 구절이었다고 한다.

"일본인들이여, 그 불행했던 과거의 사태를 기억하고 두 번 다시 실수를 저지르는 일이 없도록 하시오."라는 의지의 표시였을 것임에 틀림없다.

기억하기조차 싫은 과거가 있으면 있을수록 명심하고 그것에서 배움으로써 진보를 기대할 수 있는 법이다.

> **귀인천기**(貴人賤己)
> 군자는 어질고 용서하는 마음이 있어서 자신보다 남을 높인다 _禮記·坊記篇.

덕 있는 사람은 말수가 적고
덕 없는 사람은 말수가 많다

吉人之辭寡, 躁人之辭多 길인지사과, 조인지사다 _역경

'길인(吉人)'이란 덕을 갖춘 훌륭한 인물이고, '조인(躁人)'이란 그 반대이다. 따라서 이 말의 의미는,

"덕이 있는 인물은 말수가 적다. 덕이 없는 사람일수록 말을 많이 하는 법이다."가 된다.

원래 말이란 그 사람의 마음을 정직하게 표출한다. 『역경(易經)』은 또 이렇게 말한다.

"남을 배신하는 사람은 그 말이 버젓하지 못하다. 마음에 의심을 가진 자는 그 말이 횡설수설이다. 선(善)을 악(惡)이라고 말하는 자는 논지(論旨)에 일관성이 없다. 신념을 가지지 못한 자는 사용하는 말이 비굴하다." 모두가 진리라고 해도 좋다.

그러므로 말을 할 때에는 깊이 음미한 다음에 하고, 발언은 신중히 생각한 다음에 해야 한다. 수다를 떠는 사람에게는 백 가지 해(害)는 있을지언정 한 가지 이(利)도 없으니 말이다.

귤화위지(橘化爲枳)
회남의 귤나무를 화복에 옮겨 심으면 탱자나무가 된다는 뜻으로, 사람도 경우에 따라 그 기질이 변함을 이름 _淮南子와 晏子春秋.

일이 잘되고 안됨은
때가 있게 마련이다

遇不遇者時也 우불우자시야 _순자

공자(孔子)가 제자들을 데리고 여러 나라를 전전하며 유세를 할 때의 일이다. 그런데 뜻밖에도 어느 한 나라에서 정쟁(政爭)에 휘말리게 되어 며칠씩이나 먹지를 못한 적이 있었다. 자로(子路)라는 제자가,

"군자(君子)도 이런 역경에 처할 때가 있습니까?"

라며 따져 물었을 때, 공자는 이 말을 인용하며 자로의 불만을 달랬다고 한다.

'우(遇)'란 무엇을 하든 잘 풀려 나가는 것, '불우(不遇)'란 그 반대로 무엇을 하든 일이 잘 안 되는 것을 말한다. 그것은 '때[時]'를 얻었느냐 못 얻었느냐에 따라 달라진다는 뜻이다. 누구에게든 인생에는 우(遇)와 불우(不遇)가 늘 따라다니게 마련이다. 문제는 불우한 때를 어떻게 넘기느냐이다. 그때 유난히 비굴해진다든가 소극적이었다가는 장래를 망친다.

공자는 이렇게 덧붙이고 있다.

"몸을 닦고 행동을 단정히 하며 그 때를 기다려라."

묵묵히 자신을 단련하면서 기회가 오기를 기다리라는 말이다.

금과옥조(金科玉條)
금이나 옥과 같이 귀중한 법률 혹은 규정 _揚雄의 劇秦美新.

유리하면 나아가고
불리하면 물러서라

見可而進, 知難而退 견가이진, 지난이퇴 _오자

『오자(吳子)』는 '손오(孫吳)의 병법(兵法)'이라는 말이 있을 정도로『손자(孫子)』와 쌍벽을 이루는 병법서의 고전이다. 이 말의 의미는,

"유리할 것으로 보이면 나아가고, 불리할 것으로 보이면 물러선다."는 뜻이다.

'그게 뭐야? 그런 것을 모를 사람이 어디 있어?'라고 말할는지도 모르겠다. 평범하다면 틀림없이 평범한 사고방식이다. 그러나 이처럼 합리적이고 또 유연한 사고방식을 멀리하는 사람도 적지 아니하다. 승산이 없건만 무리하게 돌진하는 것을 용기인 양 생각하고, 후퇴하는 것은 무조건 겁쟁이로 생각하는 사람이 세상에는 얼마든지 있으니 말이다.

"가(可)를 보고 나아가고, 난(難)을 보고 물러서라."

이 말의 뜻을 진정으로 아는 사람이야말로, 실은 참 용기가 있는 인물인 것이다. 그리고 그렇게 되기 위해서는 냉정한 판단력을 필요로 한다는 것도 잊지 말아야겠다.

금성탕지(金城湯池)
수비가 아주 튼튼하고 강한 곳을 이름 _漢書.

천지의 섭리는
가득 차면 이지러진다

天地之道, 極則反, 盈則損 천지지도, 극즉반, 영즉손 _회남자

'덥다, 덥다' 하며 더위를 원망하는데, 그러는 사이에 어느덧 선선한 가을이 오고 또 추운 겨울이 온다. '춥다, 춥다' 하며 추위를 한탄하지만 이윽고 따뜻한 봄이 찾아오고 다시 혹서의 여름이 온다. 이것이 천지의 법칙이다.

달은 차츰 차서 만월(滿月)이 되지만 그때부터 다시 차츰씩 이지러진다. 언제까지나 만월로 있을 수는 없는 것이다. 이 또한 변할 수 없는 천지의 법칙이다.

사람 사는 세상의 이치도 이와 마찬가지이다. 차츰씩 올라가서 정점(頂點)에 이르면 이제 그 이상의 정상은 없고, 기다리는 것은 하강(下降)뿐이다. 가령 바닥까지 떨어지더라도 앞으로 오르막길이 있으리라는 보장은 없다.

그러므로 정상에 오른 사람은 교만하지 말고 한층 더 신중한 처세를 하여야 한다. 이와 반대로 바닥에 떨어진 사람도 결코 낙담할 필요는 없다. 기죽지 말고 힘을 기르며 때를 기다릴 일이다.

금슬상화(琴瑟相和)
부부 사이가 좋아서 서로 화락한다는 뜻 _詩經·小雅篇.

인생이란 의기(意氣)로 사는 것
공명(功名) 따위에 구애되랴

人生感意氣, 功名誰復論 인생감의기, 공명수부론 _당시선

『당시선(唐詩選)』의 권두를 장식하는 「술회(述懷)」란 제목의 시(詩) 가운데 한 구절이다. 작자는 위징(魏徵 : 당唐나라 태종太宗을 섬기던 명신)이다.

태종이 아직 즉위하기 전, 그 형인 건성(建成)과 골육상쟁을 벌였다. 이때 위징은 건성의 모신(謀臣)으로 활약했었다. 이 싸움에서 건성은 죽음을 당했고 태종이 즉위하게 되는데, 이때 위징은 재능을 인정받아 태종의 휘하에 들어갔을 뿐 아니라 태종의 명을 받아 동방(東方) 선무(宣撫)에 나선다. 이 시는 이때 읊었던 시라고 한다.

인생이란 사나이끼리의 의기(意氣) 투합으로 사는 것, 공명(功名) 따위에는 구애되지 않는다는 의미의 말이다. 사나이의 소망을 노래한 구절이라고 할 수 있다.

인간은 각자 그 이익에 따라 움직인다고는 하지만, 타산만 앞세운다면 인생길이 너무나 삭막할 것이다.

위징과 마찬가지로 '인생이란 의기로 느낀다'는 측면도 있어야 하지 않겠는가.

금의옥식(錦衣玉食)
좋은 옷과 좋은 음식, 즉 사치스러운 생활을 뜻함 _宋史.

인생이란 문틈으로
백마가 달려가는 것을 보는 것과 같다

人生如白駒過隙 인생여백구과극 _십팔사략

인생은 문틈으로 백마(白馬)가 달려가는 것을 보는 것처럼, 한순간에 지나지 않는다는 의미의 말이다. 즉, 인생의 짧음을 표현한 말이다.

송왕조(宋王朝)를 창건한 태조(太祖)가 왕위에 오른 다음 공신(功臣)들을 모아놓고 이 말을 한 다음,

"그대들도 앞으로는 인생을 즐기도록 하오."

라고 말했던 것이 출전(出典)이다.

짧은 인생을 어떻게 보낼 것이냐? 이것은 큰 문제가 아닐 수 없다. 참고 삼아『채근담(菜根譚)』의 한 구절을 소개하겠다.

"천지는 영원한데 인생은 두 번 다시 돌아오지 않는다. 인간의 수명은 길어야 백년, 눈 깜짝할 사이에 지나가고 만다. 다행히 이 세상에 태어난 이상, 즐겁게 살기만을 바라지 말고 허송세월 보내는 것을 두려워할 줄도 알아야 한다."

즐겁게, 그러나 뜻있게 살라는 말이다. 즐거움이 없는 인생, 의미가 없는 인생을 산다면 태어난 보람이 없다. 자기 나름대로 삶의 의미를 발견해야 한다.

> **기린아**(麒麟兒)
> 슬기와 재주가 아주 뛰어난 아이 _杜甫의 詩.

덕은 사업하는 데 있어
그 근본이 된다

德者事業之基 덕자사업지기 _채근담

사업을 발전시키는 기초가 되는 것은 경영자 자신이 지니고 있는 덕(德)이다. 『채근담』에서는 이렇게 말한 다음, '기초가 허술한 건물이 오래 버티는 예는 없다'고 덧붙이고 있다.

중국 3천년 역사의 흥망의 발자취를 더듬어보면 이기고 살아남는 데 성공한 자는 각기 빼어난 능력의 소유자들이었다. 그런 능력만 있으면 더 이상 바랄 나위가 없다고 생각하겠지만 결코 그렇지가 않다. 거기에 더하여 리더로서의 덕을 몸에 익히지 못하면 만전(萬全)이라고 할 수 없는 것이다.

이 두 가지의 조건은 수레의 두 바퀴와 같은 관계인데, 그 중에서도 중요한 것이 덕이다. 덕이 결여되어 있는 인물은 가령 한때 융성했다 하더라도 오래가지 못한다.

사람 위에 서는 인물은, 리더로서의 덕을 연마할 필요가 있다. 그렇지 않으면 사업을 지속적으로 발전시켜 나갈 수 없기 때문이다. 그 점을 강조한 말이 이 구절이다.

기호지세(騎虎之勢)
호랑이를 타고 달리는 형세. 즉, 도중에 내릴 수 없는 고로 하던 일을 중지하기 어려움을 이름. _隋書.

남을 아는 것은 지(智)요,
자신을 아는 것은 명(明)이다

知人者智, 自知者明 지인자지, 자지자명 _노자

"남을 아는 자는 지자(智者)의 수준에 지나지 않는다. 자기 자신을 아는 자야말로 명자(明者)이다."

번역하면 이런 의미가 된다.

남을 아는 것만도 보통 이상의 일이다. 그러나 그보다 훨씬 어려운 것이 자기 자신을 아는 것이다. 남에 대해서는 잘 알고 있지만 자기 자신에 대해서는 제대로 알지 못하는 것이 일반 사람들일 것이다. 그렇게 되면 자기 사업이나 새로운 일에 임할 때 정확한 판단을 내릴 수가 없다.

'지(智)'는 사물을 깊이 읽어내는 능력이다. 통찰력이라고 해도 좋다. '명(明)'도 통찰력임에는 틀림없지만 '지'보다 훨씬 더 깊은 곳까지 통찰할 수 있는 능력을 말하는 것이다. 따라서 정확한 판단력을 기르려면, '지'는 물론 그보다 더 높은 수준인 '명'을 몸에 익힐 필요가 있다.

손자(孫子)는 '상대방을 알고 나를 알면 백 번 싸워도 위태롭지 않다[知彼知己 百戰不殆]'라고 했다. 『노자』에는 '명'이 있을 때에야 비로소 그것이 가능하다고 했다.

낙극애생(樂極哀生)
즐거움이 다하면 슬픔이 생긴다 _列女傳.

전쟁을 잘하는 장수는
사랑과 위엄을 고루 갖추고 있다

善將者愛與威而已 선장자애여위이이 _울료자

훌륭한 리더가 되기 위해서는 '애(愛)'와 '위(威)', 이 두 가지 조건을 반드시 갖추고 있어야 한다는 말이다. '애'란 애정, 은정(恩情), 동정이다. 또 '위'란 중압감을 줄 정도의 강한 힘, 엄격함 등을 의미한다. 그 어느 것이나 부하에 대한 통솔력과 관계되는 말이다.

리더가 자기 지위나 권한을 마구 휘둘러서 부하들을 명령에 따르게 할 수는 있다. 그러나 심복(心服)시킬 수는 없는 것이다. 부하로 하여금 하고자 하는 마음이 스스로 일게 하고 '이 사람을 위해서라면…'이란 생각을 갖게 만들려면 평소에 '애'를 가지고 임할 필요가 있다.

그러나 '애'에만 치우치면 조직 관리에 응석이 스며들게 된다. 자칫하면 아래 위가 없어지고 사적(私的)으로 너무 친해진 나머지 조직으로서의 긴장감이 사라지고 만다. 그렇게 되지 않기 위해서 필요한 것이 '위'이다. '위'로 기강을 바로잡아야 하는 것이다.

리더는 '애'와 '위' 이 두 가지를 조화 있게 병용할 줄 알아야 한다.

낙생어우(樂生於憂)
쾌락은 항상 고생하는 데서 나온다는 뜻 _明心寶鑑.

지금의 평안이 지속되리라고 생각지 말라
처음 당한 곤경은 피하려 하지 말라

❋ ─────────────────────────────────

毋恃久安, 毋憚初難 무시구안, 무탄초난 _채근담

'구안(久安)'은 오래 지속되어 온 평안의 상태, '초난(初難)'은 처음으로 부닥친 곤란한 상태이다. 따라서 '지금의 평안이 언제까지라도 계속될 것으로 생각하지 마라, 최초의 곤경을 당하였을 때 피하려고 애쓰지 마라'는 의미가 되겠다. 이것 역시 균형 잡힌 처세관이라고 해도 좋다.

평안한 상태가 오래 지속되면 마침내는 마음이 해이해져서, 그 평안이 언제까지라도 계속될 것으로 생각하게 된다. 그 결과 불행이 도래했을 때, 그만 혼란에 빠지고 만다. 이렇게 되지 않기 위해서는 평소부터 저항력을 기르고 물심양면으로 준비를 소홀히 하는 일이 없어야 한다.

또 무슨 일을 하든 곤경이란 늘 있게 마련인데, 최초로 곤경에 부딪혔을 경우 도피하려고만 한다면 그 속에서 결코 벗어날 수가 없다. 돌파할 길은 분명 있을 것이라는 확신을 가지고 끈기 있게 대처해 나가야 한다.

사람은 기가 죽으면 될 일도 안 된다고 하는데, 그런 사람에게 『채근담』의 이 말은 큰 도움이 될 것이다.

낙이망우(樂而忘憂)
쾌락에 빠져 근심을 잊는다는 뜻 _論語·述而篇.

작은 이익에 욕심내지 마라
큰일을 성취하지 못한다

●

見小利則 大事不成 견소리즉 대사불성 _논어

공자(孔子)의 제자에 자하(子夏)란 사람이 있었다. 그 자하가 거보(莒父) 땅의 유수(留守)로 임명되었을 때 정치에 대해서 공자에게 물었던바, 공자의 대답은 이러했다.

"급히 서둘지 마라. 작은 이득을 꾀하지 마라. 급히 서두르면 충분히 통달하지 못하고, 작은 이득을 얻으려 하면 큰일을 이루지 못한다[見小利則 大事不成]."

이를 좀 더 알기 쉽게 설명해 보자.

"조급하게 서두르지 말고 작은 이득을 탐내지 말아야 한다. 일을 서두르면 실수하기 쉽고, 작은 이득을 탐내면 큰일을 이루어 낼 수 없다."

이 마음가짐은 정치뿐만 아니라 어떠한 일에도 해당된다 하겠다. 장기적인 목표를 세우고 그 목표를 향하여 한 걸음 한 걸음 착실하게 전진한다. 그렇게 하면 서두르는 일도 없겠거니와 작은 일을 넘보는 일도 없을 것이다. 공자의 이 조언은 언뜻 보기엔 평범한 것 같지만 정곡을 찌르는 날카로운 면이 있다.

낙화난상지(落花難上枝)
한번 진 꽃은 다시 필 수 없다. 즉, 한번 저지른 일은 다시 되돌릴 수 없다는 뜻. _五燈會元.

인생을 즐기되
지나치지 마라

樂不可極 낙불가극 _예기

인생에는 즐거움이 필요하다. 갑부가 된 어느 노인이 말년에,

"내가 억척스럽게 걸어온 인생길을 사람들에게 권하고 싶은 생각은 없다."

고 술회하는 것을 들은 적이 있다.

인생은 짧다. 그 짧은 인생에서 이렇다 할 재미와 즐거움 없이 오직 일에만 열중해야 한다면 도대체 무엇을 위한 인생이란 말인가. 한 번 주어진 인생일진대 즐기며 살아야 하겠다.

그러나 문제는 그 즐기는 방법에 있다.

예컨대 골프를 치러 갔다고 하자. 누구든 '아아, 참으로 멋지고 좋구나.' 란 생각을 하게 되며, 사정만 허락한다면 골프 삼매경에 빠지는 생활을 계속해서 할 수 있기를 원한다. 그러나 어쩌다 여가를 얻어서 하는 것이기에 즐겁지, 날마다 골프만 친다면 즐겁기는커녕 도리어 지겨울는지도 모른다.

'낙(樂)은 극(極)을 피해야 한다'는 말이 있듯이, 즐거움도 적당해야 좋은 것이다.

난신적자(亂臣賊子)
임금과 부모를 해치는 사람 _孟子·滕文公章句.

배워서 얻었으면
실천하여 자신을 향상시키라

人須磨在事上 인수마재사상 _전습록

『전습록(傳習錄)』은 '지행합일(知行合一)'을 주장한 양명학(陽明學)의 시조 왕양명(王陽明)의 언행을 기록한 책이다. 그 속에 나오는 말로서, 생활이나 하는 일 등 매일의 실천을 통하여 자기 자신을 연마하라는 뜻의 말이다.

자기 자신을 연마하는 방법은 먼저 뛰어난 선현들의 가르침에 귀를 기울이는 일이다. 그러기 위한 지름길이 바로 고전(古典)을 읽는 것이다. 고전이란 말하자면 선현들의 영지(英智)를 모아놓은 결정(結晶)이며, 오랜 역사 속에서 살아남은 것이니만큼 시대를 초월한 교훈들이 가득 실려 있다.

그러나 책을 읽고, 사람들의 이야기를 듣는 것만으로는 삶의 지혜가 몸에 익혀지지 아니한다. 배운 것을 그대로 몸에 익히기 위해서는 그것과 병행하여 '사상(事上)', 즉 하는 일로써 자기 자신을 단련하고, 몸으로 익힐 필요가 있다.

실천이 따르지 않는 지식은 임시변통에 지나지 않는다. 실천을 해나가는 가운데 단련하는 것이야말로 지식도 인간도 진짜가 되는 지름길이다.

남가일몽(南柯一夢)
꿈과 같이 헛된 한때의 부귀영화 _異聞集.

알면서도 알지 못하는 체하는 것은 훌륭한 처세이다

知不知 尙矣 지부지 상의 _노자

『노자(老子)』의 한 구절을 좀 더 상세히 인용하면,

"지부지상의(知不知尙矣), 부지지병의(不知知病矣)."

이다. 이를 번역하면 다음과 같다.

"알면서도 알지 못하는 체하는 것은 훌륭한 태도이고, 알지 못하면서도 아는 체하는 것은 병폐이다."

사실은 알지도 못하면서 아는 체하는 것, 이것은 분명 중대한 결점이자 문젯거리이다.

그럼 알았을 때는 어떻게 해야 할까? '그런 정도는 다 알고 있다'라는 태도라면 주변 사람들로부터 반감만 살 뿐이다.

상사(上司)와의 관계를 예로 들어보자.

"그 건(件) 어떻게 되었나?"

라는 질문을 받았을 경우, 그 건에 대해서 필요한 말만 분명하게 하면 된다. 묻지도 않은 말을 늘어놓으며 아는 체해서는 도리어 자신에게 마이너스만 있을 뿐임을 명심해야겠다. 그런 부하를 좋아할 상사는 없는 법이다.

남녀칠세부동석(男女七歲不同席)
남녀 간에는 어려서부터 구별이 뚜렷해야 한다 _禮記·內則.

자신의 분수를 모르고
잘난 척하는 것은 병폐이다

夜郎自大 야랑자대 _사기

한(漢)나라 시대, 서남지방 변두리에 야랑(夜郎)이라는 소국(小國)이 있었다. 어느 날 이 야랑국에 한나라 사신이 당도하자 야랑국의 왕이 물었다.

"우리나라와 귀국은 어느 쪽이 더 큰 나라인가?"

한나라는 중국 대륙을 거의 다 지배하던 대제국(大帝國)이다. 이에 비하여 야랑국은 나라라고는 하지만 몇몇 부락 정도나 모여 사는 보잘것없는 부족국가였다. 우물 안 개구리임에 틀림이 없었다. 그것도 모르고 으스대던 야랑국 왕을 비웃는 말이 이 '야랑자대'이다.

이런 '야랑자대'는 왜 생기는 것일까? 자타(自他)의 위치(位置) 관계를 정확하게 잴 수 없는 시야(視野)의 협소성 때문에 생기는 것이다. 단지 그것뿐이라면 그대로 애교로 봐줄 수 있다. 더욱 곤란한 것은 그것이 자존자대(自尊自大)한 태도로 연결된다는 점이다. 이렇게 되면 점점 자고(自高)해질 뿐이어서 모처럼 가까이 왔던 사람까지도 멀리 피해 버리고 만다.

남상(濫觴)
양자강 같은 큰 강도 그 기원은 간신히 술잔을 띄울 수 있을 정도의 작은 샘이다. 변하여, 일의 시작을 이름. _孔子家語.

최상의 용병술(用兵術)은
그 마음을 공격하는 것이다

用兵之道, 攻心爲上 용병지도, 공심위상 _삼국지

『삼국지(三國志)』에 등장하는 제갈공명(諸葛孔明)이 스스로 대군을 이끌고 남방 이민족(異民族)의 반란을 평정하러 갔을 때의 일이다. 출발에 앞서 참모였던 마속(馬謖)을 불러놓고 의견을 말해 보라 하였다. 마속이 대답했다.

"무릇 용병의 도(道)는 그 마음을 공략하는 것을 상(上)으로 치고, 그 성(城)을 공략하는 것은 하(下)로 칩니다. 바라옵건대 공(公)께서는 그 마음을 복종시키십시오."

제갈공명도 이의가 있을 수 없었다. 적지에 군을 진공시키자마자 가볍게 무찌르고 그 수령을 생포했다. 그러나 제갈공명은 애써 생포한 적의 수령을 석방한 다음, 또 싸워서 생포했다. 이기고 놓아주기를 일곱 차례, 결국 세다고 자부하던 적의 수령도 마음속 깊이 복속할 것을 맹세했으며 그 이후 제갈공명의 명령에 등을 돌리는 일이 없었다고 한다. 마음을 공략한 계책이 보기 좋게 적중했던 것이다.

힘으로 밀어붙이기만 한다면 복종은 시킬 수 있어도 심복시킬 수는 없다. 이때 제갈공명이 취한 수법은 모든 인간관계에 적용될 것이다.

남선북마(南船北馬)
항상 바쁘게 뛰어다님 _淮南子.

정치를 하는 요체(要諦)는
오로지 인재를 얻는 데에 있다

爲政之惟在得人 위정지유재득인 _정관정요

당(唐)나라 태종(太宗)은 당왕조(唐王朝)의 2대 황제로서 창업부터 수성(守成)으로 넘어오는 시기의 키잡이였으며, 당왕조 3백년의 기초를 굳게 다져놓은 명군(明君)이다.

태종이 명군으로 추앙받게 된 이유는 여러 가지가 있겠는데, 그 중 하나는 인재의 초치에 역점을 두었다는 점이다. 태종은 능력 있는 인물이라고 판단되면 비록 적 편에 속해 있었던 인물일지라도 요직에 발탁하여 썼고, 힘을 합쳐서 국정을 돌보았었다. 그런 태종이 이 말을 했다는 데서 더욱 설득력이 있다.

번역하면 "정치를 하는 요체는 오로지 인재를 얻는 데 있다"는 뜻이다. 인재를 얻어야 함은 비단 정치에만 국한되는 것은 아니다. 그 어떤 조직도 인재를 얻지 못하면 그 조직은 허물어지고 만다. 이것은 인재 전성시대를 맞고 있는 현대에 있어서도 변함이 없다. 태종은 또 이런 말도 했다.

"그 재능에 맞도록 사람을 쓰지 못하면 반드시 치(治)를 어렵게 만든다."

내자가추(來者可追)
과거 일은 어쩔 수 없지만 미래의 일은 잘할 수 있다 _論語·微子篇.

훌륭한 관리(官吏)는
덕을 심는 법이다

善吏者樹德 선리자수덕 _한비자

공자(孔子)의 제자인 자고(子皐)가 위(衛)나라 재판관으로 등용되었을 때, 한 병사에게 빈형(臏刑 : 다리를 자르는 형)을 선고한 적이 있었다. 다리를 잘린 그 병사는 이후 성문을 지키는 임무를 맡게 되었다.

얼마 후 위나라에 내란이 일어났다. 자고는 신변에 위협을 느낀 나머지 성문으로 탈출하려고 했다. 그러자 자신이 빈형을 선고한 문제기가 성문에 있다가 자고를 보고는 지하실에 숨겨주었다.

내란이 평정된 다음 자고가 문지기에게 이유를 물었던바, 그는 이렇게 대답했다고 한다.

"제 죄는 도저히 살아날 수 없는 죄였는데, 당신은 조사 과정에서부터 어떻게든 저의 죄를 가볍게 해주기 위해 애를 쓰셨습니다. 또 죄상이 드러나 판결을 내리실 때에도 당신은 심히 괴로워하는 표정이었음을 저는 읽을 수 있었습니다. 그 이후 저는 줄곧 당신의 신세를 갚으려고 생각해 왔습니다."

후일 공자가 이 이야기를 듣고 '선한 관리는 덕을 심는다[善吏者樹德], 즉 윗사람이 되는 자에게는 덕이 중요하다고 했다는 것이다.

노발충관(怒髮衝冠)
노여움에 머리털이 곤두서서 관을 찌른다 _史記·刺客列傳.

달팽이 뿔 위에서 싸우는 것 같은
어리석은 짓은 하지 마라

蝸牛角上之爭 와우각상지쟁 _장자

옛날 위(魏)나라 혜왕(惠王)이 제(齊)나라를 공격하려고 했을 때, 대진인(戴晉人)이란 현인(賢人)이 혜왕에게 말했다.

"전하, 전하께옵서는 달팽이를 아시나이까?"

"알고 있소."

"그 달팽이의 왼쪽 뿔에는 촉씨(觸氏)란 나라가 있고, 오른쪽 뿔에는 만씨(蠻氏)란 나라가 있어서, 서로 끊임없이 싸움을 했다 하더이다. 어느 때는 무려 보름씩이나 격전을 벌여서 쌍방의 사상자 수가 몇만 명에 이르자, 그들은 겨우 군사를 물렸다고 하나이다. 전하, 이 지상(地上)의 싸움도 알고 보면 모두 이 싸움과 다를 바가 없을 줄 아옵니다."

넓고 넓은 우주 한쪽에서 내려다본다면 인간의 영위(營爲) 따위는 '달팽이 뿔 위에서의 싸움'과 다를 바 없는지도 모른다. 흑이다 백이다 하며 서로 피투성이가 되도록 치고받는 것은 조그마한 세상에서 일어나는 작은 사건에 불과하다. 현실 속의 번민에 사로잡혀 있는 사람들도 이 이야기를 생각해 보면 자신을 객관적으로 바라볼 수 있고, 뜨거워진 머리를 식힐 수 있지 않을까.

노이무공(勞而無功)
힘써 일했지만 공이 없다 _莊子·天道篇.

사람은 그 장점으로 인하여
죽음을 재촉한다

人者寡不死其所長 인자과불사기소장 _묵자

인간은 그 장점이 화근이 되어 오히려 죽음을 재촉하는 일이 적지 않다고 경고한 말이다. 이 또한 일면(一面)의 진리임에 틀림없다.

묵자(墨子)는 이렇게 말하고 있다.

"여기에 다섯 개의 송곳이 있다고 하자. 제일 먼저 부러지는 것은 제일 예리한 송곳이다. 또 다섯 자루의 칼이 있다고 하자. 제일 먼저 닳아 없어지는 칼은 제일 잘 드는 칼이다. 그리고 제일 먼저 물이 말라버리는 우물은 물맛이 제일 좋은 우물이며, 제일 먼저 베어지는 나무는 제일 곧고 키가 큰 나무이다."

인간도 그와 똑같다. 용기가 있는 자는 그 용기로 인하여, 능력이 있는 사람은 그 능력 때문에 도리어 몸을 망치게 되는 일이 적지 않다는 것이다.

묵자는 그렇게 말한 다음 '유능한 인물이 그 지위를 지키고자 하지만 지켜지기란 쉽지 않다'며 탄식하고 있다.

녹림(綠林)
호북성에 있는 산 이름. 후한 말, 왕광·왕봉 등이 백성을 모아 이 산을 근거지로 도둑질하여 관군에 대항. '도적'의 별칭으로도 쓰임. _後漢書.

도움을 주는 벗이 세 그룹 있고
손해를 끼치는 벗도 세 그룹 있다

益者三友, 損者三友 익자삼우, 손자삼우 _논어

좋은 친구를 갖는다는 것은 인생의 행복 중 하나이다. 그 인물을 알고자 하면 그가 사귀고 있는 친구를 보라는 말까지 있을 정도이니, 친구를 고른다는 것은 여간 어려운 일이 아니며, 역시 신중을 기해야 할 일임에 틀림없다.

그럼 어떤 상대를 친구로 고를 것인가? 공자(孔子)의 조언을 들어보기로 하자. 공자는 사귀어서 이익이 되는 친구가 세 부류 있고[益者三友], 사귀어서 손해가 되는 친구 역시 세 부류가 있다[損者三友]고 했다.

"직(直)을 친구로 삼고 양(諒)을 친구로 사귀며 다문(多聞)을 친구로 사귀는 것은 익(益)이며, 편벽(便辟)을 친구로 삼고 선유(善柔)를 친구로 사귀며 편녕(便佞)을 친구로 사귀면 손(損)이다."

나에게 도움이 되는 친구란 ①강직한 사람, ②성실한 사람, ③교양이 있는 사람이다. 반대로 나에게 도움이 안 되는 친구란 ①남의 비위나 맞추며 득을 보려는 사람, ②아첨만 잘하고 성실하지 않은 사람, ③구변만 좋은 사람이라 했다.

농단(壟斷)
우뚝 솟은 언덕. 이익이나 권력을 독차지한다는 뜻. _孟子.

March 3

열다섯 살에 학문에 뜻을 두고, 서른 살에 그 기초가 이루어졌으며, 마흔 살에 자신이 나아갈 방향에 대해 확신을 가지게 되었다. 다시 쉰 살에는 천명(天命)을 자각하고, 예순 살에는 어떤 의견에도 순순히 귀를 기울이게 되었으며, 일흔 살이 되자 욕망대로 행동해도 인간의 규범을 일탈하는 일 없이 자재(自在)의 경지에 이를 수가 있었다.

서른 살에 나름대로 학문적 기반을 다지고, 마흔 살에 확신을 가졌다

三十而立, 四十而不惑 삼십이립, 사십이불혹 _논어

너무나도 유명한 말이므로 모르는 사람이 없을 줄 안다. 다시 한 번 『논어』의 그 전문(全文)을 소개하면 다음과 같다.

"오십유오이지우학(吾十有五而志于學)하고, 삼십이립(三十而立)하고, 사십이불혹(四十而不惑)하고, 오십이지천명(五十而知天命)하고, 육십이이순(六十而耳順)하고, 칠십이종심소욕(七十而從心所欲)하야 불유구(不踰矩)라."

열다섯 살 때에 학문에 뜻을 두고, 서른 살 때에 그 기초가 이루어졌으며, 마흔 살 때에 자신이 나아갈 방향에 대해 확신을 가지게 되었다. 다시 쉰 살 때에는 천명(天命)을 자각하고, 예순 살 때에는 어떤 의견에도 순순히 귀를 기울이게 되었으며, 일흔 살이 되자 욕망대로 행동해도 인간의 규범을 일탈하는 일 없이 자재(自在)의 경지에 이를 수가 있었다는 것이다.

공자가 스스로 자신의 생애를 요약한 말이라고 한다. 그 모두가 용이한 일은 아니다. 그러나 우리로서는 이런 수준을 목표로 삼아 노력하는 것만으로도 의의가 충분할 것으로 생각한다.

누란지위(累卵之危)
높이 쌓아올린 달걀처럼 매우 위험하다 _史記·范睢列傳.

큰길은 갈래가 많기에
양을 잃어버린다

大道以多岐亡羊 대도이다기망양 _열자

'다기(多岐)'란 갈림길이 많다는 뜻이다. 즉, '큰길에는 갈림길이 많아서 도망친 양을 찾기 힘들다'는 말이다.

열자(列子)에 의하면 인생도 이와 마찬가지란 것이다. 갈림길이 많으므로 결국은 헷갈려서 중요한 본도(本道)를 잃고 만다는 것—. 이를 약하여 '다기망양(多岐亡羊)'이라고 하고, 또는 '망양지탄(亡羊之嘆)'이라고도 한다.

인생에는 뚜렷한 목표가 있어야 한다. 그 목표는 가급적이면 십년 단위 정도로 장대한 목표를 세우는 것이 바람직하다. 예컨대 삼십대에는 이것을 실현해야겠고, 사십대에는 이것을 목표로 삼아야겠다는 등으로 말이다. 인간은 누구나 십년 정도 같은 목표를 꾸준히 추구하면 대개의 경우 성사시키는 법이다.

그러나 인생에는 사람의 마음을 매혹시키는 샛길이라는 것이 있다. 아무리 훌륭한 목표를 세웠다 해도 그런 샛길로 빠지게 되면 모두 물거품이 되고 만다. 그렇게 되지 않기 위해서는 항시 목표를 재확인, 점검하는 훈련이 필요하다.

능서불택필(能書不擇筆)
글씨를 잘 쓰는 사람은 붓을 가리지 않는다 _唐書·歐陽詢傳.

의심스러우면 쓰지 말고
썼으면 의심하지 마라

疑勿用, 用勿疑 의물용, 용물의 _통속편

사람을 부리는 요령의 진수(眞髓)이다.

"의심스러우면 쓰지 말고, 썼으면 의심하지 마라."

이 말을 다시 한 번 설명하면, 신뢰가 가지 않는 인간이라면 처음부터 아예 등용을 하지 말아라. 그리고 이쯤이면 등용해도 괜찮겠다고 생각되어 일단 쓴 다음에는 신뢰를 가지고 대하라는 말이다.

애써 선별해서 부하를 썼는데 어쩐지 믿고 일을 맡길 수가 없다. 부하의 입장에서는 자기가 윗사람으로부터 신뢰받고 있지 못한 것으로 생각하게 된다. 신뢰받지 못한다는 것을 알게 되면 위축된다. 위축되면 제 실력을 제대로 발휘할 수가 없다. 이렇게 해서 악순환이 되고 만다.

그러나 부하를 신뢰해야 한다고 해서 무턱대고 신뢰하라는 말은 아니다. 어디까지나 그 상대가 신뢰할 가치가 있는 인물인지 아닌지를 파악해야 한다. 믿지 말아야 할 인간을 믿는다는 것은 스스로 묘혈을 파는 것과 다를 바가 없다. 그러므로 사람을 보는 눈부터 길러야 한다.

다다익선(多多益善)
많으면 많을수록 좋다 _史記.

덮어놓고 책을 믿는 것은
책이 없는 것과 마찬가지이다

盡信書則不如無書 진신서즉불여무서 _맹자

여기서 맹자가 말하고 있는 '서(書)'란 『서경(書痙)』을 말하는 것이다.

맹자는 유가(儒家)의 정통을 이은 인물이며, 서경은 유가의 성전(聖典)이다. 상식적으로 생각해 보면 맹자가 서경을 금과옥조(金科玉條)처럼 신봉하였다 해도 하등 이상할 것이 없을 것 같다. 그 맹자가 이 말을 했기에 중후함이 있다고 해도 좋다.

'서'를 믿지 말라는 맹자의 조언은 단순히 서경만이 아니라 모든 책에 해당된다. 무엇이든 맹신(盲信)을 하게 되면 진보는 없다.

특히 그것이 권위를 앞세우는 책이면 더욱 의심을 해야 하고 비판적인 섭취를 하도록 마음 써야 할 것이다. 또한 그것은 비단 책만이 아니다. 남의 이야기를 들을 경우에도 마찬가지이다.

덮어놓고 받아들일 것이 아니라, 자기 나름대로 씹어 보고 맛을 보아서 수용할 때 비로소 피가 되고 살이 되는 법이다.

다언삭궁(多言數窮)
말이 많으면 자주 곤경에 빠진다 _老子 · 제5장.

은나라가 거울삼아야 할 교훈은
하후(夏后)의 어질지 못한 정치에 있다

殷鑑不遠, 在夏后之世 은감불원, 재하후지세 _시경

보통 '은감불원(殷鑑不遠)'은 흔히 자기가 거울로 삼아 경계하여야 할 선례(先例)는 바로 가까이에 있다는 의미로 사용된다.

이 『시경(詩經)』의 말을 좀 더 제대로 인용한 것이 표제에 등장한 말이다.

옛날 중국의 왕조(王朝)는 하(夏), 은(殷), 주(周)로 이어져 내려왔다. 하왕조의 마지막 임금은 걸왕(桀王)이고, 은왕조의 마지막 임금은 주왕(紂王)이다. 이 두 사람은 악역무도한 정치로 나라를 멸망시킨 공통점을 가지고 있으며, 후세 사람들로부터 폭군(暴君)의 견본으로 꼽히게 되었다.

이 말은 그 사실을 근거로 해서 생긴 구절이다. 즉, 은나라 주왕이 거울삼아야 할 교훈[殷鑑]은 아주 먼 곳에 있었던 것이 아니라 바로 앞의 왕조인 하왕조 걸왕에게 있었다는 것이다. 주왕은 하나라 걸왕의 실패를 거울삼아서 배워야 했다는 말이다.

역사는 선인(先人)이 실패한 기록도 적고 있다. 그 실패에서 배워야 한다. 똑같은 실패를 반복하지 않기 위해서 말이다.

대기만성(大器晚成)
큰 인물은 오랜 세월에 이루어진다 _三國志 · 魏志.

어리석은 사람은 일이 다 되어도 모르고 지혜로운 사람은 징조 있기 전에 이미 안다

愚者闇於成事, 智者見於未萌 우자암어성사, 지자견어미맹 _전국책

'암어성사(闇於成事)'란 말은 사물이 형태를 갖추고 나타나더라도 그것을 깨닫지 못한다는 뜻이다. 그런 사람을 '우자(愚者)', 즉 어리석은 사람이라고 한다.

이에 비하여 '지자(智者)'란 '미맹(未萌)'에도 볼 수 있는 사람이라고 했다. '미맹'이란 '아직 징조가 보이기 전'이란 뜻으로서 사물이 형태를 갖추어 나타나기 전의 단계이다. 그 단계에서 이미 그 움직임을 찰지(察知)하고 적절한 대책을 세우는 사람, 그런 사람이 '지자'인 것이다.

그런 점을 생각할 때 우리는 '선 우자, 후 지자'가 되는 경우가 많다. '그때는 이렇게 했더라면 좋았을 것을'이라든가 '이렇게 말했더라면 좋았을 것을'이라며 후회하는 경우가 많다는 말이다. 이것은 '미맹에 본다'는 것과는 너무나 거리가 멀다 하겠다.

'미맹'에 볼 수 있는 능력이 클수록 경쟁이 치열한 오늘날 살아남는 데 유리할 것은 두말할 나위도 없다.

대기소용(大器小用)
큰 그릇을 작은 일에 쓴다. 즉, 큰 인물을 말단직에 앉힌다. _後漢書.

황하가 맑아지기를
백년 동안 기다린다

百年俟河淸 백년사하청 _좌전

아무리 기다려도 효과가 없을 때 '백년하청' 또는 '백년하청을 기다린다'
고 한다. '하청(河淸)'의 '하(河)'는 황하(黃河)를 말한다. 황하는 언제나 탁하여
맑은 물을 거의 볼 수가 없다. 그래서 누런 강이라 하여 '황하'인데, 원래는
『좌전(左傳)』에 있는 다음의 이야기가 그 출전(出典)이다.

춘추시대(春秋時代), 황하 유역에 정(鄭)이라는 작은 나라가 있었다. 당시 북
쪽에는 진(晉)나라, 남쪽에는 초(楚)나라 이 두 강국이 버티고 있어서 다른 여
러 나라들은 모두 진·초의 압력을 받았으며 존립의 위협까지 받던 판이었다.

정나라가 초나라의 공격을 받았을 때의 일이다. 중신들은 항복파와 진나
라에 구원을 요청하고 싸워야 한다는 항전파로 나뉘었다. 그때 항복파 중
한 사람이 나서더니,

"하청을 기다리려면 인수(人壽) 그 몇일까?"

라는 고시(古詩)를 인용하여 강력히 항복론을 주장했다고 한다. 진나라의
구원군을 기다린다는 것은 '황하가 맑기를 기다리는 것'과 같아서 아무리 기
다려도 소용없다는 말이다.

> **대동소이**(大同小異)
> 거의 같고 조금만 다르다 _莊子.

진심을 남의 뱃속에 옮겨놓는다

推赤心置人腹中 추적심치인복중 _후한서

후한왕조(後漢王朝)를 일으킨 유수(劉秀, 光武帝)는 불가사의한 매력을 지닌 인물이다. 반군을 일으켰을 당시엔 세력이 보잘 것이 없었다. 그런데도 어느 사이에 대군단(大軍團)을 휘하에 거느리게 되었고, 대세(大勢)의 라이벌을 물리친 다음 마침내 황제의 자리에까지 오르게 된 것이다. 그 비밀을 푸는 열쇠의 하나가 이 구절이다.

어느 날 그는 싸움에서 적을 격파한 다음, 항복해 온 장병들에게 상당한 대우를 보장하고 자군(自軍)에 편입시켰다. 그러나 그들은 불안해서 어쩔 줄 몰라 한다. 그것을 안 유수는, 스스로 경기(輕騎)에 올라 부대를 순시하며 그들을 위로했다. 항복한 장병들은 그런 유수의 모습을 보면서,

"진심[赤心]을 옮겨 남의 뱃속에 놓는도다. 어찌 그를 위해 무술을 아끼리오."라는 말을 했다고 한다.

서투른 흥정 따위를 하지 않고 진실과 성의를 보여줌으로써 어제까지 칼을 겨누고 싸웠던 자들로 하여금 이런 복심이 들게 만들었던 것이다.

대의멸친(大義滅親)
큰일을 위해 가족도 돌보지 않는다 _左傳.

89

무엇보다도 조화를
가장 귀하게 여겨라

和爲貴 화위귀 _논어

공자(孔子)의 제자인 유약(有若, 有子)이 이런 말을 했다.

"예(禮)를 실행하는 데는 조화가 귀중하다[禮之用, 和爲貴]. 옛날 성왕(聖王)은 조화의 도를 훌륭하게 이루었다[先王之道, 斯爲美]."

예란 사회생활의 규범인데, 그것을 실천하는 데 있어서는 화(和)의 마음이 그 근본에 있지 않으면 안 된다. 고대(古代) 성왕(聖王)의 도(道)가 훌륭했던 것도 그 화의 마음이 있었기 때문이라는 것이다. 그러나 유약은 '화'만을 금과옥조(金科玉條)로 내세웠던 것은 아니다. 그는 이런 말도 하고 있다.

"그러나 큰 일이든 작은 일이든 조화의 도에만 따른다고 해서 일이 다 잘되는 것은 아니다. 조화의 도를 알고 그 도를 따르되 예(禮)로써 조절하지 않으면 안 되는 것이다[大小由之, 有所不行, 知和而和, 不以禮節之, 亦不可行]."

조화의 도를 이루는 동시에 사회생활의 규범이 제대로 확립되어 있어야 한다는 말이다.

도방고리(道傍苦李)
사람들에게 시달림을 받으며 길가에 서 있는 오얏나무. 변하여, 사람들에게 시달림을 받는 것.
_世說.

태산은 흙을 양보하지 않기에
크게 이루어질 수 있다

泰山不讓土壤, 故能成其大 태산불양토양, 고능성기대 _사기

'태산(泰山)'은 해발 1,532m로서 그다지 높은 산은 아니지만, 그 빼어난 경관으로 중국을 대표하는 명산이다. 우리나라로 비유하자면 금강산, 설악산과 같다고나 할까.

그 태산은 토양을 조금도 헛되이 버리는 일이 없기 때문에 그토록 웅대한 모습을 자랑하는 것이라고 한 말이 있다.

진(秦)나라 시황제(始皇帝)가 아직 진왕(秦王)으로 있을 때의 이야기이다. 중신들 가운데 '타국 출신인 자는 믿을 수가 없으므로 추방해야 한다'는 주제를 놓고 논쟁이 벌어졌다. 이때 이사(李斯)라는 인물이 상소하여 추방령을 철회해야 한다고 주장했는데, 그 가운데 이 말이 사용되었다. 타국 출신이라 하더라도 적극적으로 인재를 받아들여야만 나라를 부강하게 만들 수 있다는 것이 이사의 취지였다.

이것은 사업가나 관리직에 있는 사람의 마음가짐과도 통하는 말일 것이다. 부하에 대하여 어떤 편견을 가지고 있으면 부하들을 적재적소에 기용할 수 없는 법이다.

도청도설(道聽塗說)
길에서 들은 이야기를 바로 길에서 이야기한다는 뜻으로, 거리의 소문을 전하는 것 _論語·陽貨篇.

한 군데만 지키다가
사방을 모두 잃는다

守一隅而遺萬方 수일우이유만방 _회남자

'일우(一隅)'란 사우(四隅) 중 한 모서리, 또는 편우(片隅)이다. '만방(萬方)'이란 사방(四方)이며, 이 경우는 일우에 치우치지 않는 대국적 판단이라고 이해하면 되겠다. 따라서 이 말의 의미는 '한 귀퉁이만 지키다가 대국적인 판단을 그르치고 만다'가 될 것이다.

관리직의 경우를 생각해 보자. 과장이면 과장, 부장이면 부장으로서 주어진 직책을 충실히 수행해 낸다. 이것이 '일우를 지키는 것'이다. 그러나 그것만으로는 불충분하다. 주어진 직책을 충실히 수행해 낸다 하더라도 전사적(全社的)인 시야(視野)에 서서 해내는 것이 바람직한 것이다.

리더에 대해서도 똑같은 말을 할 수가 있다. 자기 회사의 이익만을 추구하더라도 가급적 그것을 사회의 이익과 일치시키는 것이 바람직스럽다. 그렇지 않으면 머지않아 그 경영은 암초에 부딪혀 허덕이게 된다는 것을 경고한 말이 바로 이 말이다.

독서백편의자현(讀書百遍義自見)
책을 백 번 읽으면 그 뜻을 자연히 알게 된다 _魏略.

승산이 많은 싸움은 이기고
승산이 적은 싸움은 진다

多算勝, 少算不勝 다산승, 소산불승 _손자

'승산(勝算)'이 많은 편이 이기고, 적은 편이 패한다는 말이다. 손자는 이렇게 말한 다음, '그러므로 말하거니와 산(算), 곧 승산이 없는 싸움은 하지 말라'—하물며 승산이 없는 싸움을 해서야 되겠느냐며 못을 박았다.

승산도 없는데 만용을 부리어 옥쇄(玉碎)하고 말면 만사가 끝장이다. 그런 상황하에서는 일찌감치 물러서야 한다. 그리고 전력만 온전(穩全)하다면 또 다음 찬스를 기다릴 수도 있다. 이것이 손자의 인식인 것이다.

'산(算)'이란 '계산(計算)'의 '산(算)'이기도 하다. 그러므로 이 한 구절은, 어떤 사업을 시작하려고 할 때에는 확실한 계산을 한 다음에 시작하라는 뜻으로 이해해도 좋다.

그런데 우리나라 사람들은 계산에 강한 사람을 보고 너무 앞뒤를 잰다며 혐오의 대상으로 여긴다. 그러나 그것은 큰 잘못이다. 계산에 약하면 인생 설계도 제대로 할 수 없을 것이 아닌가.

독서삼도(讀書三到)
독서는 눈으로 보고, 입으로 읽고, 마음으로 해독해야 한다 _訓學齋規.

천하를 쟁취하고자 하는 사람은
반드시 사람 얻기를 우선한다

爭天下者 必先爭人 쟁천하자 필선쟁인 _관자

'쟁인(爭人)', 즉 '사람을 다툰다'에는

1. 인재의 초치(招致)

2. 인심의 장악

등의 두 가지 의미가 있다. 큰 사업을 성취하려면 무엇보다도 먼저 이 두 가지를 마음에 새겨두라는 말이다.

아무리 뛰어난 능력을 가진 사람이라 하더라도 인간의 능력에는 한계가 있다. 큰 사업을 이루어 내려면 아무래도 여러 사람들의 지지와 협력이 필요하다. 결국 그것을 성공시키는 자가 승리하는 것이고, 그것에 실패한 자는 지게 마련이다.

예컨대 한(漢)나라 고조(高祖) 유방(劉邦)이 라이벌이었던 항우(項羽)를 쓰러뜨리고 천하를 제패할 수 있었던 것도, 그리고 삼국시대(三國時代)의 유비(劉備)가 난세 속에서 끈질기게 살아남을 수 있었던 것도 그 이유를 알아보면 먼저 이 두 가지를 마음바탕에 새기고 있었기 때문이다.

그러려면 어떻게 해야 할까. 『관자』에 따르면 눈앞의 이익에만 사로잡히지 말고 대국관(大局觀)을 가져야 한다고 했다.

> **독안룡(獨眼龍)**
> 아주 사납고 용감하기로 이름난 장수 _唐書.

나에게 아첨하는 사람은
나의 적(賊)이다

詔諛我者吾賊也 첨유아자오적야 _순자

'첨유(詔諛)'는 아첨하는 것, 듣기에 달콤한 이야기만 하면서 접근해 오는 사람은 모두 적(賊)과 같은 자들이란 말이다. 왜냐하면 그 말에 넘어가서 마침내는 자기 자신까지 잃고 말기 때문이다. 이것은 특히 사람 위에 서는 자, 즉 리더들이 자계(自戒)하지 않으면 안 되는 사항이다.

아첨의 말, 달콤한 말에 약해지는 것은 어떤 의미에서 인지상정(人之常情)이기도 하다. 충고의 말, 그래서 듣기에 거북한 말을 해주는 상대보다, 듣기에 흐뭇한 아첨의 말을 해주는 상대를 가까이하는 것은 인정상 자연스러운 현상이다. 실로 어느 조직에도 그런 케이스는 적지 아니하다.

그러나 리더가 그렇게 되면 이중으로 불행해진다.

그 첫째는 자기 자신을 망치고 만다. 달콤한 말만 듣고 있다가는 진보도 향상도 바랄 수가 없기 때문이다.

둘째로 그것은 경중(輕重)의 판단을 흐리게 하는 원인이 되며, 그 결과 조직까지 망쳐 놓고 만다.

> **동공일체**(同功一體)
> 같은 공을 세워서 같은 처지에 있게 된다 _史記·黥布列傳.

사람으로서 그 말에 믿음이 없으면 무슨 일을 할 수 있으랴

人而無信, 不知其可也 인이무신, 부지기가야 _논어

'신(信)'이란 거짓말을 하지 않는다, 약속을 지킨다는 의미이다. 즉, '인이무신(人而無信)'은 언행이 일치되지 않는 사람을 말한다.

말과 행동이 다른 사람을 어떻게 믿을 수 있겠는가. 이것은 공자(孔子) 한 사람의 인식이 아니라 중국 사람의 전통적인 인식이기도 하다.

그렇기에 '신'은 인간관계에 이어 필히 지켜져야 하는 규범이라 할 수 있다. 하지만 대부분의 사람들이 이 '신'을 제대로 지키지 못하며 산다. 사실 거짓말을 천연덕스럽게 하며 사는 인간이 이 세상에는 얼마나 많은가.

그래서 필요한 것이 인간을 보는 눈이다. 상대방이 '신'이 있는 인간인지 아닌지를 분명하게 판단한 다음에 대응해야 하는 것이다. 만약 상대방이 '신'이 없는 인간이란 판단이 서면 아예 멀리하는 것이 현명한 처신이다. 이 것은 인간학(人間學)의 법칙이라고 해도 좋다.

동병상련(同病相憐)
같은 병을 앓는 사람들은 서로 동정을 한다는 말 _吳越春秋

청렴하면서도 포용력을 가져라
동정하면서도 결단력을 가져라

清能有容, 仁能善斷 청능유용, 인능선단 _채근담

'청(淸)'은 청렴(淸廉)이다. '인(仁)'은 동정심이다. 따라서 '청렴하면서도 포용력이 있다. 동정심이 있으면서도 결단력이 뛰어나다'는 의미의 말이다.

두말할 것도 없지만, 이 세상 탁류(濁流)에 물들지 않고 청렴하게 살아가기란 쉬운 일이 아니다. 그런 의미에서 청렴은 미덕이다. 그러나 청렴한 선비의 결점은 자타(自他)를 엄(嚴)으로 다스리는 나머지 포용력이 모자란다는 점에 있다.

이와 마찬가지로 동정심도 미덕임에 틀림없다. 그러나 이것도 도가 지나치면 인정에 발목을 잡혀 결단력이 둔해진다.

이와 같은 모순되기 쉬운 요건을 양립(兩立)시킴으로써 균형 잡힌 인간상(人間像)이 형성된다는 것이다. 『채근담(菜根譚)』은,

"이런 인물이야말로 꿀을 써도 지나치게 달게 되는 일이 없고, 소금을 써도 지나치게 짜지는 일이 없다."고 충고하고 있다.

동악상조(同惡相助)
악인끼리는 악을 이루기 위해 서로 돕는다 _史記·五王濞列傳.

전쟁할 때 제일 큰 해는
우물쭈물하는 것이다

用兵之害猶豫最大 용병지해유예최대 _오자

'유예(猶豫)'란 우물쭈물 망설이는 것, 즉 우유부단이다. 그것이 군(軍)을 이끄는 장수로서는 최대의 결점이라고 한다. 전쟁터란 목숨을 건 장소이며, 한순간의 판단 미스가 생사(生死)를 갈라놓는다. 그러므로 결단을 해야 할 때는 과감하게 결단을 내려야 한다. 그렇지 않으면 문제는 심각해질 수밖에 없다.

이것은 군의 장수뿐 아니라 조직의 리더도 마찬가지이다. 어떠한 사업에 손을 대든 오류 없는 정확한 판단을 내리기 위해서는 풍부한 정보가 최우선이다. 한쪽으로 치우친 정보에만 의존하다가는 오판을 하기 십상이기 때문이다.

그렇다고 정보가 많은 것이 좋은 것만은 아니다. 잡다한 정보에 파묻히게 되면 그 또한 냉정을 잃게 되어 잘못된 결단을 내리기 쉽다. 그러므로 리더에게 요구되는 것은 어떤 위기에 몰려 있더라도 동요되지 않는, 냉정한 판단력이다. 이러한 자질을 갖추었을 때에야 비로소 정확한 결단을 내릴 수 있는 법이다.

동주상구(同舟相救)
한 배를 탄 사람들은 서로 돕는다. 변하여, 이해관계가 얽힌 자들은 서로 돕는다. _孫子 · 九地篇.

선비는 자기를 인정해 주는
사람을 위해서 죽는다

士爲知己者死 사위지기자사 _전국책

춘추시대(春秋時代) 말기, 예양(豫讓)이란 사람이 진(晉)나라 중신(重臣)인 지백(智伯)을 섬기고 있다가 중용되었다. 그런데 이 지백이 정적(政敵)인 조양자(趙襄子)와의 권력싸움에서 패해 멸망당했다. 이때 예양은 산속으로 도망을 쳤다.

"아아, 선비는 자신을 알아주는 이를 위해서 죽고[士爲知己者死], 여자는 자기를 사랑해 주는 이를 위해 화장을 한다[女爲悅己者容]. 주군(主君)의 원수를 기필코 갚자."

예양은 이렇게 결심했으나 고생한 보람도 없이 붙잡혔다.

"너는 그동안 여러 사람을 섬겼거늘, 어찌하여 지백의 원수만 갚으려 드느냐?"

조양자의 물음에 예양은 이렇게 대답했다.

"다른 사람들은 모두 나를 보통 사람으로 대우했소. 그러나 지백님만은 나를 국사(國士)로 대우해 주었소이다. 그래서 나도 국사로서 원수를 갚아 드리려고 하는 것이오."

이 설화는 부하를 진정으로 이해하고 위해 줄 때 부하도 진정으로 심복한다는 것을 절실하게 깨닫게 해준다.

동취(銅臭)
돈 냄새. 돈으로 벼슬을 산 사람을 조소하는 말. _後漢書.

천시(天時)는 지리(地利)를 따르지 못하고 지리는 인화(人和)를 따르지 못한다

天時不如地利, 地利不如人和 천시불여지리, 지리불여인화 _맹자

사업을 성공시키려면 세 가지 조건을 갖추어야 한다.

1. 천시(天時)—실행하는 타이밍

2. 지리(地利)—입지 조건

3. 인화(人和)—내부의 단결

맹자(孟子)는 여기서 우선순위를 정하되 '인화'가 가장 중요한 것이라고 했다. 그 이유는 이러하다.

"작은 성(城)을 맹렬하게 포위 공격하더라도 쉽게 함락되지 않는 경우가 있다. 공격하고 있는 이상 당연히 천시(天時)를 맞고 있을 것이다. 그래도 이기지 못하는 것은 천시가 지리(地利)보다 앞서지 못하기 때문이다. 성벽이 높고 참호도 깊다. 장비도 뛰어나고 군량(軍糧)도 충분하다. 그런데도 성(城)을 버리고 패주(敗走)하는 경우도 있다. 왜일까? 지리가 인화(人和)를 따르지 못하기 때문이다."

그렇다면 '인화'를 얻기 위해서는 어떻게 하는 것이 좋을까? 맹자에 의하면 올바른 '도(道)'를 따르라고 했다. 즉, 모두에게 지지받을 수 있는 목표를 제시하라는 말이다.

> **득롱망촉**(得隴望蜀)
> 농서 땅을 얻고 나니 촉나라가 탐이 난다 _後漢書.

빈곤하면서 원망하지 않기는 어렵고
부유하면서 교만하지 않기는 쉽다

貧而無怨難, 富而無驕易 빈이무원난, 부이무교이 _논어

재산도 있고 지위도 있게 되면 자신이 조심을 한다 해도 자칫 우쭐하는 마음이 표출되고, 사람을 무시하는 태도를 취하기 쉽다. 그러므로 유복한 상태에서 남을 무시하는 태도를 취하지 않는다면 그 사람은 여간 훌륭한 인물이 아니다.

그러나 공자(孔子)는 그 정도까지도 쉽다고 말했다. 어려운 것은 가난한 처지에 있더라도 비뚤어진 마음을 가지지 않는 일이라고 했다.

인간은 누구든 불우한 상태에 놓이게 되면 왜 나만이 이처럼 되어야 하느냐며 남을 원망하고 하늘을 원망하기 쉽다. 이것은 인지상정(人之常情)이며, 그렇게 생각하지 않는 사람이 있다면 그 사람은 상당한 수준에 오른 사람인 것이다.

공자 역시 역경 속에서 자랐던 사람이다. 어려서 아버지를 여의고 빈곤한 생활을 견뎌내야 하는 고통 속에서 성장했다. 이 말에는 그런 고생을 견뎌낸 인내(忍耐)의 철학이 스며 있다. 인간학(人間學)의 진수라고 해도 좋겠다.

득친순친(得親順親)
부모 뜻에 들고 부모 뜻에 순종한다 _孟子 · 離婁章句.

큰 부자는 하늘이 내고
작은 부자는 근면이 낸다

大富由命, 小富由勤 대부유명, 소부유근 _속담

'명(命)'이란 천명(天命)이라든가 운명(運命)이란 의미이다. '근(勤)'이란 근면을 뜻한다. 따라서 다시 해설하자면 '작은 재산은 근면에 의해 얻어지지만 큰 재산은 운명에 의해 좌우된다'가 되겠다.

'명(命)'이란 하늘의 의지(意志)이며 인간의 힘으로는 어쩔 수 없는 것이다. 예컨대 인간의 수명(壽命), 빈부, 화복 등은 모두 태어나기 전부터 정해져 있으며 변경 불가능한 것으로 생각해 왔었다.

대개의 경우 이 '명'이 의식되는 것은 빈곤, 불행, 요절(夭折) 등의 역경에 빠졌을 때이다. 그러한 때 사람들은 마음의 불안을 회복시키는 역할을 '명'에서 찾았고, 처한 입장 그 자체도 '명'이라 생각했다.

그러나 한편으로는 인간의 노력도 무시할 수가 없다. 그래서 넓게는 '명'의 존재를 용인하면서도 그 범위 안에서 근면의 필요성을 강조하고 있는 것이 이 속담의 취지라고 보아야 할 것 같다.

등용문(登龍門)
입신과 출세를 하기 위한 어려운 관문 _後漢書.

걱정거리는 소홀한 데서 생기고
화(禍)는 사소한 일에서 일어난다

患生于所忍, 禍起于細微 환생우소인, 화기우세미 _설원

자칫 한순간의 긴장의 이완이 큰 사고의 원인이 된다는 의미의 말이다.

'잠시의 방심이 평생의 불구자'란 표어가 어느 공장 현장에 붙어 있는 것을 본 기억이 나는데, 『설원(說苑)』에서 하고자 하는 말도 바로 그것이다. 인간이 실패하는 원인은 예나 지금이나 큰 차이가 없는 것 같다.

이 구절은 누구에게나 다 적용될 수 있는데, 어려운 일을 맡아 그 일에 열중하고 있을 때에는 긴장감을 풀 수가 없다. 긴장감이 풀리는 때란 오히려 그 일이 순조롭게 돌아갈 때이다.

또한 뭇 사람들이 범하기 쉬운 과오 중 하나는 어떠한 문제가 발생했을 경우 '이것은 사소한 문제니까…'라며 대수롭지 않게 생각할 때가 있다. 그 결과 작은 문제를 복잡하게 헝클어뜨려 끝내는 해결하기 어렵게 만들고 만다.

호조(好調)인 때야말로 마음을 더욱 단단하게 조이고, 사소한 단계일 때에 화근을 없애는 것이 현명한 자세일 것이다.

마각노출(馬脚露出)
말 다리가 드러나다. 즉, 숨기고 있던 꾀가 밖으로 드러나다. _속담.

덕(德)으로써
원한을 갚아라

報怨以德 보원이덕 _노자

덕(德)을 가지고 원(怨)을 갚는다. 즉, 구원(舊怨)에 구애되지 말고 항상 선의(善意)를 가지고 남을 대하라는 말이다. 인간관계의 지극히 높은 이상을 말하고 있다.

이 말은 아주 옛날부터 쓰여 오던 말 같다. 『노자』뿐만 아니라 『논어』에도 다음과 같은 문답이 기록되어 있다.

어느 날 공자의 제자 중 한 사람이 "예로부터 덕을 가지고 원한을 갚으라고 했습니다만, 이 문제를 어떻게 생각하십니까?"라고 묻자,

공자(孔子)는 "그렇게 하면 한계가 모호해진다. 직(直)을 가지고 원(怨)을 갚고, 덕을 가지고 덕을 갚는 것이 좋다."고 대답했다.

덕에는 덕으로 갚는 것이 당연하지만, 원한은 직(直 : 이성적인 판단)으로 갚는 것이 좋다고 했던 것이다.

『노자』에서 이야기하는 '덕으로써 원한을 갚는다'는 것은 높은 이상이며, 그만큼 실행하기가 어려운 것인지도 모르겠다. 그러나 그 어려움을 행할 줄 아는 자만이 성공할 수 있다는 깊은 뜻을 담고 있는 것 같다.

마상득지(馬上得之)
전쟁을 통해서 천하를 얻다 _史記 · 陸賈列傳.

자만심은 손해를 초래하지만
겸허함은 이익을 가져다준다

滿招損, 謙受益 만초손, 겸수익 _서경

'만(滿)'은 만심(慢心), '겸(謙)'은 겸허(謙虛)이다.

자신의 힘을 믿고 상대를 힘으로 밀어붙이려는 태도, 자신의 능력을 내세우며 남을 무시하는 태도, 자신은 상당히 윗자리에 있으니 너희들은 복종하라는 태도 등등은 모두 '만'이다.

그것이 왜 손(損)을 불러오는가? 두 가지 이유가 있다.

1. 자기 자신을 그 이상 진보, 향상시키지 못한다.

2. 반드시 주변 사람들의 반발을 사게 되어 결국에는 패망할 수도 있게 된다.

'만'은 이처럼 이중으로 마이너스 작용을 한다.

그런 점으로 볼 때 '겸'은 반대되는 작용을 한다. 이쪽이 겸허한 태도로 나가면 도리어 주변 사람들로부터 지지를 받을 수가 있다.

특히 힘 있는 자, 능력 있는 자가 겸허한 자세를 내보인다면 그 보이지 않는 힘은 한층 더 커질 것이리라.

마이동풍(馬耳東風)
말귀에 동풍이 스쳐간다. 즉, 남의 말을 귀담아듣지 않는다는 뜻. _李白의 詩.

언행(言行)이야말로 군자의 중요한 면모(面貌)이다

言行君子之樞機 언행군자지추기 _역경

'추기(樞機)'란 가장 중요한 부분이란 뜻이다. 군자(君子)의 면모를 드러내는 열쇠라고 해도 좋다. 군자인지 아닌지를 판정하는 척도는 언행에 있다는 말이다. 그러므로 군자 된 자는 말과 행동에 있어 늘 신중을 기하지 않으면 안 된다는 의미를 내포하고 있다.

명군(名君)으로 일컬어지는 당(唐)나라 태종(太宗)이,

"언어는 군자의 추기(樞機)이다."라고 전제한 다음, 다음과 같은 말을 덧붙였다고 한다.

"남과 이야기를 한다는 것은 굉장히 어려운 일이다. 일반 서민들 사이에서도 상대방의 기분을 상하게 하는 말을 하면 그자는 분명히 보복을 당한다. 하물며 군주 된 자는 아무리 사소한 실언이라도 영향을 끼치는 바가 크다. 서민의 경우와 동렬(同列)에서 논할 바가 아니다."

발언만이 아니라 행동에 대해서도 마찬가지이다. 지위가 높아짐에 따라 발언과 행동을 더욱 자계(自戒)해야 한다.

막역지우(莫逆之友)
마음이 일치되어 서로 거스르는 일이 없는 친밀한 친구 _莊子.

법률은 번거롭지 않게
삼장(三章)만으로 한다

約法三章 약법삼장 _사기

한(漢)나라 고조(高祖) 유방(劉邦)이 진(秦)을 멸망시킨 직후, 종래의 복잡했던 법령(法令)을 모두 폐지한 다음 법률은 3개조뿐이라고 공포했던 고사(故事)에서 나온 말인데, 약하여 '법삼장(法三章)'이라고도 한다.

유방의 군단(軍團)이 관중(關中)에 들어가서 진나라 도읍 함양(咸陽)을 함락시켰을 때의 일이다. 유방은 주변 제현(諸縣)의 유지들을 모아놓고 이렇게 약속했다.

"그대들은 오랫동안 진나라의 가혹한 법 때문에 고생을 해왔소. 여기서 나는 그대들에게 약속하리다. 법은 삼장(三章)만으로 하겠노라고—. 사람을 죽인 자는 사형, 사람에게 상처를 입힌 자는 처벌하고, 남의 물건을 훔친 자도 처벌하겠소. 그리고 진나라가 정한 그 밖의 모든 법은 폐지하오."

이 포고가 전해지자 사람들은 환호하며 춤까지 추었다고 한다. 이후 유방에 대한 지지도가 더욱 높아지게 되어 후일 유방이 천하를 장악하게 되는 기반이 만들어졌다. 교묘한 인심수람(人心收攬)의 술책이며 멋진 정치적 기술이라고 하겠다.

만불실일(萬不失一)
조금도 틀림이 없음 _史記 · 淮陰侯列傳.

곤경에 처하는 일이 있어도
피하지 마라

臨難毋苟免 임난무구면 _예기

어떠한 곤경에 부딪치더라도 도망가지 말고 정면으로 대결해 나가라는 말이다. 한마디로 곤경이라고 했지만 곤경에도 여러 가지가 있다. 이 경우 어떤 곤경에나 두려움 없이 정면으로 대결하라는, 그런 말은 아니다. 그것은 필부지용(匹夫之勇)에 지나지 않기 때문이다.

『예기(禮記)』의 이 구절을 더듬어 보면 '의(義)를 상(傷)하게 하기 때문이다'라고 되어 있다. 도망치는 것은 '의(義)'에 반(反)하는 행위이기 때문에 그것은 잘못이란 말이다. 따라서 이 말을 원전(原典)에 비추어 해석하면 자기 자신이 올바르다고 판단해서 밀고 나간 일은, 앞길에 어떤 곤경이 가로놓여 있더라도 피해 가면 안 된다는 뜻의 말이다.

일반적인 곤경에 처한 경우는 피해도 좋고, 돌아가도 좋다. 그때의 정황에 맞게 임기응변으로 대처하면 되는 것이다. 꼭 정면 돌파만이 능사가 아니란 말이다.

그러나 자기가 올바르다고 믿는 경우에까지 피해 가려고 한다면 인생의 근간(根幹)이 흔들리고 말 것이다.

> **만사휴의**(萬事休矣)
> 모든 일이 끝나 아무런 기대도 할 수 없다 _宋史.

욕심이 생기게 되면
강직(剛直)이 없어진다

有欲則無剛 유욕즉무강 _근사록

'강(剛)'은 '유(柔)'의 반대이다. '강'자가 붙은 숙어를 찾아보면 강의(剛毅), 강건(剛健), 강직(剛直) 등이 있다.

'강'은 강하다란 뜻인데, 똑같은 강함이라 하더라도 자신이 올바르다고 믿는 것은 끝까지 주장하며 양보하지 않는 강함, 혹은 휘몰아치는 태풍에도 굽힘없이 꿋꿋하게 서 있는 나무의 강함이란 이미지와 가깝다.

물론 이것은 미덕(美德)이다. 그러나 그것도 사욕(私欲)이 있으면 타협하고 말기 때문에 잃게 된다.

『논어(論語)』에 이런 이야기가 있다.

어느 날 공자(孔子)가 "나는 아직 강(剛)한 자를 보지 못했다"라고 탄식하자, 이렇게 묻는 제자가 있었다.

"신정(申棖)이란 사람은 어떠합니까?"

그때 공자는 이렇게 대답했다고 한다.

"신정은 욕심이 있다. 어찌 강하다 할 수 있겠느냐?"

『근사록』의 이 말은 『논어』에서 인용한 것 같다.

망국지음(亡國之音)
나라를 망칠 음악 _韓非子.

세상에 백락(伯樂)이 있기에
천리마가 있을 수 있었다

世有伯樂, 然後有千里馬 세유백락, 연후유천리마 _문장궤범

'백락(伯樂)'은 옛날 중국에 있던 말 감정인(鑑定人), '천리마(千里馬)'는 하루에 천리를 달린다는 준마(駿馬)이다.

이런 설화(說話)가 있다. 어떤 사나이가 준마를 팔기 위해 사흘 동안이나 시장에 서 있었는데, 한 사람도 거들떠보는 사람이 없다. 그 사나이는 백락을 찾아가서 부탁했다.

"부탁입니다. 저잣거리에 가셔서 제 말 옆에 좀 왔다 갔다 해주십시오. 그러시다가 그 자리를 뜨는 척하시고 다시 한 번 돌아봐 주시지 않겠습니까. 사례는 후히 해드리겠습니다."

백락은 그 사나이의 부탁을 들어주기로 하고 시장에 갔다. 그리고 그 사나이의 말 근처를 서성거리다가 그곳을 뜬 다음 다시 뒤돌아보며 그 말을 유심히 관찰했다. 그러자 그 말 값은 금방 열 배나 뛰었다고 한다.

이처럼 천리마는 백락이라는 사람이 있음으로써 돋보이게 되는 것이다. 인간도 이와 마찬가지이다. 아무리 재능이 있어도 그것을 발견해 주는 백락을 만나지 못하면 출세하기란 좀체 어려운 일이다.

망운지정(望雲之情)
타향에서 부모를 그리는 정 _舊唐書.

앞 수레가 뒤집어진 것을
뒤 수레는 교훈으로 삼아야 한다

前車覆, 後車戒 전차복, 후차계 _한서

한대(漢代)의 가의(賈誼)라는 학자가 문제(文帝)에게 헌책한 문장 속에 '속담에 이르기를' 하며 이 말이 인용되어 있다. 그러고 보면 당시부터 널리 사용되고 있던 말 같다. 의미는 설명할 필요도 없이, 앞차가 뒤집어지는 것을 보았으면 그런 사고를 당하지 않도록 뒤차는 주의하라는 말이다.

이때 가의가 '앞 수레[前車]'에 비유한 것은, 한대(漢代) 바로 앞의 왕조인 진(秦)나라의 실패이다. 진나라는 시황제(始皇帝)에 의한 강권정치(強權政治)의 무리로 인하여 불과 2대 만에 멸망했다. 한(漢)나라 문제는 진나라의 실패에서 많은 것을 배우고 스스로 절검(節儉)을 앞세워 정치에 임했다. 그 결과 훌륭한 치적을 이루어 명군(名君)으로 존경받았던 것이다.

당(唐)나라 태종(太宗)도 마찬가지이다. 이 사람이 명군으로 칭해진 것 역시, 바로 앞의 왕조인 수(隋)나라 양제(煬帝)가 저지른 실패를 반복하지 않겠다는 결심을 했고, 그렇게 정치를 했기 때문이다. 앞사람의 실패를 교훈으로 삼아야겠다.

맹모삼천(孟母三遷**)**
맹자의 공부를 위해 세 번 이사한 맹자의 어머니 _蒙求.

가볍게 승낙하는 사람은
반드시 믿음이 적다

❀

輕諾者必寡信 경낙자필과신 _노자

'경낙(輕諾)'이란 가벼이 '알겠습니다' 등의 대답을 하는 것을 가리킨다. 즉, 손쉽게 떠맡는 것을 의미한다. 따라서 경낙자필과신(輕諾者必寡信)이란 말은 '가볍게 승낙하는 사람은 별로 믿을 수 없다'고 번역할 수 있으리라.

우리가 범하기 쉬운 과오 중 한 가지가 바로 이 '가볍게 승낙하는 일'이다.

앞뒤의 사정을 고려하지 않고 그 장소의 분위기에 이끌려 '알겠습니다. 어떻게 해보도록 하지요.'라고 말함으로써 상대방에게 희망을 갖게끔 하는 우를 범한다.

그 결과 나중에는 자기 자신을 괴롭힐 뿐 아니라 상대방의 불신까지 사고 만다. 깊이 생각해 보면 이처럼 어리석은 일도 없다 하겠다.

리더의 경우 이 '경낙'으로 인한 마이너스는 더욱 심각하다. 왜냐하면 '실언(失言)의 취소'를 함부로 하다가는 부하의 신뢰를 얻지 못하고 스스로 자신의 위신을 떨어뜨리겠기 때문이다. 헤픈 웅변보다는 과묵이 나을는지도 모른다.

명경지수(明鏡止水)
맑은 거울과 잔잔한 물이란 뜻으로, 마음이 맑고 고요함을 비유하는 말이다 _莊子 · 德充符篇.

April 4

관대하고 마음이 따뜻한 사람은 만물을 소생케 하는 봄바람과
같다. 그런 사람 밑에서는 모든 것이 쑥쑥 성장한다. 각박하고
마음이 찬 사람은 만물을 얼어붙게 하는, 한겨울의 눈과 같다.
그런 사람 밑에서는 모든 것이 죽고 멸절당한다.

흐르는 물의 맑고 흐리기는
그 근원에 달려 있다

流水淸濁在其源 유수청탁재기원 _정관정요

'원(源)'은 조직에서는 톱(top)을 가리킨다. 리더가 성실하면 그 부하들도 자연히 성실해질 것이지만, 톱이 불성실하면 그 부하들도 자연히 감염되어 간다는 의미이다.

명군(名君)으로 일컬어지는 당(唐)나라 태종(太宗)은 이 구절을 인용한 다음 이렇게 말했다.

"흐르는 물이 맑으냐 흐리냐는, 그 근원이 맑으냐 흐리냐에 달려 있다. 군주(君主)와 백성의 관계를 강물에 비유한다면 군주는 근원이요, 백성들은 유수(流水)와 같은 것이다. 군주가 스스로 불성실하게 행동을 하면서 백성들이 성실해 주기를 기대하는 것은 마치 흐린 근원을 그대로 두고 흐르는 물이 맑아지기를 기대하는 것과 같다. 이 얼마나 모순되는 이야기인가."

태종이 말하는 군주와 백성의 관계를 기업의 관리직과 부하 관계로 바꾸어 놓아도 좋을 듯하다.

부하들이 자기 명령에 따르지 않는다고 불평을 하기에 앞서 관리직에 있는 사람은 우선 자신의 언동을 반성해 보아야겠다.

> **명모호치**(明眸皓齒)
> 맑은 눈동자와 하얀 이. 즉, 미인을 말함. _杜甫의 詩.

군자는 조화하나 뇌동하지 않고
소인은 뇌동하나 서로 조화하지 않는다

君子和而不同, 小人同而不和 군자화이부동, 소인동이불화 _논어

'화(和)'란 개인의 개성을 살리면서 그것들을 조화하여 하나의 큰일을 이루는 것, '동(同)'이란 개성이 없는 자가 그런 까닭에 무엇에나 찬부를 함께하는 것, 즉 '부화뇌동(附和雷同)'을 말한다. 이렇듯 '화'와 '동'의 차이를 아는 것에 의해 군자와 소인의 차이도 금세 알 수 있지 않은가.

우리 사회에서는 예로부터 '화'가 강조되어 왔다. 오늘날에도 언제나 조직의 '화'가 강조되고 있다. 그러나 공자(孔子)의 말에 비추어 보면 우리가 이해하고 있는 '화'에는 문제가 없는 것도 아니다.

왜냐하면 '화'가 너무 강조되는 나머지 개인이 조직 속에 매몰당하는 경향이 강하기 때문이다. 공자의 말에 의하면 그것은 '화'라기보다 '동'에 가깝다. '화'가 강조된다는 것은 그 자체만으로 볼 때에는 좋은 일임에 틀림이 없다. 그러나 그 전제조건으로서 한 사람 한 사람의 주체성이 분명하게 확립되어 있지 않으면 안 된다. 그래야만 비로소 진정한 '화'가 생겨나기 때문이다.

모순(矛盾)
일이 이치에 어긋나는 것 _韓非子.

기러기발을 아교로 붙여 놓고
거문고를 타듯

膠柱而鼓瑟 교주이고슬 _사기

기러기발을 아교로 붙여 놓고 거문고를 타면 나오는 소리는 모두 똑같은 음뿐일 것이니 음악이 될 수가 없다. 즉, 융통성이 없어 경직되어 버린 사고 방식을 비웃는 말이다. 전국시대(戰國時代) 조(趙)나라에 조사(趙奢)라는 명장 (名將)이 있었다. 그의 아들인 조괄(趙括)도 어렸을 때부터 병법에 통달했다 고 자부해 왔었다. 조사가 죽은 다음, 이 조괄이 아버지의 뒤를 이어 조나라 의 총사령관으로 발탁되었고, 얼마 안 가서 진(秦)나라 대군과 맞서 싸우게 되었다. 그런데 병법에 통달했다던 조괄은 제대로 싸워보지도 못하고 참패 하였으며, 그 자신도 전사하고 말았다.

조괄은 왜 참패하였을까? 실은 그가 총사령관에 기용되었을 때, 이렇게 말하면서 반대한 중신이 있었다.

"조괄의 병법은 기러기발을 아교로 붙여 놓고 거문고를 타는 것과 같소 이다. 이론은 그럴듯하지만 막상 실전(實戰)에 나가면 임기응변의 지휘를 할 수가 없습니다."

말하자면 조괄의 패인(敗因)은 실전 체험이 없는 그의 경직된 사고방식 때 문이었던 것이다.

> **목식이시**(目食耳視)
> 실속보다 사치에 흐르는 것을 한탄한 말이다 _迂書.

오로지 어짊과 덕(德)이
사람을 움직이게 한다

惟賢惟德, 能服於人 유현유덕, 능복어인 _삼국지

유비(劉備)가 오(吳)나라와 싸워서 대패한 후, 승상(丞相)인 제갈공명(諸葛孔明)에게 후사를 부탁하고 백제성(白帝城)에서 세상을 떠날 때, 그 아들 유선(劉禪) 앞으로 한 통의 유서를 남겼었다.

그 속에 유비는,

"인생 50까지 살면 단명(短命)이라고 할 수는 없다. 그런데 나는 60여 세, 한스러운 것도 후회스러운 것도 없다. 다만 마음에 걸리는 것은 너희들 형제에 관한 일이다."라고 말한 다음 이렇게 적고 있다.

"작은 악(惡)이라고 해서 결코 행하면 안 된다. 또 작은 선(善)이라고 해서 결코 태만히 해서도 안 된다. 어짊과 덕(德)이 사람을 움직이게 만드는 것이다. 너의 아비는 덕이 모자랐다. 이 아비를 닮지 말아다오."

유비는 겸허와 신뢰로써 부하를 대했었다. 말하자면 그 누구보다도 덕을 몸에 지녔던 인물이다. 그런데도 '나는 덕이 모자랐다'고 반성한 점이 실로 오늘을 사는 우리들에게 귀감이 된다.

목탁(木鐸)
세상 사람들을 가르쳐 인도하는 사람 _禮記· 明堂位篇.

움츠렸던 자는
반드시 높이 난다

伏久者飛必高 복구자비필고 _채근담

'오랫동안 움츠리고 있으면서 힘을 비축해 온 새는, 일단 날면 반드시 높게 치솟는다'는 말이다. 『채근담(菜根譚)』에서는 이렇게 말한 후, 다시 다음과 같은 말을 덧붙이고 있다.

"다른 꽃보다 앞서 피는 꽃은 지는 것도 빠르다. 이런 도리만 간파하고 있으면 도중에 주저앉을 염려도 없겠고, 공(功)을 세우기에 급급하여 초조해하지도 않을 것이다."

인생에 역경이란 반드시 찾아오게 마련이다. 문제는 그 시기를 어떻게 넘기느냐이다.

가장 좋지 못한 자세는 초조해하며 갈팡질팡하는 자세다. 그렇게 하면 도리어 에너지만 소모하고 만다.

핀치에 몰렸으면 찬스도 있는 법. 역경에 처했을 때야말로 자기 자신을 단련시키는 찬스인 것이다. 초조해하지 말고 느긋한 마음으로 힘을 기른다. 그리고 조용히 때를 기다린다. 『노자(老子)』에 나오는 '대기만성(大器晚成)'이란 말도 있지 아니한가.

목후이관(沐猴而冠)
원숭이가 갓을 쓰다. 사람의 모습을 갖추었으나 조급하고 사납다. _史記·項羽本紀.

일을 처리함에 있어서는
음모 따위가 있어서는 안 된다

處事不可有心 처사불가유심 _송명신언행록

이 경우 '심(心)'이란 속셈, 혹은 음모이다.

송대(宋代)의 명재상(名宰相) 한기(韓琦)는 이런 말을 했다.

"일을 처리하는 데 음모가 있어서는 안 된다. 음모가 있으면 자연스럽지 못하다. 자연스럽지 못하면 소란해진다."

일을 처리할 때는 음모의 수단으로 하면 안 된다. 그렇게 할 때는 아무래도 무리를 하게 되어 소요가 일게 마련이란 뜻이다.

한기는 이런 예도 들고 있다.

태원(太原) 지구엔 예로부터 활쏘기가 성행했었다. 태원 유수(留守)가 이를 이용하려는 속셈으로 사술(射術)이 훌륭한 자를 군적(軍籍)에 넣은 다음, 그들에게 각궁(角弓)의 사용을 명했다. 그런데 이 지역은 가난한 지방으로서 목궁(木弓)밖에 없었다. 결국 그들은 울며 겨자 먹기로 소를 팔아서 각궁을 장만해야 했는데, 그러자니 소요가 일어났다.

한기는 이 에피소드를 소개한 다음 '이것이 곧 유심(有心)에서 나온 결과이다'라고 말했다.

> **무가무불가**(無可無不可)
> 옳은 것도 없고, 그른 것도 없다 _論語·微子篇.

전쟁을 잘하는 사람은
여유를 가지고 쉽게 이기는 사람이다

善戰者 勝于易勝者也 선전자 승우이승자야 _손자

싸움에서 여유를 가지고 쉽게 이긴다. 이보다 더 바람직한 승리는 없을 것이다. 물이 순리에 순응하며 흐르듯, 자연스런 승전법(勝戰法)이라고 해도 좋다. 그런 승전을 하는 자가 선전자(善戰者), 즉 전쟁의 명수란 말이다.

이것을 야구(野球)에 비유한다면 이해하기가 쉬울는지 모르겠다. 흔히 야구에서는 서투른 야수(野手)일수록 파인 플레이를 한다고 한다. 공의 행방을 확인한 다음에야 움직이므로 그다지 잡기 어려운 타구가 아닌데도 역모션으로 잡는 등, 플레이 자체가 멋지다. 이에 비하여 능숙한 야수는 사전에 타자의 습관을 읽고, 수비 위치를 바꾸고 있다가 딱 소리와 함께 움직인다. 그러므로 잡기 어려운 타구라 하더라도 정면에서 아주 쉽게 처리해 버린다.

쉽게 이기는 전쟁이란, 이처럼 능숙한 야수의 포구(捕球)와 같은 것이다. 그런 명수가 되기 위해서는 갖가지 정황(情況)을 파악할 수 있어야 하고, 만반의 준비를 필요로 한다. 업무에 있어서도 이런 승전법은 꼭 필요한 것이다.

무양(無恙)
몸에 벌레가 없음. 즉, 몸에 병이 없다는 뜻. _楚辭.

재능을 감추고
세속(世俗)에 동조한다

和其光, 同其塵 화기광, 동기진 _노자

이 말을 약하여 '화광동진(和光同塵)'이라고도 한다.

노자(老子)는 만물의 근원으로 '도(道)'의 존재를 인정하고, '도'에서 만물이 생겨난다고 생각했다. 노자에 의하면 '도'는 그러한 큰 작용을, 자기주장을 조금도 하지 않는 정적 바로 그것이라고 했다. 그러한 '도'를 설명한 것이 이 '화광동진'이다.

'광(光)'이란 재능이라든가 지식이란 의미이다. '진(塵)'이란 세속(世俗)이다. 따라서 이 말은 '재능을 감추고 세속에 동조한다'는 의미가 된다.

인간도 '도'를 따름으로써 이처럼 큰 덕(德)을 지닐 수만 있다면 아무리 난세(亂世)라도 꿋꿋하게 살아남을 수 있다는 말이다.

요컨대 자신의 재능을 내세우며 우쭐댄다든가 '내가 아니면 안 된다'는 착각 속에서 사는 인생은 되지 말라는 충고이다. 끈질기되 조용한 잡초(雜草)의 정신이라고 해도 좋겠다.

묵수(墨守)
완고히 자기의 의견을 굽히지 않는 것 _後漢書.

꾸불꾸불한 쑥도
곧은 삼 속에서 자라면 곧게 자란다

蓬生麻中, 不扶而直 봉생마중, 불부이직 _순자

'봉(蓬)'이란 쑥으로서 보통 길가에 자생한다. 그러나 이 볼품없는 쑥도 삼밭 속에 날 때에는 곧게 자란다. 왜냐하면 삼은 키가 크고 곧게 자라는 식물인데, 쑥도 그 삼밭 속에서 자라게 되면 삼의 영향을 받지 않을 수 없기 때문이다.

인간도 이와 마찬가지이다. 좋은 환경 속에서, 좋은 교우관계(交友關係)를 맺게 되면 거기에 동화되어 올곧게 성장한다.

순자(荀子)는 이 구절을 인용한 다음 이렇게 말하고 있다.

"군자(君子)는 반드시 토지를 골라서 거처를 정하고, 훌륭한 인물하고만 교제를 한다. 불의를 멀리하고 올바른 것만을 가까이하기 위해서이다. 인간의 성격은 분명 그 환경에 따라 형성된다. 그리고 환경이란 변경 불가능한 것이 아니다. 하려고 마음만 먹는다면 얼마든지 바꿀 수 있는 것이다. 좋은 환경을 만드는 것은 결국 자기 책임이다."

문경지교(刎頸之交)
목숨까지 버릴 수 있을 정도로 친한 사이 _史記·廉頗藺相如列傳.

큰일을 이루고자 하는 임금에게는 반드시 대하기 어려운 신하가 있다

將大有爲之君, 必有所不召之臣 장대유위지군, 필유소불소지신 _맹자

'대업을 이루고자 하는 군주(君主)에게는 분명히 함부로 대하지 못하는 신하가 있다'는 의미이다.

역사를 조명해 보더라도 이 말은 맞는 말이다. 예컨대 춘추시대(春秋時代)의 첫 패자(霸者)인 제나라 환공(桓公)에게는 관중(管仲)이라는 명보좌역(名補佐役)이 있었다. 환공은 신하인 관중을 삼가 '중부(仲父)'라고 불렀었다고 한다. 또 『삼국지(三國志)』의 유비(劉備)도 '삼고초려(三顧草廬)'를 하면서 제갈공명(諸葛孔明)을 군사(軍師)로 맞았고, 그 후 작전 계획의 입안(立案)과 책정은 모두 제갈공명에게 맡겼었다.

그러나 보통 리더들은 이를 잘 행하지 못한다. 맹자(孟子)도 이렇게 말하며 탄식하고 있다.

"오늘날 각 나라의 왕들은 모두 고만조만해서 걸출한 인물을 찾아볼 수가 없다. 그것은 자기보다 못한 사람만을 신하로 쓸 뿐, 자기보다 월등한 인물을 신하로 쓰려 하지 않기 때문이다."

함부로 대해도 좋은 사람만 신하로 쓴다면 결코 큰일을 해낼 수 없다. 오늘날의 기업 경영도 마찬가지다.

문외한(門外漢)
그 일에 익숙하지 못한 사람 _五燈會元.

경거망동하며 죽음을 가벼이 여기는 자는 나와 함께 일할 수 없다

暴虎馮河, 死而無悔者, 吾不與也 포호빙하, 사이무회자, 오불여야 _논어

공자(孔子)의 제자 중에 자로(子路)라는 혈기방장한 인물이 있었다. 어느 날 자로가 공자에게,

"만약 스승님께서 대국의 총사령관으로 임명되신다면 스승님은 어떤 부하를 거느리시겠습니까?"

라고 물었던바, 공자는 이렇게 대답했다고 한다.

"포호빙하(暴虎馮河)하며 죽음을 후회하지 않는 자와는 함께하지 않겠다. 일에 임해서는 반드시 두려워하고 충분히 꾸미고 신중히 다루어 이루는 사람과 같이하겠다."

이를 좀 더 알기 쉽게 풀이하면 다음과 같다.

"맨손으로 범을 잡으려 하고, 맨발로 강을 건너려 하며, 죽어도 뉘우치지 않는 자와는 일을 도모할 수 없다. 겁쟁이란 말을 들을 정도로 주의 깊고, 성공률이 높은 사람, 주도면밀한 계획을 세울 줄 아는 사람을 믿어야지."

'포호빙하'하는 사람을 경원하고 싶은 것은 공자뿐만이 아니리라. 윗사람이 안심하고 일을 맡길 수 있는 사람은 역시 사려 깊고 신중한 인물이 아니겠는가.

문전성시(門前成市)
문 앞에 장이 선 것처럼 번창함 _漢書.

이미 명철(明哲)하다면
그것으로 그 몸을 보전할 수 있다

既明且哲以保其身 기명차철이보기신 _중용

여기서 '명철보신(明哲保身)'이란 고사성어(故事成語)가 생겨났다.

'보신(保身)'이란 말은 오늘날에는 그다지 좋은 의미로 사용되지는 않는다. '보신에 급급하다'든가 '자기 보신만 위할 뿐이다'라는 등 비난의 뉘앙스로 사용되고 있는 게 현실이다.

그러나 원래는 나쁜 의미를 가진 말이 아니었다. 살아가기 힘든 세상에서 무사히 살아가는 것, 그것이 '몸을 부지하는 것'이며 '보신'이었고, 생각하기에 따라서는 이 이상 어려운 일도 없는 것 같다.

그 어려운 일을 가능케 하려면 무엇이 필요할까? 그것이 곧 '명(明)'이요 '철(哲)'이다. '명'도 '철'도 똑같은 의미로, 사리(事理)에 밝고 사리를 깊이 읽어내는 힘이다.

이 두 가지 조건만 갖추고 있다면 아무리 난세 속이라도 '보신'을 해낼 수 있을 것이다.

문전작라(門前雀羅)
문 앞에 새 그물을 칠 수 있을 만큼 한적하다는 뜻 _史記·汲鄭列傳.

권위가 얼마나 크고 넓은지
질문해 본다

問鼎之輕重 문정지경중 _좌전

상당한 지위에 있는 인물에 대하여, 그 자격을 의심하고 퇴임하기를 윽박지르는 것을 말한다.

옛날 주(周)나라 왕실에는 왕위를 상징하는 보기(寶器)로서 정(鼎 : 세 발 달린 솥)이 전해 내려오고 있었다. 그런데 주왕실은 춘추시대로 접어들자 점차 힘이 쇠해졌고, 그 대신에 패자(霸者)로 불리는 실력자들이 차례로 대두하여 천하의 정치를 좌지우지하게 되었다. 그 중에는 초(楚)나라 장왕처럼 주왕실의 권위에 의심을 가지는 자도 나타났다.

어느 때 장왕이 주왕실의 사신에게 정(鼎)의 크기와 무게를 물으니 그 사신은 "주나라의 덕이 비록 쇠해졌다고는 하나 천명(天命)이 바뀐 것은 아니오니, 정(鼎)의 경중(輕重)을 물을 바가 아닌 줄로 아뢰옵니다."라고 대답했다 한다.

그러나 현실적으로는 정의 경중을 물어올 만큼 주나라의 권위는 쇠해졌던 것이다.

현대의 리더들도 정의 경중을 질문받을 정도가 되면 이미 끝난 것이나 다름없다. 그렇게 되지 않기 위해서는 덕과 힘을 부단히 길러나가야 한다.

> **미봉**(彌縫)
> 임시로 얼버무림 _左傳.

명령을 받들어 온 힘을 다하고 죽기까지 최선을 다한다

鞠躬盡力死而後已 국궁진력사이후이 _삼국지

제갈공명(諸葛孔明)은 유비(劉備)가 죽은 다음, 그 유언에 따라 촉(蜀)나라의 전권을 장악하고 한왕조(漢王朝)의 정통을 회복시키기 위해 숙적인 위(魏)나라에 도전했다. 이 싸움은 국력의 차이 등 제반 사정을 고려할 때, 처음부터 승산이 희박한 전쟁이었다. 그러나 제갈공명으로서는 어떠한 일이 있어도 그 전쟁을 벌이지 않으면 안 되었다. 왜냐하면 그것은 유비의 유언이었으며, 촉나라의 지상 목표이기도 했기 때문이다.

이때 제갈공명의 결의를 나타낸 말이 바로 이 '국궁진력(鞠躬盡力) 사이후이(死而後已)'란 구절이다. 이것은 제갈공명이 2대 군주 유선(劉禪)에게 바친 '후출사표(後出師表)'의 끝 부분에 나온다.

'국궁'이란 윗사람의 명령을 황공하게 받아들인다는 의미로서 이 경우의 명령이란 유비의 유언일 것이다.

제갈공명의 후반생은 실로 '국궁진력' 그 자체였기에 오래도록 사람들의 마음을 감동시키는 것 같다.

미생지신(尾生之信)
목숨을 걸고 지키는 우직한 신의 _戰國策.

군자는 교제를 끊더라도
남의 험담을 하지 않는다

君子交絶不出惡聲 군자교절불출악성 _사기

가령 교제 관계를 끊는 일이 있더라도 '그놈은 죽일 놈'이라는 등의 비난이나 험담을 하지 않는 것이 군자의 처세라는 말이다.

중국 사람들은 일반적으로 상대방을 확실히 믿을 만한 인물이라고 인정하기 전까지는 마음의 문을 열지 않는다. 그리고 상대방에게 확실한 신뢰가 갈 때 친구로서의 교제가 시작된다. 그러나 일단 마음의 문을 열고 나면 끝까지 신의로써 대한다. 어떠한 사정, 예컨대 배신행위 등이 있어서 교제를 끊게 된 후라도 상대방을 폄하하거나 험담하는 일은 절대로 없다. 그것에는 두 가지의 이유가 있을 것으로 생각된다.

1. 그런 상대를 친구로 사귀었다는 것은 인간을 보는 자신의 눈이 어두웠음을 스스로 인정하는 것이다.

2. 험담이나 욕을 하면 그 욕은 반드시 상대의 귀에 들어가게 되고 언젠가는 반격을 당할 것이므로, 득 될 일은 한 가지도 없다.

미증유(未曾有)
아직까지 없었던 일 _墨子.

관중(管仲)과 포숙아(鮑叔牙)의 참다운 우정

管鮑之交 관포지교 _ 사기

'우정(友情)이란 무엇인가?'라고 물어오면 제일 먼저 떠오르는 말이 이 '관포지교(管鮑之交)'이다. '관(管)'이란 제(齊)나라 명재상이었던 관중(管仲), '포(鮑)'란 역시 제나라 중신이었던 포숙아(鮑叔牙)란 인물이다.

후일 관중은 포숙의 우정에 대하여 이렇게 술회했었다.

"나는 지난날 빈곤했을 때 포숙과 동업으로 장사를 한 적이 있었다. 그 당시 이익금을 나눌 때 언제나 내가 더 차지했건만 포숙은 나를 욕심쟁이라고 하지 않았다. 내가 더 빈곤함을 알고 있었기 때문이다. 또 나는 몇 차례나 벼슬길에 나갔다가 그만둔 일이 있는데, 포숙은 나보고 무능하다는 말을 하지 않았다. 내가 시운(時運)을 타지 못했음을 그는 알고 있었기 때문이다. 또 나는 전쟁터에 나갈 때마다 도망을 쳤는데, 포숙은 나보고 겁쟁이라 하지 않았다. 나에게 노모(老母)가 있다는 것을 그는 알고 있었기 때문이다."

이렇듯 친구의 처지를 진심으로 이해해 주는 것이 참 우정이 아닐까.

반근착절(盤根錯節)
서린 뿌리와 엉켜진 마디라는 뜻으로, 복잡하여 처리하기 곤란한 일의 비유 _ 後漢書.

깊이 생각지 않으면 얻지 못하고
행위로 옮기지 않으면 이루지 못한다

不慮胡獲, 不爲胡成 불려호획, 불위호성 _서경

'하면 된다'의 중국판(中國版)이라고 해도 좋겠다. 단, 그것만을 강조하는 것이 아니라, 대구(對句)의 형식을 취하여 전단(前段)에도 동등한 비중을 두고 있다는 점이 실로 중국적인지도 모르겠다. 먼저 전단의 한 구절부터 살펴보자.

도움이 되는 가르침을 듣더라도 한 귀로 듣고 한 귀로 흘리면 아무 소용이 없다. 진실로 자기 것으로 소화하기 위해서는 특히 깊이 생각하라는 것이다.

어쩌면 오늘날의 젊은이들이 숙지해야 할 구절인지도 모른다. 그들 대부분은 기존의 기술에 익숙해지려고만 할 뿐 창의적인 생각을 하려 들지 않는 경향이 있다. 그래서는 애써 얻은 지식이 무용지물이 될 수 있다.

후단(後段)의 한 구절은 구태여 설명할 필요도 없을 것이다. 머리로 생각만 하고 실행에 옮기지 않는다면 아무리 깊은 지식을 쌓았다 한들 무슨 소용이 있겠는가. 실행의 중요성을 재삼 강조한 말이다.

반면식(半面識)
서로 깊이 알지 못하는 사이 _後漢書.

오이 밭에서는 신을 다시 신지 말고
오얏나무 밑에서는 관을 고쳐 쓰지 마라

瓜田不納履, 李下不整冠 과전불납리, 이하부정관 _문선

'의심만 가지고는 처벌할 수 없다'는 것이 법률의 세계이지만, 개인적인 도덕상으로 '의심받을 짓을 하지 말라'는 말은 마음에 새겨두어야 한다. 그것을 강조한 것이 이 말이다.

'오이 밭에서는 신이 벗겨져도 허리를 굽혀 신을 다시 신지 말고, 오얏나무 밑에서는 손을 올려 관(冠)을 고쳐 쓰지 말라'는 것이다. 왜냐하면 그렇게 행동할 경우 오이나 오얏을 훔치려는 것으로 의심받게 되기 때문이다.

누구든 남으로부터 의심을 받는다는 것은 기분 좋은 일이 아니다. 때로는 억울한 누명이나 오해를 받아 성사 단계에 있는 일을 망치거나, 증오심에 사로잡히는 경우도 많이 있을 것이다. 그러나 남으로부터 의심받을 원인을 스스로 제공하는 경우도 왕왕 있을 것으로 여겨진다.

예를 들어 발호를 한다거나 사려 깊지 못한 언행 등은 남의 의심을 사기 쉽다. 그것을 피하기 위해서는 평소부터 자기 자신을 엄하게 다스릴 필요가 있다. 남한테 의심을 사서 득이 될 일은 하나도 없기 때문이다.

반식재상(伴食宰相)
자리만 차지하고 있는 무능한 재상 _唐書.

다른 산에서 나온 하찮은 돌로
자기의 옥(玉)을 간다

他山之石, 可以攻玉 타산지석, 가이공옥 _시경

다른 산에서 나온 하찮은 돌멩이라 할지라도 자기 옥(玉)을 아름답게 다듬는 데는 소용된다는 뜻이니, 남의 하찮은 언동이라 하더라도 자기 자신을 단련하는 데 도움이 될 수가 있다는 말이다. 더 쉽게 말한다면 '남의 행동을 보고 내 행동을 고치라'는 뜻으로 해석할 수 있다.

자기 자신을 단련한다는 것은 어느 누구에게나 바람직한 일이지만, 특히 사람 위에 서는 리더에게는 필수 불가결한 조건이다. 그렇다면 자기 자신을 단련하려면 어떤 방법이 좋을까? 쉽게 생각해 볼 수 있는 것은 훌륭한 인물을 목표삼아 그 사람의 경지를 향해 끊임없이 전진해 보는 것도 좋을 것 같다.

그러나 그것이 여의치 않다면 뛰어나지 않은 사람들은 주변에 많을 것이니, 그들을 반면교사(反面教師)로 삼아 부단히 자기 단련에 힘쓸 일이다

생각하기에 따라서는 그 어떤 상대방도 이용가치는 있다. 그것이 바로 '타산지석(他山之石)'인 것이다.

발호(跋扈)
멋대로 날뛰는 것. 횡행한다는 의미로도 쓰인다. _後漢書.

세 명이 길을 가노라면
반드시 스승 될 만한 이가 있다

三人行, 必有我師焉 삼인행, 필유아사언 _논어

'세 사람이 함께 길을 가노라면 그 중에 틀림없이 자신의 좋은 스승이 있다'는 뜻이다. 공자(孔子)는 이렇게 말한 후, 다음의 말을 덧붙이고 있다.

"훌륭한 사람을 선택하여 그를 따르고, 실행이 좋지 않은 사람을 보면서는 자신의 그 좋지 않은 점을 고친다."

뛰어난 사람에게서는 적극적으로 배우고, 뒤지는 사람을 보면 반성의 거울로 삼으라는 말이다.

공자는 빈곤한 가장에서 자랐으므로 어려서부터 스스로 일을 하여 생계를 잇지 않으면 안 되었다. 말하자면 생활고를 피부로 느끼면서 자라났던 사람이다.

그런 속에서 공자는 학문으로 입신할 것을 결의한다. 그러나 빈곤한 소년 시절에는 선생님에게서 배울 수가 없었다. 그의 선생은 주변 사람들이었으며, 그들에게서 들은 것, 보는 것 모두가 공부 재료가 되었다. 공자 역시 '타산지석(他山之石)'으로 자신을 연마했던 것이다.

방약무인(傍若無人)
옆에 사람이 없을 때처럼 제멋대로 행동함 _史記·刺客列傳.

혹독한 정치는
호랑이보다 더 무섭다

苛政猛於虎 가정맹어호 _예기

공자(孔子)가 제자들과 함께 태산(泰山) 기슭을 지날 때 있었던 일이다. 한 여자가 묘 앞에서 흐느끼고 있는 것이 아닌가. 공자는 그 울음소리에 잠시 귀를 기울이다가 제자를 보내어 이유를 묻게 하였다.

"몹시 구슬피 우는데, 대체 무슨 까닭으로 그렇게 우는 거요?"

"다름이 아니오라, 시아버지가 이곳에서 호랑이에게 잡아 먹혔고, 그 다음에는 남편도 잡아 먹혔는데 이번에는 아들까지 호랑이에게 잡아 먹혔습니다."

"그렇다면 어째서 이곳을 뜨지 않는 건가요?"

"이곳에 살고 있는 한, 그 무거운 세금을 내지 않아도 되기 때문입지요."

공자는 그녀의 말을 듣고, 제자들에게 이렇게 말했다고 한다.

"그대들은 이 여인의 말을 깊이 명심해 두도록 하라. '가혹한 정치는 호랑이보다도 무섭다는 것을'……."

오늘날에도 가혹한 정치는 호랑이보다 더 무섭지는 않은지 모르겠다.

배반낭자(杯盤狼藉)
술 먹고 난 자리의 어수선함 _史記·滑稽列傳.

천하에 금령(禁令)이 많으면
백성들은 점점 더 빈곤해진다

天下多忌諱, 而民彌貧 천하다기휘, 이민미빈 _노자

이것도 안 된다, 저것도 안 된다는 금령(禁令)이 많아지고, 그것이 늘어나면 늘어날수록 백성들의 생활은 점점 더 가난해진다는 말이다. 관리를 심히 하고 바짝 죌수록 사회 전체가 긴장 속에 놓이게 되어 사람들의 창조성도, 그리고 사회의 활력도 잃게 된다. 그 결과 백성들의 생활수준은 급격히 저하된다. 이것은 일부 사회주의 국가들이 겪고 있는 현실을 보면 충분히 수긍이 갈 것이다.

노자(老子)의 주장을 야구(野球)에 비유한다면 관리야구가 이것과 비슷할지 모르겠다. 팀플레이를 중시한답시고 선수들 개개인의 사생활까지 간섭하므로 선수의 개성을 죽이고 만다. 그러므로 관리야구는 구경을 해도 재미가 없다.

노자는 이런 말도 하고 있다.

"기술이 진보되면 진보될수록 사회는 어지러워지고, 인간의 지능이 발달되면 발달될수록 불행한 사건이 끊이지 않으며, 법령이 생기면 생길수록 범죄자가 늘어난다."

관료사회의 현실을 날카롭게 비판한 것이라 하겠다.

배수진(背水陣)
등 뒤에 강을 두고 진을 쳐 사생결단을 한다는 의미로, 최후의 승부수를 띄우는 결단을 이름 _
史記·淮陰侯列傳.

궁(窮)해도 즐기며
통(通)해도 또한 즐긴다

窮亦樂, 通亦樂 궁역락, 통역락 _장자

중국을 여행한 대다수의 사람들이 그들의 생활수준이 낮은 것을 보고 놀랐다는 말을 한다. 그러나 자세히 관찰해 보면 그들은 유유히 흐르는 시간 속에서 각자 나름대로의 방법으로 인생을 즐기고 있음을 알 수 있다고 한다.

이른 아침 상해(上海)의 거리—. 새장을 든 노인들이 삼삼오오 모여 서서 자신의 새들을 서로 자랑하며 그 새소리에 귀를 기울인다. 혹은 이곳저곳 공지(空地)에서는 태평스럽게 태극권(太極拳)을 즐기는 사람들이 무리지어 있더라고 한다. 각자 그 처해 있는 상황에 만족하면서 인생을 즐기고 있는 것이다.

물론 인생을 즐기기 위해서는 경제적인 여유가 필요하다. 그러나 돈이 없다고 인생을 즐길 수 없느냐 하면 꼭 그렇지만도 않다.

인간이란 두 번 태어날 수 없는 것. 어차피 한 번밖에 못 태어날 인생이라면 나름대로 생활의 즐거움을 발견하여 그 인생을 최대한도로 즐겨야 좋지 않겠는가.

배중사영(杯中蛇影)
술잔에 비친 뱀의 그림자. 변하여, 쓸데없는 의심을 하는 것. _晉書.

꽃은 반쯤 피었을 때가 아름답고
술은 거나하게 취했을 때가 좋다

花看半開, 酒飲微醉 화간반개, 주음미취 _채근담

꽃을 관상(觀賞)하려면 반쯤 피었을 때가 좋고, 술을 마시려면 거나하게 취하여 기분 좋을 때 그만 마시는 것이 좋다. 만취하여 횡설수설하는 음주 습관은 피하라는 것이다.

『채근담(菜根譚)』에서는 이렇게 말한 후, 다시 다음의 말을 덧붙이고 있다.

"영만(盈滿)을 이룬 자는 이것을 깊이 생각하라."

만족의 경지에 있는 사람은 이 점을 깊이 생각해야 한다는 것이다. 즉, 이 한 구절은 꽃의 관상법과 음주법을 설명하면서, 실은 인생을 살아나가는 방법을 설교하려는 것이다.

무엇이든 원하는 대로 만족을 얻은 사람들 중에는 오만하거나 외골수가 됨으로써 남들로부터 미움을 사는 사람들이 더러 있다. 물론 하고 싶은 일을 제대로 할 수 없는 부자유한 경우라면 그것도 곤란하다. 그러나 무엇이든 마음대로 할 수 있기보다는 어느 정도 마음대로 할 수 없는 것이 있는 편이 좋다고 설명한다. 모든 일은 적당한 것이 제일 좋은 것이다.

백락일고(伯樂一顧)
알아주는 이가 없으면 제 구실을 못한다 _戰國策.

화와 복은 들어오는 문이 따로 없다
내가 불러들일 뿐이다

禍福無門, 唯人所招 화복무문, 유인소초 _좌전

화복(禍福), 다시 말해서 행복과 불행은 특별한 문이 있어서 그리로 들어오는 것이 아니다. 그것은 모두 당사자 스스로가 불러들이는 것이다. 그러므로 행복해지기를 원한다면 스스로 부단한 노력을 하지 않으면 안 된다. 가령 불행에 처해 있더라도 그 원인은 자신한테 있는 것이니만큼 남을 원망해서는 안 된다. 스스로 노력하여 그 불행으로부터 탈출해야 할 것이다.

이 말은 본디, 부당한 처우에 화가 나서 일은 하지 않고 불평을 토로하는 사람에게 "그러다가는 지금 이상의 불행이 찾아오게 될 것이다."라며 경계한 말이다.

사람들은 흔히 불행에 처하게 되면 자기 탓은 하지 않고 도리어 남을 원망하게 되는데, 그것은 인지상정(人之常情)이다. 그러나 그런 태도로 일관해서는 결코 불행에서 벗어날 수 없다.

하늘은 스스로 돕는 자를 돕는 법, 행복은 결국 자신의 피와 땀에 의해서만 얻어진다는 것을 알아야겠다.

백문불여일견(百聞不如一見)
백번 듣는 것보다 한번 보는 것이 낫다 _漢書.

화(禍)를 바꾸어
복(福)을 만든다

轉禍而爲福 전화이위복 _전국책

정황이 악화되고 국면의 타개를 꾀할 때 등에 사용되는 말이다. 옛날부터 중국과 우리나라에서 많이 사용되어 왔던 것 같다. 그만큼 대중적인 말이라고도 할 수 있다.

여기서는 『전국책(戰國策)』을 출전(出典)으로 해두겠는데, 이 책에 의하면 '지자(智者)는 화를 바꾸어 복으로 만들고, 패(敗)를 발판삼아 공(功)을 만든다'고 하였다. 지혜로운 사람은 어떤 상황에서든 불행을 딛어 행복으로 만들고, 실패를 성공의 어머니로 만든다는 것이다.

인생에는 불행[禍]과 실패가 따르게 마련이다. 아무리 조심하고 주의하더라도 불행과 실패를 거듭하지 않는 인생이란 없다.

문제는 그런 때에 어떻게 대처하느냐이다.

『전국책』에서는 한두 번 실패했다 하여 의기소침해지는 자는 우자(愚者)로 분류한다. 실패를 거울삼고 거기서 인생의 새 전망(展望)을 열어나가는, 그런 지혜와 패기 넘치는 인생이 되어야 할 것이다.

백미(白眉)
여러 사람 가운데서 제일 뛰어난 사람 _蒙求.

사람을 접할 때에는
따뜻한 분위기를 자아내라

接人則渾是一團和氣 접인즉혼시일단화기 _근사록

언뜻 보기에 쌀쌀함을 느끼게 하는 인물이라든가 가시 돋친 듯한 분위기를 가진 인물 밑에는 사람들이 모여들지 않는다. 사람들에게 호감을 주는 사람은 무엇보다도 온화한 분위기를 풍기는 인물이다. 그것이 여기서 말하는 '화기(和氣)'이다. '화기'는 인간관계를 원활하게 만드는 중요한 요건이다.

그러나 아무리 '화기'가 중요하다 하더라도 겉치레의 화기가 되어서는 곤란하다. 그런 '화기'는 금방 드러날 것이 뻔하기 때문이다. 중요한 것은 내면에서 스며 나오는 '화기'여야 한다는 것이다.

『채근담』에 이런 말이 있다.

"관대하고 마음이 따뜻한 사람은 만물을 소생케 하는 봄바람과 같다. 그런 사람 밑에서는 모든 것이 쑥쑥 성장한다. 각박하고 마음이 찬 사람은 만물을 얼어붙게 하는, 한겨울의 눈과 같다. 그런 사람 밑에서는 모든 것이 죽고 멸절당한다."

마음의 따뜻함, 그리고 거기서 생겨나는 '화기', 이것이 필요한 것이다.

백발삼천장(白髮三千丈)
늙어감을 슬퍼함 _李白의 詩.

군자(君子)는 반드시
혼자 있을 때에 근신한다

君子必愼其獨也 군자필신기독야 _대학

'신기독(愼其獨)'이란 아무도 보지 않는 곳에서도 잘못을 저지르지 않도록 항상 자신의 언동을 점검하는 것을 말한다.

남의 눈이 있을 때에는 누구든 신중하게 행동한다. 그러나 남의 눈이 있든 없든 항상 신중히 행동하는 사람을 군자(君子)라고 한다.

보는 눈이 없다고 해서 잘못을 저지를 경우, 남은 모른다고 해도 자기 자신은 알고 있다. 남은 속일 수 있겠으나 자신은 속일 수가 없다. 그것이 언제까지나 마음을 괴롭히고 자신도 모르는 사이에 용모와 태도 등에 나타나게 마련이다.

그 좋은 예가 골프이다. 골프의 점수는 자진 채점제이다. 속이려고 들면 속이지 못할 것도 없다. 속일 생각은 없더라도 자칫하면 과대 채점하는 수도 발생한다. 그리고 상대방이 그것을 알게 되었을 때에는 골프 판이 깨지기도 하고, 비신사적이라는 오명까지 뒤집어쓴 채 절교를 당하는 수가 왕왕 생긴다.

'혼자 있을 때 신중히 행동한다'는 결국 자기 자신을 위함인 것이다.

백안(白眼)
눈을 흘기다. 변하여, 냉정하게 대하는 눈매. _晉書.

위험하다고 느꼈을 때에
멈출 줄 알아야 지인(知人)이다

見險而能止, 知矣哉 견험이능지, 지의재 _역경

위험을 찰지(察知)했으면 나아가기를 보류하고 멈춘다. 그것이 지자(知者)라는 것이다. 중국 사람들이 말하는 지자(知者)란 단순히 사물에 대한 지식이 있는 사람이 아니라, 스스로 진퇴(進退)에 대하여 적절한 판단을 내릴 줄 아는 사람이다.

서투른 정황 판단을 하고서 곧이곧대로 나아가기만 하는 것을 '필부지용(匹夫之勇)'이라 한다. 이런 식으로 전쟁을 하다가는 목숨이 몇 개라도 살아남을 수가 없다. 물론 이런 사람을 '지자'라고 할 수 없고—.

불확실한 시대를 살아가기 위해서는, 그리고 살아남기 위해서는 전천후형(全天候型) 인간이 되도록 노력하지 않으면 안 된다. 전천후형이란 공격에도 강하고 수비에도 강함을 뜻한다. 즉, 공격할 때에는 공격하고 수비해야 할 때에는 수비를 해야 한다는 말이다.

그러기 위해서는 필부지용이 되어서는 안 된다. 위험하다고 판단되면 멈출 줄 아는 유연성이 필요하다는 말이다.

백의재상(白衣宰相)
흰옷 입은 사람, 즉 평민이 재상의 대우를 받는다 _南史.

오만 때문에 상하고
욕심 때문에 곤혹해진다

敖不可長, 欲不可從 오불가장, 욕불가종 _예기

'오(敖)'란 오만이다. 자기 능력이나 지위를 내세우며 남을 내려다보는 것이다. 그런 마음이 생기고 그것이 은연중 표정과 태도에 나타난다. 그것이 바로 '오'인 것이다.

'오'와 비슷한 것에 '과(誇)'가 있다. 자존심, 즉 프라이드이다. 이 '과'는 대부분의 사람들이 인생을 살면서 대단히 강하게 표출하곤 한다. 그러나 이것도 비뚤어진 형태로 발현(發現)되면 '오'가 되고 만다.

누구든 마음을 긴장시키지 않으면 '오'가 살살 고개를 들고 일어난다. '오'의 특성이 그러하기에 자기수양이 필요한 것이다.

'욕(欲)' 또한 마찬가지이다. 인간사회는 인간의 그 욕망이란 것이 있기에 꾸준히 발전해 왔다고 말할 수 있다. 그렇게 생각해 볼 때 '욕'은 적극적으로 평가되지 않으면 안 된다.

그러나 무제한적인 욕망 추구는 곤란하다. 자신의 행복 추구로 인하여 상대방에게 불행을 끼쳐서도 안 된다. 정도를 벗어나서는 자신에게 행복이 찾아온다 하더라도 오랫동안 지속될 수가 없기 때문이다.

백척간두(百尺竿頭)
높은 장대 위에 있는 것 같은 위험 _傳燈錄.

May 5

눈동자는 그 악(惡)을 감추지 못한다. 마음이 바르면 그 눈동자
는 맑다. 마음이 바르지 못하면 그 눈동자는 흐려진다. 그 하
는 말을 듣고 그 눈동자를 보면 어찌 그 사람 됨됨이를 파악할
수 없겠는가.

군자(君子)는
갑자기 변한다

君子豹變 군자표변 _역경

처음에는 '찬성!'이라고 말해 놓고서 무언가의 사정으로, 예컨대 금전 등에 이끌려 갑자기 태도를 바꾸면서 이번에는 '반대!'라고 외친다. 이럴 때를 '군자표변!'이라고 한다.

오늘날에는 이처럼 안 좋은 의미로 사용되고 있지만, 원래의 의미는 그렇지가 않다. 분명 변화하기는 하지만 좋은 방향으로 변화하는 것이다.

표범은 가죽에 아름다운 무늬를 가지고 있다. 그처럼 아름다운 방향으로 변화되는 것이 '표변(豹變)'이다. 즉, 지금까지의 자신으로부터 탈피하여 새로운 자신을 창조하는 것을 가리킨다. 진보(進步)와 향상(向上)이라고 해도 좋다.

시대는 변화한다. 그 변화에 뒤지지 않기 위해서는 항상 신선하게 창조적 혁신을 꾀해야 한다. 그것이 '군자표변'이 가진 원래의 뜻이다.

자신의 이익만을 위하여 재빠르게 태도를 바꾸는 '표변'이 아니라 창조적 혁신에 마음 쓸 일이다.

복생어미(福生於微)
복은 조그마한 데서부터 싹이 튼다 _說苑.

준비를 갖추어 놓고 때를 기다리며
때가 이르렀을 때 일을 성사시킨다

以備待時 以時興事 이비대시, 이시흥사 _관자

어떤 일이든 충분한 준비를 갖춘 다음에 임하지 않으면 성공은 얻어지지 않는다. 또 애써 만반의 준비를 했다 하더라도 적절한 시기를 택하여 시작하지 않으면 실패를 면하기 어렵다. 그 점을 강조한 것이 이 『관자(管子)』의 구절이다.

번역하면 '주도면밀한 계획과 준비를 갖춘 다음에 호기(好機)의 도래를 기다린다. 호기가 도래했다고 판단되면 즉시 행동을 개시한다.'는 뜻이 되리라. 『관자』에 따르면 옛날부터 훌륭한 리더들은 모두 이처럼 행동했기 때문에 대성할 수 있었다는 것이다.

여기서 깊이 생각해야 할 것은 '기다린다'이다. 그것은 그저 막연히 기다리는 것이 아니라 충분한 준비를 갖추어 놓고 기다린다는 것이다.

이것은 개개인의 처세에도 적용된다. 인생에는 반드시 한두 번쯤의 기회가 찾아온다. 그 기회에 대비하여 평소부터 만반의 준비에 힘을 기울일 일이다.

복수불반분(覆水不返盆)
한번 엎지른 물은 다시 담을 수 없다 _拾遺記.

상대방을 알려면
눈을 보는 것보다 좋은 방법은 없다

存乎人者, 莫良於眸子 존호인자, 막량어모자 _맹자

　　상대방을 판단하는 가장 좋은 방법은 상대방의 눈을 관찰하는 것이다. 맹자(孟子)는 그 이유를 이렇게 설명하고 있다.

　　"눈동자는 그 악(惡)을 감추지 못한다. 마음이 바르면 그 눈동자는 맑다. 마음이 바르지 못하면 그 눈동자는 흐려진다. 그 말을 듣고 그 눈동자를 보면 어찌 그 사람 됨됨이를 파악할 수 없겠는가."

　　흔히들 '눈은 마음의 창'이라고 한다. 마음이 더러워져 있으면 눈도 탁하고, 마음이 비뚤어져 있으면 자연히 그 눈에 나타난다고 한 맹자의 이 말은 십분 인정되지만, 그 눈만으로 사람을 판단한다는 것은 어쩐지 좀 졸속하다는 생각이 든다.

　　그러므로 맹자 역시 '그 말을 듣고……'라는 한 구절을 덧붙인 것이리라. 즉, 눈을 관찰함과 동시에 상대방이 하는 말을 듣고 판단하면 틀림없다는 것이다. 더 정확하게 판단하기 위해서는 물론 상당한 관찰안(觀察眼)이 필요하겠지만…….

부귀핍인(富貴逼人)
사람이 스스로 노력하면 부귀가 저절로 찾아옴 _北史.

구인(九仞)의 높이로 산을 쌓은 공(功)도
하나의 삼태기로 무너진다

❋ ─────────────────────────────────

爲山九仞, 功虧一簣 위산구인, 공휴일궤 _서경

주(周)나라 무왕(武王)이 은(殷)나라 주왕(紂王)을 무찌르고 주왕조(周王朝)를 일으키자 사방의 여러 나라들이 주나라에 복속해 왔다. 여(旅)라는 나라에서는 진기한 맹견(猛犬)을 무왕에게 바쳤다. 기뻐하는 무왕을 보고 소공(召公)이라는 중신이 간(諫)했다고 한다.

서경(書經)에 기록되어 있는 문장을 보면, 진귀한 것에 마음을 빼앗기어 정치를 태만히 해서는 안 된다고 설명한 다음 이렇게 결론을 내리고 있다.

"아아, 이른 아침부터 밤늦게까지 부지런히 정사를 돌보소서. 작은 행동을 소홀히 하면 큰 덕을 망치게 되옵지요. 구인(九仞 : 72척)으로 쌓은 산도 불과 하나의 삼태기로 인해 그 공이 무너지는 법이옵니다."

아침에는 일찍부터, 그리고 밤에는 늦게까지 왕자(王者)로서의 덕을 닦도록 노력하지 않으면 안 된다. 사소한 일이라 하여 긴장을 풀고 있으면 마침내는 큰 덕을 소홀히 하게 된다. 72척이나 높이 쌓았던 산도 마지막 한 삼태기의 흙을 태만히 하다가는 무너지고 마는 법이라고 간했던 것이다.

부동심(不動心)
정의감이 흔들리지 않는다 _孟子·公孫丑章句.

통찰력이 지나쳐서
너무 살피면 의심이 많아진다

❀

明極則過察而多疑 명극즉과찰이다의 _근사록

　'명(明)'은 통찰력(洞察力)이다. 흔히 '머리 회전이 빠르다'는 말들을 하는데, 그런 뉘앙스가 이 경우의 '명'과 가깝다. 이것은 세상을 살아나가는 데 필수 요건 중 하나이다. 그러나 이 '명'도 너무나 지나치면 사소한 것까지 눈에 뜨이게 됨으로써, 이것도 아니고 저것도 아니라며 의심만 하게 된다는 것이 표제의 말이다.

　이 또한 인간학(人間學)의 진수라고 해도 좋겠다. 특히 사람 위에 서는 리더로서, 필히 자계(自戒)해야 할 일이 바로 이 점이기도 하다.

　'명'은 리더에게 있어 반드시 갖추어져야 할 필수 조건이다. 이 '명'이 없으면 조직의 키를 잡을 수가 없기 때문이다. 그리고 이와 함께 필요한 것이 결단력이다.

　'찰(察)'이 지나쳐서 의심만 하게 된다면 혼란을 일으킬 뿐이어서 결단을 내려야 할 때 결단을 내리지 못하게 된다. 그런 리더는 실격(失格)이다.

부중지어(釜中之魚)
솥 안에 있는 물고기. 즉, 얼마 안 남은 삶이란 뜻. _資治通鑑.

인생 백년(百年)이라 해도
낮과 밤이 반반이다

人生百年, 晝夜各分 인생백년, 주야각분 _열자

옛날 주(周)나라에 살던 윤(尹)이란 사람은 재산을 늘리는 데에만 골몰해 있었다. 그 때문에 윤가(尹家)네서 일하는 노복(老僕)은 뼈 빠지게 일을 해야 했다. 그것을 본 이웃사람이 쉴 틈 없이 일만 한다며 동정을 했다. 그러자 그 노복은 이렇게 대답했다고 한다.

"인생 백년, 낮과 밤이 각각 반이오. 나는 낮에는 종의 신분으로 고생을 하오. 그러나 밤에는 임금이 되며, 그 즐거움이란 무엇에도 비할 데가 없소. 무슨 원망이 있으리오."

밤이 되면 꿈속에서 왕후(王侯)가 되어 영화(榮華)의 극치를 누리니, 불만 따위는 조금도 없다는 것이다.

인생이 백년이라고 하면 낮이 50년이요, 밤이 50년이다. 그리고 사람의 행복이란 낮의 생활에서만 얻어지는 것은 아니다. 또한 낮에 열심히 했다고 해서 밤에 달콤한 행복이 찾아오리란 법도 없다. 낮의 고생을 밤의 행복으로 보충할 수만 있다면 좋으련만……. 그러므로 가능하다면 낮이고 밤이고 행복을 즐길 수 있어야겠는데, 그 점을 마음에 새기고 노력해야 할 일이다.

분서갱유(焚書坑儒)
책을 불사르고 선비를 땅속에 묻다 _尙書.

두 사람이 마음을 합치면
그 날카로움은 금속도 자를 수 있다

二人同心, 其利斷金 이인동심, 기리단금 _역경

두 사람이 마음을 하나로 합쳐서 일한다면 아무리 강한 금속이라도 잘라 낼 수 있는 위력을 발휘한다는 의미의 말이다. 여기서 '단금지교(斷金之交)'란 말이 생겨났다.

이 구절은 다시 "마음을 같이한[同心] 말은 그 향기로움이 난(蘭)과 같다."로 계속된다. 마음이 합쳐져 있는 두 사람의 말은 난초의 향기처럼 그 향기로움이 멀리까지 미친다는 뜻이다. 이 두 구절을 합쳐서 '금란지교(金蘭之交)'라는 말로 쓰기도 한다.

'단금(斷金)'이든 '금란(金蘭)'이든 사이좋은 부부를 가리키는 말로 생각하는 사람이 있는데, 실은 그렇지 않다. 이것은 어디까지나 사나이와 사나이의 굳게 맺어진 우정을 가리키는 말이다.

인간은 혼자서는 도저히 살아갈 수가 없다. 무엇을 하든지 이해해 주는 협력자를 얻는 것이 성공의 맥이다. 그러니 뜻을 같이하는 사람들이 힘을 합친다면 그 힘은 무소불위의 힘이 될 것이 아니겠는가.

불구대천지수(不俱戴天之讎)
하늘을 같이 이고 살 수 없는 원수. 즉, 같은 하늘 아래서 함께 살 수 없는 원수. _禮記·曲禮篇.

말할 때는 행동할 것을 고려하고
행동할 때는 한 말을 상기하라

言顧行, 行顧言 언고행, 행고언 _중용

언행일치(言行一致), 즉 말과 행동을 일치되게 한다는 것은 쉬울 것 같지만 여간 어려운 일이 아니다. 왜냐하면 말이 앞서고 행동이 뒤따르지 못하는 경우가 많기 때문이다.

예를 들어 어머니가 아이들에게 이렇게 해라, 저렇게 해라 하고 목소리를 높였다고 하자. 그런데 아이들이 '그럼, 엄마는 어떻게 했는데요?'라고 반문해 왔을 때, 조리 있게 답변을 하지 못한다면 설득력이 있을 수 없다.

언행이 일치하기란 쉽지 않다. 그래서 '언(言)은 행(行)을 돌아보고, 행(行)은 언(言)을 돌아보아야 한다'는 것이다.

'언은 행을 돌아보다'란 어떤 발언을 할 경우 행동이 그 말을 따를 수 있는지의 여부를 생각해 본다는 것, 그런 사람의 발언은 자연히 신중해진다는 것이다. '행은 언을 돌아보다'란 어떤 행동을 하기 전에 자신이 한 발언을 생각해 낸다. 그러면 발언에 비하여 아직도 행동이 뒤따르지 못함을 반성하게 되고, 한층 더 노력하게 된다는 것이다.

불초(不肖)
아버지를 닮지 않아 미련하다는 뜻으로, 자신을 낮출 때 쓰는 말 _中庸.

일을 시작할 때는
의심나는 것을 해명하고 만전을 기하라

疑謀勿成 의모물성 _서경

사업이든 업무든 간에 실행으로 옮기기에 앞서 반드시 기획입안(企劃立案)의 단계가 있다. 그 단계에서 조금이라도 의문점이 남아 있을 경우에는 다시 원점으로 돌아가 주도면밀하게 살펴보고 만전(萬全)을 기한 다음에 시작하라는 말이다.

그야 뭐 당연하지 않으냐고 할지 모르겠다. 그러나 왕왕 이런 대원칙이 무시되고 있지 않은가? 시간에 쫓겨서 적당히 출발하는 것이 그 전형이다. '일을 저질러 놓고 보면 어떻게 되겠지'라고 생각하는 것은 사업을 성공시키려는 사람의 자세가 아니다. 시간에 쫓기면 연기하는 것이 상책인 것이다. 의문이 남아 있는데도 적당히 시작하는 것은 연기하느니만 못하다는 말이다.

물론 그렇게 적당히 출발해도 잘되는 경우가 있다. 그러나 그것은 흔치 않은 경우로서 행운이 따랐다고밖에 볼 수가 없다. 처음부터 행운을 기대해서는 안 된다. '의모(疑謀)'를 없애면 그만큼 실패할 확률이 줄어든다는 것을 명심해야겠다.

봉정만리(鵬程萬里)
사람이 해외로 여행하는 데 그 앞길이 요원함 _呂定의 詩.

대중의 분노는 저항하기 어렵고
자신의 욕망도 이루기가 힘들다

衆怒難犯, 專欲難成 중노난범, 전욕난성 _좌전

'대중(大衆)의 분노에는 저항하기가 어렵고, 자기 한 사람의 욕망을 이루는 일도 쉬운 일이 아니다'라는 의미이다.

옛날 정(鄭)나라 재상 자공(子孔)은 자기 독선으로 개혁안(改革案)을 만들었는데, 모든 중신들의 반대에 부딪혔다. 자공은 반대하는 자들을 모두 죽이려고 했다.

이때 자산(子産)이 "이 두 가지 어려운 안(案)으로 나라를 안정시키려는 것은 위험한 방법입니다. 전욕(專欲)은 이루어지는 일이 없고, 대중을 처벌하면 화(禍)를 일으킬 뿐입니다."라고 설득하여, 개혁안을 철회시켰다고 한다.

자산은 후에 정나라의 재상으로 등용되어 개명적(開明的)인 정치를 함으로써 명재상으로 칭해졌는데, 2천 수백 년 전에 이런 인식을 가지고 있었다니 실로 대단하다. 민주주의 시대인 오늘날 이것은 이제 상식이라고 해도 좋은데, 그럼에도 자공과 같은 예가 여전히 자취를 감추지 않고 있는 것은 어찌 된 일인가? 위정자 된 자, 깊이 자계(自戒)할 일이다.

비육지탄(髀肉之嘆)
말 타고 전장에 나가지 않은 지가 오래 되어 넓적다리에 살이 찜을 한탄함. 곧, 공을 세우지 못하고 헛되이 세월을 보냄을 이름. _三國志.

소인(小人)은 당장 편안함만으로
사람을 사랑한다

細人之愛人也以姑息 세인지애인야이고식 _예기

'세인(細人)'은 소인(小人)과 같으며, 군자(君子)의 반대로서 보잘것없는 인간
이란 의미이다. '고식(姑息)'은 당장 눈앞의 편안함만을 취하는 것이다.

이 문장은 다음과 같은 대구(對句)로 되어 있다.

"군자는 덕을 가지고 사람을 사랑하고, 세인은 고식을 가지고 사람을 사
랑한다."

이것을 보건대 '덕을 가지고 사랑한다'는 것은 요컨대 자기 자신의 인격
을 가지고 사랑한다는 의미일 것이다. 상대방을 위하여 무엇을 해준다 하
더라도 본질적인 면에 대한 배려를 잊어서는 안 된다.

'사람을 사랑한다'는 것은 원래 상대방을 위해 무엇이든 해주고 싶다는
강렬한 원망(願望)이 따르는 법이다. 그러나 '세인'의 경우에는 해주는 것이
'고식'의 영역을 벗어나지 못한다. 이것은 사랑의 깊이에 차이가 있어서라
기보다 인간의 레벨에 차이가 있기 때문이 아닐까?

빈천지교불가망(貧賤之交不可亡)
빈곤하고 어려울 때 사귄 친구는 언제까지나 잊지 말아야 한다 _後漢書.

마음을 바르고 곧게 가지려면
욕심이 적어야 한다

養心莫善於寡欲 양심막선어과욕 _맹자

마음을 곧고 바르게 기르기 위해서는 욕심을 적게 가져야 한다는 말이다.

맹자(孟子) 사상의 근간(根幹)을 이루고 있는 것은 성선설(性善說)이다.

그에 의하면 인간의 본성은 선(善)한 것이며, 이 선한 본성은 누구나 다 갖고 있는 것으로서 왕후(王侯)나 서민(庶民)이나 다를 바가 없다는 것이다. 그러나 인간의 본성이 선하다고 해서 현실적으로 인간 모두가 선하다고는 할 수 없다. 이 선한 마음을 전면적으로 개화(開花)시키기 위해서는 인격 완성을 위한 '수양(修養)'을 필요로 한다. 이 수양에 의해 인격을 완성시킨 사람만이 사람 위에 설 자격이 있다는 것이다.

그러기 위해서는 먼저 자기 마음을 곧고 바르게 할 필요가 있으며, 그 지름길은 '과욕(寡欲)'이라고 하였다.

"욕심이 적은 사람으로서 양심이 없는 사람은 적다. 욕심이 많은 사람으로서 양심이 있는 사람 또한 아주 적다."

빙탄불상용(氷炭不相容)
얼음과 숯불은 섞일 수 없다는 뜻이니, 얼음과 숯불처럼 성질이 정반대여서 서로 용납하지 못함을 이른다 _楚辭.

사람을 잘 부리기 위해서는 먼저 공손한 태도를 취하라

善用人者爲之下 선용인자위지하 _노자

사람을 잘 부리는 사람은 상대방에게 공손한 태도를 취한다는 말이다. 노자(老子)는 이런 말도 하고 있다.

"뛰어난 지휘관은 무력(武力)을 난용(亂用)하지 않는다. 전쟁을 잘하는 사람은 감정에 이끌려 행동하지 않는다. 이기기를 잘하는 사람은 힘의 대결을 삼간다."

이것을 노자는 '부쟁지덕(不爭之德)'이라고 불렀다. 힘을 과시하거나 남용하지 않는다. 어떤 상대방에게도 겸허한 태도로 나온다. 그런 리더가 남의 위에 설 수가 있다는 것이다.

나만이 할 수 있다며 앞장서려는 사람은 반드시 배척당한다. 가령 힘으로 굴복시킨다거나 지위로 복종시킨다 하더라도 그것은 표면만의 굴복이요 복종이지, 결코 심복(心服)시킬 수는 없다.

힘과 지위를 잃는 순간 금방 이반을 당하게 될 것이다. 이런 점에 대하여 오해를 하고 있는 리더가 적지 아니하다.

노자는 무턱대고 겸허하라고만 말하고 있는 것은 아니다. 그 효과를 계산하고 있다는 점에 노자의 위대함이 있는 것이다.

사공명주생중달(死孔明走生仲達)
죽은 제갈공명이 산 사마중달을 도망치게 하다 _晉書.

일에 임할 때 너무 심원(深遠)하면 곧 우(迂)에 가깝다

慮事深遠, 則近於迂矣 여사심원, 즉근어우의 _송명신언행록

'우(迂)'는 본디 '멀리 도는 길'이란 뜻이다. 그로부터 사정에 어둡다든가 비현실적이라는 의미가 생겨났다. 우활(迂闊)이라든가 우원(迂遠)이란 말이 바로 그것이다.

생각에 생각을 거듭하고 신중히 대처하면 할수록 '우(迂)'에 가깝다고들 한다. 그러나 이것은 비방하는 말이 아니다. 어떤 사람이 남들로부터 '우'하다는 비난을 받고 있을 때 그의 친구가 변명해 준 말이 있다.

"그 사람은 분명 '우(迂)'인지 모른다. 그러나 그 사람의 마음을 자세히 살펴보면 주도면밀한 생각을 하기에 그처럼 '우'하게 보일 뿐이다. 겉으로만 보지 말고 장점도 함께 평가하기 바란다."

이런 뉘앙스로 사용되는 말이 '우(迂)'인 것이다.

주도면밀하게 생각하면서 기민하게 대응할 수 있다면 그 사람이야말로 이상적인 삶의 자세를 가졌다고 할 수 있을 것 같다. 그리고 '우(迂)에 가깝다'는 말은 대인(大人)의 풍격(風格)과도 통하는 면이 있으므로, 어쨌든 부정적으로만 생각할 일은 아니다.

> **사달이이**(辭達而已)
> 문장은 자기의 의사를 충분히 나타내면 되는 것이지 미사여구는 필요 없다 _論語·衛靈公篇.

사람은 흐르는 물을 거울로 삼지 않고 멈춰 있는 물을 거울로 삼는다

人莫鑑於流水 而鑑於止水 인막감어유수, 이감어지수 _장자

흐르는 물은 언제나 흔들리고 있기 때문에 사람의 모습을 비춰 줄 수 없다. 이에 비하여 정지(靜止)되어 있는 물은 언제나 맑기 때문에 있는 그대로 사람의 모습을 비춰 준다. 인간도 정지된 물과 마찬가지로 조용하고 맑은 심경(心境)을 가지고 있으면 언제 어떤 사태에 처하더라도 당황하는 일 없이 올바른 판단을 내릴 수 있다는 것이다.

여기서 맑은 심경을 형용하는 '명경지수(明鏡止水)'란 말이 생겨났다.

이것은 또 '무심경지(無心境地)'라고 말해도 좋을는지 모르겠다. 어떤 일이든지 잡념이라든가 욕망이 마음속에 가득 차 있으면 그것에 발목을 잡히고 만다. 기성관념(旣成觀念)이 가득 차 있으면 그것에 사로잡혀서 유동하는 정세에 제대로 대응을 할 수 없게 된다. 승부도 이기려는 마음이 앞서면 몸이 굳어져서 평소의 실력을 발휘하지 못하게 된다.

대응에 실수가 없으려면 '명경지수'의 심경이 되느냐 못 되느냐에 달려 있다고 해도 과언이 아니다.

사면초가(四面楚歌)
사면을 포위당하여 고립되다 _史記·項羽本紀.

임금은 배요
백성은 물이다

君者舟也, 庶人者水也 군자주야, 서인자수야 _순자

'군주(君主)는 배요, 백성들은 물'에 해당한다는 말이다.

배는 물의 상태에 따라 순항하기도 하고 전복되기도 하듯이, 군주의 자리도 백성들의 마음이 어떻느냐에 따라 안정도 되고 전복도 된다.

그러므로 군주 된 자가 자신의 지위를 안정시키기 위해서는 무엇보다도 먼저 백성의 신뢰를 받도록 힘쓰지 않으면 안 된다는 말이다.

이것을 위정자의 마음가짐이라고 생각할 때, 2천 수백 년 전이나 민주주의 시대인 오늘날이나 본질적으로는 바뀐 것이 아무것도 없다.

그럼 위정자가 백성들의 신뢰를 얻기 위해서는 무엇을 어떻게 하여야 할까? 순자(荀子)는 다음과 같은 3개 항목을 들고 있다.

1. 공평한 정치, 백성들을 위한 정치를 하도록 마음 쓸 것.

2. 사회의 규범을 존중하고 훌륭한 사람에게 경의를 표할 것.

3. 현인(賢人)을 등용하고 유능한 인물에게 일을 맡길 것.

사이비(似而非)
겉으로는 비슷하지만 속은 다르다 _孟子·盡心章句.

백 번 싸워서 백 번 이긴다 해도 그것은 최선의 책(策)이 아니다

百戰百勝非善之善者也 백전백승비선지선자야 _손자

'백 번 싸워서 백 번 이겼다 하더라도 그것은 최선의 책(策)이 아니다'라는 것이다.

그럼 어떤 승전법(勝戰法)이 이상적일까?

손자(孫子)는 "싸우지 않고 상대방의 군사를 항복시키는 것이 최선이다"라고 말했다.

싸우지 않고 이긴다는 것은 과연 무엇일까? 그것은 다음과 같은 두 가지의 항을 들 수가 있겠다.

1. 외교 교섭에 의해 상대방의 의도하는 바를 봉쇄한다.

2. 모략 활동에 의해 상대방의 내부를 붕괴시킨다.

요컨대 효율적인 승전법을 생각하라는 것이다. 무력을 사용해서 싸우게 되면 아무리 싸움을 잘했다 하더라도 아군 역시 피해를 보지 않을 수 없다. 그런 승전법은 설령 이겼다 하더라도 으뜸가는 승전법이 될 수 없다는 말이다. 이런 견해에서 본다면 비참한 승리보다는 현명한 패배가 낫다는 말도 된다.

사족(蛇足)
뱀의 다리. 즉, 쓸데없는 일을 한다. _戰國策.

인생의 무상함은
아침 이슬이 사라지는 것과 같다

人生如朝露 인생여조로 _한서

인생의 짧고 덧없음을 한탄한 말이다. 한(漢)나라 시대 흉노(匈奴)를 정벌하러 나갔던 맹장 이릉(李陵)은 고군분투하였으나 사로잡힌 몸이 되었고, 결국 한나라 군대는 남쪽으로 쫓겨났다. 이후 흉노에 항복해 흉노 땅에서 살던 이릉은 한나라에서 사자로 온 소무(蘇武)에게 귀순할 뜻을 전하면서, 이 구절을 인용했다고 한다. 『삼국지(三國志)』의 조조(曹操)가 읊었다는 「단가행(短歌行)」이라는 시(詩)에도 비슷한 말이 나온다.

對酒當歌 술을 대하면 노래할지어다

人生幾何 사람의 수명, 그 얼마나 되는가

譬如朝露 비유컨대 아침 이슬과 같은 것

去日苦多 지나가 버린 날이 너무나 많도다

慨當以慷 한탄하고 또 한탄할지어다

憂思難忘 걱정은 잊을 수가 없구나

何以解憂 무엇으로 이 걱정을 풀리요

唯有杜康 오로지 술이 있을 뿐이로다

사해형제(四海兄弟)
온 세상 사람들은 모두 한 형제와 같다는 뜻 _論語·顔淵篇.

163

병이
명치에 들었도다

疾, 在肓之上, 膏之下 질, 재황지상, 고지하 _좌전

옛날 진(晉)나라 경공(景公)이 중병으로 쓰러졌을 때의 일이다. 전국 방방 곡곡 명의란 명의를 다 불러다 치료를 받아도 차도가 없자 이웃나라인 진 (秦)나라에서 고완(高緩)이란 명의(名醫)를 불러오게 되었다. 그날 밤 경공은 이상한 꿈을 꾸었다. 병이 두 동자(童子)의 모습으로 나타나 말했다.

"진나라에서 고완이 왔대. 우리도 이제 위험하겠어. 어디 도망갈 데가 없을까?"

"염려 없어. 명치에 숨으면 안전하다구."

다음날, 고완이 왔고 곧 진찰이 시작되었다. 고완이 말했다.

"아뢰옵기 황송하오나, 병이 이미 명치에까지 침투했나이다. 명치에는 침도 놓을 수 없고, 약을 써도 효과도 없습지요. 제 의술로는 치료를 할 수 없을 것 같나이다."

황(肓)은 횡경막이고 고(膏)는 심장이니 횡격막 위, 심장 아래는 곧 명치인 것이다. 경공은 얼마 안 가서 죽었다.

이는 병뿐만이 아니다. 어떠한 일이든 문제가 발생하기 전에 미리미리 손을 써야 한다는 엄중한 경고이다.

> **살신성인**(殺身成仁)
> 목숨을 바쳐서 인(仁)을 이룬다 _論語·衛靈公篇.

운용(運用)의 묘는
그 일심(一心)에 있다

運用之妙存乎一心 운용지묘존호일심 _십팔사략

남송(南宋) 시대에 악비(岳飛)라는 장군이 있었다. 북방 이민족(異民族)인 금(金)나라의 침공을 받았을 때 여러 번 승리함으로써 '구국(救國)의 영웅'으로 추앙받게 된 인물이다.

그 악비가 젊었을 때 의용군에 자원하여 금군(金軍)과의 싸움에 참가했는데, 어찌나 분전을 했던지 상사의 눈에 금방 뜨이게 되었다. 상사는 흐뭇하게 생각했지만, 한편으로는 일말의 불안감도 가지고 있었던 것 같다.

"그대의 용지재예(勇智才藝)는 옛 양장(良將)을 능가할 정도다. 그러나 야전(野戰)을 좋아하는 것은 만전의 계(計)라고 할 수 없다."

상사의 말에 악비는 이렇게 대답했다고 한다.

"진을 친 다음에 싸우는 것은 병법의 기본이지요. 운용의 묘는 일심(一心)에 있습니다."

병법의 정석(定石)은 물론 필요하지만, 그보다 더 중요한 것은 임기응변의 운용이란 의미이다. 이것은 기업 경영에도 그대로 해당되는 말이다.

삼고초려(三顧草廬)
유비가 제갈량의 오두막을 세 번이나 찾아가다 _三國志.

이기기를 서두르지 말고
패배했을 때를 잊지 말라

無急勝而忘敗 무급승이망패 _순자

『순자(荀子)』「의병편(義兵篇)」에 장수 된 자의 마음가짐 5개 항목이 열거되어 있다.

1. 해임을 두려워하며 자리에 연연해서는 안 된다.

2. 승리하려는 마음만 앞서 서두르다가는 도리어 패할 수도 있다는 것을 잊어서는 안 된다.

3. 내부에서 위신 세우기에 급급하고 적을 무시해서는 안 된다.

4. 유리한 점만을 보고 불리한 점에 소홀해서도 안 된다.

5. 작전계획은 빈틈없이 주도면밀하게 짜야 한다. 그리고 자재(資財)와 경비를 아껴서는 안 된다.

'승리에 급급하여 패전을 잊는 일은 없어야 한다', 이 중 두 번째의 항목이다. 여기서 강조하고 있는 것은 만에 하나 패하는 경우가 있을 것을 상정(想定)하고, 그에 대한 대책을 마련하라는 말이다. 이런 태세로 모든 일에 임하면 가령 패하더라도 손해를 최대한으로 줄일 수 있을 것이다.

삼년불비우불명(三年不飛又不鳴)
크게 활동할 기회를 기다린다 _史記·滑稽列傳.

마음에 의심하는 바가 있으면
온갖 무서운 망상이 인다

疑心生暗鬼 의심생암귀 _열자

의심스런 눈으로 보면 모든 것이 의심스럽게 생각된다는 말이다.

『열자(列子)』에 이런 이야기가 소개되어 있다.

어떤 사나이가 도끼를 잃어버렸다. 혹시 이웃집 아들 짓이 아닌가 하는 의심이 들었다. 그 아들의 걸음걸이만 보아도 꼭 도둑놈 걸음같이 보였다. 얼굴 생김새도 그러했다. 말씨도 그러했다. 하는 짓을 볼 때마다 모두 도끼를 훔쳐간 놈만 같았다.

그런데 얼마 후 집 앞 골짜기를 파는데 도끼가 나왔다.

그 후부터는 이웃집 아들이 도둑놈처럼 보이지 아니했다.

이처럼 잘못된 선입관을 갖게 되면 선명한 자도 의심스럽게 보인다는 이야기이다.

잘못된 예단(豫斷)이나 선입관에 의해 중요한 판단을 그르치는 우(愚)는 없어야겠다.

상가지구(喪家之狗)
초상집의 개. 즉, 궁상맞고 초라한 모습. _史記·孔子世家.

옛 친구는 큰 과오가 없는 이상
버려서는 안 된다

故舊無大故, 則不棄也 고구무대고, 즉불기야 _논어

주왕조(周王朝)를 창업한 무왕 밑에 주공단(主公旦)이라는 명보좌관(名補佐官)이 있었다. 그는 그 공적에 의해 노(魯)나라를 봉지(封地)로 받고 노공(魯公)에 봉해졌다. 그러나 조정 업무가 많아 봉지로 내려가지 못하고, 대신 아들 백금(伯禽)을 파견하면서 다음과 같은 훈계를 했다고 한다.

"군자(君子)는 그 친족을 소중히 여기고, 대신(大臣)들한테 원망을 사면 안된다. 옛 친구는 큰 과실이 없는 한 버리지 말고, 한 사람에게서 완전을 구하면 못쓴다."

이것을 각각의 항목으로 나열해 보자.

1. 친족을 괄시해서는 안 된다.

2. 중신들이 무시당한다고 생각지 않게 해야 한다.

3. 옛날의 친구들은 큰 과실이 없는 한 버려서는 안 된다.

4. 한 인간에게 완전을 요구하면 안 된다.

이 네 가지 사항은 사람 위에 서는 리더가 지켜야 할 기본적 자세라고 해도 좋다. '대고(大故)'란 큰 잘못이란 의미이다.

상전벽해(桑田碧海)
뽕나무 밭이 변하여 푸른 바다가 된다는 뜻으로, 시세(時勢)의 변천이 너무 심하다는 뜻 _神仙傳.

작은 이익에 얽매이면
큰 이익을 놓친다

顧小利則大利之殘也 고소리즉대리지잔야 _한비자

눈앞의 이익에 이끌려 큰 이익을 잃고 만다는 의미이다. 한비자(韓非子)는 다음과 같은 예를 들고 있다.

진(晉)나라가 소국 곽(虢)나라를 멸망시켰을 때의 일이다. 곽나라를 치기 위해서는 우(虞)나라 영내를 통과해야만 했다. 고심을 하던 진나라 왕은 준마(駿馬)와 옥(玉)을 우나라에 보내며, 길을 빌려주기를 청했다. 우나라의 중신들은,

"곽나라를 괴멸시키고 난 다음에는 우리나라가 목표가 될 것입니다."

라며 극구 반대를 했으나, 우나라 왕은 그 선물에 눈이 어두워 진나라의 요구를 받아들였다. 결국 우나라도 멸망당했다.

우나라 왕의 어리석음을 비웃기는 쉽겠지만, 그런 입장에 처한 사람은 그 같은 과오를 범하고 만다. 그것이 인간의 약점이다.

그렇게 되지 않기 위해서는 다음 두 가지에 유의해야 한다.

1. 대국적인 판단을 잃지 말 것.
2. 항상 목표 관리를 게을리 하지 말 것.

서족기명성이이(書足記名姓而已)
글은 자기 성명만 쓸 줄 알면 된다 _史記·項羽本紀.

큰 나라를 다스리는 것은
작은 생선을 삶는 것과 같다

治大國若烹小鮮 치대국약팽소선 _노자

'소선(小鮮)'이란 작은 물고기이다. 이 작은 물고기를 삶을 때에는 함부로 뒤적거리거나 휘저으면 안 된다. 왜냐하면 물고기의 모양이 망가질 뿐 아니라 맛까지도 없어지기 때문이다.

정치를 하는 요령도 이와 같다. 정부는 되도록이면 기업이나 국민들 생활에 간섭을 피해야 한다. 이것이 이상적인 정치란 것이다. 위정자는 높이 앉아서 잠자코 확인만 하는 것이 좋은 정치를 하는 첩경이란 말이다.

이것은 국가의 정치뿐만이 아니라 기업의 조직관리에도 적용된다. 사장이 스스로 진두에 서서 '이렇게 하라, 저렇게 하라'며 매사에 간섭을 한다. 그렇게 해서는 회사의 발전이 있을 수 없다. 사원들의 사기가 떨어지기 때문이다.

그럴 것이 아니라 우선 사원들이 자진해서 일을 할 수 있는 환경을 만들어 주고, 그 다음에는 잠자코 확인만 한다. 이 방법이 훨씬 효율적인 조직관리가 될 것이다.

선착편(先着鞭)
남보다 먼저 채찍을 휘두른다. 선수를 친다는 뜻. _晋書.

세상 일을 조금이라도 줄이면
그만큼 속세에서 벗어날 수 있다

人生減省一分, 便超脫一分 인생감생일분, 편초탈일분 _채근담

'이 세상에서 어떤 일이든 줄일 것을 생각하면 그만큼 속세(俗世)에서 탈출할 수가 있다'는 의미의 말이다.

『채근담(菜根譚)』에서는 이렇게 말한 다음, 다시 한 구절을 덧붙이고 있다.

"예를 들어 교제를 줄이면 분쟁을 면할 수 있다. 말을 줄이면 비난을 적게 받는다. 분별을 줄이면 마음의 피로가 적어질 것이다. 지혜를 줄이면 본성(本性)을 보전할 수가 있다. 줄일 것을 생각지 않고 늘일 것만 생각하는 자는 그 인생을 칭칭 얽어매는 것과 같다."

『채근담』이 가르치는 이런 입장에서 본다면, 함부로 잡용(雜用)만 늘리고 바쁘게 사는 사람일수록 그 얼마나 가련한 사람인가?

모든 일을 줄인다는 것은 분명 어려운 일이다. 줄이는 일을 척척 해내는 사람은 인생의 달인(達人)인지도 모른다. 현대를 사는 우리들도 줄이는 일을 생각해 보아야 하지 않겠는가.

세불양립(勢不兩立)
비슷한 세력 둘이 병립할 수 없다는 뜻 _史記·孟嘗君列傳.

학문을 해도 사색하지 않으면 애매하고 사색도 학문하지 않으면 확신할 수 없다

學而不思則罔, 思而不學則殆 학이불사즉망, 사이불학즉태 _논어

너무나도 유명한 말이므로 기억하는 독자가 많을 것으로 생각한다. 굳이 번역을 한다면 '독서에만 치우쳐서 사색을 태만히 하면 지식이 애매하다. 또한 사색에만 치우쳐서 독서를 태만히 하면 지식을 확신할 수 없다.'는 뜻이다. 정확한 지식을 습득하지 않으면 지식의 단편(斷片)만 잡다하게 머릿속에 있을 뿐 살아 있는 지식으로서 활용되지 못한다는 것이다. 지식의 소화불량이라고나 할까.

후단(後段)의 구절에 대해서는 이런 이야기를 들은 기억이 있다.

옛날 초등학교만 나온 소년이 독학으로 수학공부를 시작했다. 그런데 이 소년은 상당한 수재였던 것 같다. 고심하기를 몇 년, 이 소년은 '드디어 해냈다. 풀었어!'라며 몹시 기뻐했다. 그러고는 즉시 그 문제풀이를 당시의 초등학교 선생님에게 들고 가서 보였던바, 그 문제는 겨우 중학교의 이차방정식(二次方程式) 정도로서 웬만한 실력이면 간단히 풀 수 있는 문제였다고 한다.

선인(先人)의 업적에서 배우지 않으면 이런 희극이 종종 일어날 수 있다는 것을 명심하자.

세요(細腰)
버들가지처럼 가느다란 허리로, 미녀를 가리킨다 _荀子.

옛날 오나라 도읍에 있던
몽군(蒙君)이 아니로다

非吳下阿蒙 비오하아몽 _삼국지

『삼국지(三國志)』의 오(吳)나라 손권(孫權) 밑에 여몽(呂蒙)이라는 장군이 있었다. 여몽은 전쟁을 여러 번 승리로 이끌어 마침내 장군에까지 오른 인물이다. 그러나 그의 소년 시절은 집안이 너무 가난하여 공부를 할 수가 없었다. 그는 거의 무학이요 무지에 가까웠다. 일개 병졸이라면 몰라도 장군으로서의 무지는 곤란했다. 중국인들은 무장(武將)일지라도 유식해야 한다는 인식을 가지고 있었다. 그리고 주군(主君) 손권한테서도 학문을 너무나 소홀히 한다는 꾸지람을 들은 터이기도 했다.

이에 고민을 거듭하던 여몽은 촌음을 아껴 가며 병법서와 역사서를 독파했다. 얼마 후 군사(軍師)인 노숙(魯肅)이 여몽의 진영을 찾아왔다. 그러자 여몽은 폭넓은 전략전술을 피력했고, 노숙은 크게 감격했다. 그때 노숙이 한 말이 표제의 구절이다.

"옛날 오나라 도읍에 있던 몽군(蒙君)이 아니로다"라는 의미로서 급작스럽게 진보한 점에 감탄했다는 뜻이 내포되어 있다.

우리도 '오하아몽(吳下阿蒙 : 진보하지 않는 인간)'이어서는 안 되겠다.

> **소중유도**(笑中有刀)
> 웃음 속에 칼이 있다 _唐書.

군자는 말이 어눌하더라도
실행에는 민첩하다

君子欲訥於言而敏於行 군자욕눌어언이민어행 _논어

'군자는 변설(辯舌)의 능란함보다 실천이 앞서야 한다'는 뜻이다. 알기 쉽게 말하자면 '말보다 실천'이란 의미의 말이다. 말만 번드르르하게 하는 정치가들에게 들려주고 싶은 이야기가 아닌가.

중국인들은 예로부터 자기주장이 강하고 변설이 다채로웠던 듯하다. 특히 불이익(不利益)을 당한다는 생각이 들면 그들은 맹렬하게 나선다. 공자가 그런 사람들을 대상으로 한 말이라는 점을 염두에 둘 필요가 있겠다.

그런 점으로 볼 때 우리나라 사람들은 전통적으로 자기주장에 약했던 것 같다. 일을 시끄럽게 벌이는 것보다는 울면서도 참는 경향이 강했다. 그러므로 우리로서는 좀 더 변설을 익히는 편이 나을는지도 모르겠다.

그러나 이런 점을 고려한다 하더라도 능변(能辯)과 수다는 도가 지나칠 경우 오히려 마이너스로 작용한다. 주장해야 할 때에는 과감하게 나서야겠지만 평상시에는 과묵한 편이 나을 것이다.

송양지인(宋襄之仁)
아무 쓸모도 없는 인정 _十八史略.

평안할 때에
위태로워질 것을 생각하라

居安思危 거안사위 _정관정요

『정관정요(貞觀政要)』란 책은 명군(名君)으로 일컬어지는 당(唐)나라 태종(太宗)과 그 측근들이 힘을 합쳐서 정치를 했던 고심담(苦心談)의 기록이다. 그 『정관정요』에 위징(魏徵)이란 신하가 태종에게 다음과 같이 간(諫)했다는 기록이 있다.

"폐하, 지금까지 나라를 다스렸던 제왕(帝王)들을 참고하소서. 나라가 위태로울 때는 뛰어난 인물들을 기용하고 그들의 의견을 잘 들었지만, 나라의 기반이 군건해지면 반드시 그 마음이 해이해지곤 하였나이다. 그렇게 되면 신하들도 자기네들 몸만 위할 뿐, 군주에게 과오가 있더라도 감히 간(諫)할 생각을 아니하옵니다. 이렇게 해서 국세(國勢)는 날로 하강선(下降線)을 긋게 되고, 끝내는 멸망하는 것입지요. 예로부터 성인(聖人)은 '안태(安泰)할 때 위험을 생각한다'고 했는데, 그것은 바로 이 때문이옵나이다."

기업 경영에 있어서도 마찬가지이다. 사업이 호조(好調)를 보일 때에 긴장을 늦추지 말고 불황기에 대비하여 만반의 대책을 세워놓지 않으면 안 된다.

수광자어대(水廣者魚大)
물이 많으면 큰 물고기가 산다 _淮南子.

175

높은 지위에
오래 머물러 있는 것은 좋지 못하다

久受尊名下祥 구수존명하상 _사기

월왕(越王) 구천(勾踐)을 섬겼던 범려(范蠡)는 지략이 뛰어나고 충성심이 대단했던 인물이다. 구천이 회계산(會稽山)에서 오왕(吳王) 부차(夫差)에게 포위당하여 죽음 일보 직전에 있을 때, 범려는 구천의 목숨을 구해 냈을 뿐만 아니라 부차에 대한 원수도 갚는다. 그러나 목적을 달성하자마자 구천 곁을 떠났던 것이다. 범려란 인물은 단순한 충신상(忠臣像)이 아니었다.

한편 구천 밑을 떠나서 그는 제(齊)나라로 갔는데, 이번에는 상인으로서 크게 성공했다. 제나라에서는 그의 수완을 높이 사서 재상에 취임해 줄 것을 청했다. 그때 그가 한 말이 이 표제의 말이다. '영예(榮譽)가 오래 이어지는 것은 화(禍)의 근본'이라며 그는 거절했고, 다른 지방으로 옮겨가서 또다시 거만(巨萬)의 부(富)를 쌓았다고 한다.

사람은 누구나 영예를 좋아한다. 그러나 올라가면 전락(轉落)이 있고, 영예도 오래 이어지면 화의 근본이 된다.

그런 기미(幾微)를 터득하고 있었던 범려야말로 '명철보신(明哲保身)'의 인물이었던 것이다.

수기불책인(修己不責人)
자기 몸을 수양하고 남을 책망하지 않음 _左傳.

June 6

향기 높은 꽃을 방 안에 놓고 살아가는 사람은 어느덧 그 방향 (芳香)이 몸에 배게 되는 법이다. 이와 마찬가지로 뛰어난 인물을 벗으로 가지게 되면 자신도 모르는 사이에 자기 자신도 향기를 풍기는 인간이 되는 법이다. 그러므로 교우관계에 대해서는 신중에 신중을 기할 일이다.

가는 사람은 뒤쫓지 말고
오는 사람은 거절하지 마라

往者不追, 來者不拒 왕자불추, 내자불거 _맹자

떠나는 사람은 떠나도록 내버려 두고 뒤쫓지 않는다. 그리고 찾아오는 사람은 상대가 누구든 거절하지 말고 받아들이라는 말이다. 사물에 구애받는 일 없이 자유롭고 활달한 인간관계를 구사한다는 뜻이다.

맹자가 등(滕)나라를 방문하여 영빈관에서 묵고 있을 때의 일이다. 영빈관의 관리가 갓 삼은 짚신을 창틀에 놓아두었는데, 어느 날인가 그 짚신이 없어졌다. 그 관리는 맹자에게 빈정거렸다.

"선생, 선생과 동행한 사람의 소치가 아닐까요?"

그때 맹자는 다음과 같이 대답했다고 한다.

"그렇다면 내 제자가 그 짚신을 훔치기 위해서 나를 따라왔다는 겁니까? 글쎄…… 그럴는지도 모르지. 나는 제자를 들일 때, '왕자불추(往者不追)요, 내자불거(來者不拒)하며, 배움에 뜻이 있는 사람이면 누구든지 제자로 맞아들이니까."

이런 경지에 달한 사람이라면 일단은 인생의 심오한 맛을 아는 사람이라고 할 수 있겠다.

수도거성(水到渠成)
물이 흘러서 자연히 개천을 이룸. 학문을 열심히 닦으면 깨달음이 있다. _朱子文集.

작은 은혜 베풀기에 급급하여
전체적인 이익을 희생시켜서는 안 된다

毋私小惠而傷大體 무사소혜이상대체 _채근담

작은 사은(私恩)을 내세우기에 급급하여 전체의 이익을 희생으로 삼아서는 안 된다는 말이다. 이는 특히 조직의 리더가 자계(自戒)하지 않으면 안 되는 교훈이다.

예컨대 정치가를 들 수 있다. 나라의 예산을 듬뿍 떼내어 자기 선거구에 다리를 놓아주고 도로를 포장해 주는 것은 '소혜(小惠)를 사용화(私用化)' 하는 것이다. 어느 정도 불가피할지는 모르겠으나 어쨌든 정도는 아니다.

좀 심하게 말한다면, 이른바 복지 운운하며 돈을 마구 뿌리어 국가 재정을 축내는 것도 '소혜를 사용화 하여 큰 것을 잃는 것'이다.

이것은 정치가뿐만이 아니다. 회사 등에서도 자신의 세력을 부식(扶植)시키고자 이 사람 저 사람에게 사은(私恩)을 베푸는 리더를 볼 수 있는데, 그것 역시 바람직한 일이 못 된다. 이런 리더가 회사를 좌지우지하게 되면 그 조직은 와해되기 십상이다.

'전체(全體)'를 손상시키는 리더는 이미 리더가 아니다.

수서양단(首鼠兩端)
구멍에서 머리를 내민 쥐가 양쪽을 번갈아 본다. 즉, 양다리를 걸치고 태도를 분명히 하지 않는다. _史記·魏其武安侯列傳.

주관으로 억측하지 않았고
자기주장을 무리로 관철하지 않았으며……

毋意, 毋必, 毋固, 毋我 무의, 무필, 무고, 무아 _논어

공자(孔子)의 인간상(人間像)을 표현한 말이다.

의(意)—주관만으로 억측함.

필(必)—자기 생각을 무리하게 관철함.

고(固)—한 가지 판단을 고집함.

아(我)—자신의 유리한 점만 생각함.

공자에게는 위의 네 가지의 결점이 없었다고 한다. 공자란 사람이 얼마나 밸런스 잡힌 인간상을 형성하고 있었는지를 알 수 있는 대목이다. 의(意)도 필(必)도, 그리고 고(固)도 아(我)도, 어느 것 하나를 애써 제외시켜 보려고 해도 그것은 결코 쉬운 일이 아니다. 우리도 최선을 다하면 그 중 한 가지쯤은 극복할 수 있을지는 모르겠으나, 네 가지 모두를 극복한다는 것은 지극히 어려운 일이다.

그럼 공자가 이처럼 밸런스 잡힌 인간상을 형성할 수 있었던 이유는 무엇일까? 그것은 인생의 역경을 무수히 헤쳐 나가면서 자기 수양을 끊임없이 쌓았기 때문이다. 우리도 그 경지까지 미치지는 못한다 하더라도 그만큼 노력은 해야 하지 않겠는가.

> **수어지교**(水魚之交)
> 물과 물고기의 사이처럼 친한 관계를 이름 _三國志.

공적(公的)인 일에는
공적 이익만을 추구해야 하며……

公事有公利, 無私忌 공사유공리, 무사기 _좌전

공적(公的)인 일에 관여하는 자는 공(公)의 이익만을 추구해야지, 개인적인 감정을 표출한다든가 사적(私的)인 이익을 추구해서는 안 된다는 말이다.

지극히 당연한 지적인데, 막상 그 처지에 놓이면 이를 실천하기란 굉장히 어려운 것 같다.

정치가를 예로 들어보자. 권력으로 사복(私腹)을 채우는 것은 말할 것도 없고 공과 사를 구별하지 않는 경우, 언뜻 보기에는 공을 추구하는 것 같지만 실은 사(私)를 꾀하고 있는 경우가 적지 아니하다. 정치가가 빈곤하여 가정이 흔들리는 상황까지 간다면 그것은 지극히 곤란하지만, 이와는 반대로 정치는 외면하고 사재(私財)를 축적하기에 혈안이 되어 있다면 그것은 이유 여하를 막론하고 비난받아 마땅할 일이다.

경영자도 마찬가지이다. 기업은 '공기(公器)'라고 해야 옳다. 공기를 맡고 있는 자 역시 그 나름대로의 각오가 투철해야 한다. '사기(私器)'로서의 이익 추구에만 급급하면 사회적인 병폐가 될 테니 말이다.

> **수지오지자웅**(誰知烏之雌雄)
> 까마귀의 암수는 구별하기 어렵다. 시비를 분별하기 어렵다. _詩經·小雅篇.

부모를 공경하는 사람은
감히 남을 깔보지 않는다

敬親者不敢慢於人 경친자불감만어인 _효경

근래에 이르러 우리나라에서도 효도의 미풍양속이 사라져 가는 느낌이 들어 가슴 아프다. 그러나 '효도는 덕의 근본이며 교육에 의해 생기는 것'이라는 『효경(孝經)』의 말을 인용할 것까지도 없이, 오늘날 사회문제가 되고 있는 교육의 황폐(荒廢)도 이 효도 사상과 무관하지 않은 것 같다. '부모를 공경하는 자는 결코 남을 깔보지 않는다'는 이 말도 그런 기미(機微)를 말해 주고 있는 것으로 생각된다.

그런데 효도란 단순히 부모를 중요시하는 것만으로 충분한 것이 아니며, 그런 중에 '경(敬)', 즉 경애(敬愛)의 마음이 없으면 안 된다고 했다. 공자(孔子)는 이렇게 말하고 있다.

"요즈음 젊은이들은 부모한테 생활 걱정만 안 끼쳐드리면 이미 효도하고 있는 것이라는 생각을 하는 것 같다. 그러나 그런 것만으로 충분하다면 개나 고양이를 아끼는 것과 무엇이 다르겠는가. 경애의 마음이야말로 효의 근본이다."

그런 인물은 또한 '남을 깔보지 않는' 훌륭한 사회인이 된다는 뜻의 말이 표제의 말이다.

> **숙흥야매**(夙興夜寐)
> 아침에 일찍 일어나 저녁에 늦게 잔다. 힘써 일한다는 뜻. _詩經·小雅篇.

인생의 가장 큰 병폐는
오직 한 글자 '오(傲)' 자이다

人生大病只是一傲字 인생대병지시일오자 _전습록

'오(傲)'는 자기 자신의 능력이나 재능을 자랑하며 남을 내려다보는 것이다. 즉 겸허(謙虛)의 반대이다. 인생의 가장 큰 병은 이 '오(傲)'라는 한 글자라고 했다. 왕양명(王陽明)은 이 말 뒤에 다음과 같은 말을 덧붙이고 있다.

"아들로서 오만하면 반드시 불효하고, 신하로서 오만하면 반드시 불충을 한다. 아비로서 오만하면 반드시 자비롭지 못하고, 벗으로서 오만하면 반드시 불신(不信)이 된다."

즉 '오'에는 단 한 가지도 좋은 면이 없고, 모든 악(惡)의 근원이라는 것이다. 그럼 '오'에 빠지지 않기 위해서는 어떻게 하는 것이 좋을까? 왕양명은 그것은 바로 '무아(無我)'가 되는 것이라고 했다.

"무아가 되면 스스로 겸(謙)하게 된다. '겸'은 중선(衆善)의 기초이며, '오'는 중악(衆惡)의 선구이다."

'무아'란 마음속에 아무것도 지니지 않는 경지이며, 갓 태어났을 때의 마음가짐이라고 해도 좋다. 그런 경지에 이르기란 쉽지 않지만, '오'는 '중악의 선구'임을 깊이 명심해야 할 일이다.

순망치한(脣亡齒寒)
입술이 없어지면 이가 시리다 _左傳.

묻기를 기다리는 것은
종을 치는 것과 같다

善待問者如撞鐘 선대문자여동종 _예기

현대는 교사(敎師)의 수난 시대라고 한다. 교사 측에도 문제가 있을는지 모르지만, 그러나 배우고자 하지 않는 학생을 어우르면서 가르쳐야 한다는 것은 여간 어려운 일이 아니다.

'묻기를 기다리는 것은 종을 치는 것과 같다'란, 현대의 그와 같은 교실 풍경과는 아주 이질적인 것으로서, 아주 좋은 시대의 교사와 학생 간의 관계를 지적한 말이다. '묻기를 기다린다는 것'은 학생의 질문에 잘 대답할 수 있다는 의미이며, '종을 치는 것과 같다'란 다음과 같은 의미이다.

"작은 것으로써 치면 작게 울리고, 큰 것으로 치면 크게 울린다."

즉, 가르침을 받는 쪽이 어떻게 치느냐에 따라서 크게도 울리고 작게도 울린다는 것이다. 그러므로 좋은 선생이 되는 것은 학생들에게 달려 있다는 뜻이 되겠다. 이것은 학교에서뿐만이 아니라 일을 하는 곳에서도 똑같다는 생각이 든다.

순치지국(脣齒之國)
이해관계가 밀접하여 입술과 이의 관계처럼 관계가 밀접한 나라 _左傳.

말을 아주 잘하는 사람은
말더듬이처럼 보인다

大辯如訥 대변여눌 _노자

워낙 말을 잘하는 사람은 아무 데서나 변설을 늘어놓지 않으므로 오히려 말더듬이처럼 보인다는 뜻이다.

『노자(老子)』의 이 한 구절을 좀 더 자세하게 인용하면 다음과 같다.

"진짜로 곧은 것은 구부러진 것처럼 보인다. 진짜로 교묘한 것은 치졸(稚拙)한 것처럼 보인다. 진짜 웅변은 눌변처럼 보인다."

원문(原文)을 소개하면 다음과 같다.

"대직여굴(大直如屈)하고, 대교여졸(大巧如拙)하며, 대변여눌(大辯如訥)이라."

모두 다 역설적(逆說的)인 표현인데, 그 나름대로 진실을 정확하게 표현하고 있다. 그것은 '대변은 눌변과 같다'는 한 구절만 보더라도 분명하리라. 여기서 노자가 경계하고 있는 것은 지나친 수다이다. 지나친 수다는 백 가지의 해(害)는 있을지언정 한 가지의 이(利)도 없으니 말이다.

식지동(食指動)
집게손가락이 움직인다. 맛있는 음식을 먹을 조짐이다. 변하여, 의심이 생긴다. _左傳.

음덕(陰德)을 베푸는 사람에게는
반드시 분명한 보답이 돌아온다

有陰德者必有陽報 유음덕자필유양보 _회남자

'음덕(陰德)'이란 남한테 알려지지 않는 선행(善行)을 말한다. 똑같은 선행이라도 남의 눈에 뜨이는 선은 '음덕'이라 하지 않는다. 『북사(北史)』라는 책에 '음덕은 이명(耳鳴)과 같다'는 말이 있다. 이명이란 잘 아는 바와 같이 자기 자신만 알고 있는 것이지, 남들은 도통 모른다. '음덕'이란 그와 같은 것이다.

그러한 '음덕'을 쌓아온 사람에게는 반드시 '양보(陽報)'가 뒤따른다는 말이 표제의 구절이다. '양보'란 분명한 보답이다.

그럼 누가 보답을 한단 말인가? 그것은 하늘이다. 남이 알지 못하더라도 하늘은 모두 내려다보고 있으며, 이미 훤하게 알고 있다. 그러므로 하늘이 보답해 줄 것임에 틀림없다는 것이 중국 사람들의 사고방식이다.

그것을 믿느냐 안 믿느냐는 본인의 마음에 달린 문제이리라. 단, 음덕을 쌓으라며 설교만 하는 것이 아니라, 그것을 '분명한 보답'으로 연결시키는 면이 중국인답다.

신언서판(身言書判)
사람을 쓸 때 용모·말투·글씨·판단력, 이 네 가지를 보고 기용한다 _唐書.

위험한 일을 하면서
요행을 기다린다

行險以徼幸 행험이요행 _중용

이 구절은 업무에 임하는 자세에 대해서 한 말이다. 이 한 구절을 좀 더 자세히 살펴보면 다음과 같은 대구(對句)로 되어 있다.

"군자(君子)는 이(易)에 거(居)하며 이로써 명(命)을 기다리고, 소인(小人)은 위험을 행하며 이로써 요행을 기다린다."

'이(易)에 거하며 명을 기다린다'란, 예컨대 과장(課長)의 직책에 있는 사람이면 과장의 직책을 충실히 수행할 것만 생각하고 그 밖의 것은 염두에 두지 않는다는 것을 이름이다. '위험을 행하며 이로써 요행을 기다린다'란 신분에 맞지 않는 엉뚱한 일이라든가 위험한 일에 손을 대고 요행을 기대한다는 의미이다. 예를 들어 한 몫을 잡기 위하여 투기에 손을 대는 사람 등을 이런 부류에 속한다고 할 수 있겠다. 군자는 그런 위험한 짓에 손을 대지 않는다고 했다.

인간은 궁지에 몰리면 어쨌든 희망적 관측을 하기가 쉽고, '위험한 일에라도 손을 대며 요행'을 바라게 되기가 쉽다. 그러한 자세로 임해서는 성공할 확률이 희박하다.

신종여시(愼終如始)
일의 마지막에도 처음과 같이 신중하게 한다 _老子.

사양하는 마음은
예(禮)의 시작이다

辭讓之心, 禮之端也 사양지심, 예지단야 _맹자

양보하는 마음은 예(禮)의 시작이라고 했다. 맹자(孟子)의 그 유명한 '사단설(四端說)'의 하나이다. 맹자에 의하면 인간은 누구든 다음 네 가지의 마음을 가지고 있다는 것이다.

1. 측은지심(惻隱之心) : 불쌍하다고 생각하는 마음
2. 수오지심(羞惡之心) : 악을 부끄러워하는 마음
3. 사양지심(辭讓之心) : 양보하는 마음
4. 시비지심(是非之心) : 선악을 판단하는 마음

그리고 이 마음들은 각각 인(仁), 의(義), 예(禮), 지(智)의 싹이라고 했다.

1. 측은지심은 인(仁)의 시작이고
2. 수오지심은 의(義)의 시작이며
3. 사양지심은 예(禮)의 시작이고
4. 시비지심은 지(智)의 시작이다.

이 '네 가지 싹[四端]'을 크게 길러 나가면 누구든 훌륭한 인물이 될 수 있다고 주장하는 것이 맹자이다.

약관(弱冠)
남성의 나이가 20세 된 것을 가리키는 말 _禮記·曲禮篇.

자기보다 못한 사람을
친구로 사귀지 마라

毋友不如己者 무우불여기자 _논어

친구를 사귈 때에는 반드시 자기보다 뛰어난 사람을 사귀라는 말이다. 공자(孔子)도 '현실적'인 말을 했구나 하는 생각이 드는 구절이다. 그러나 그 이유는 두말할 것도 없이 자기계발(自己啓發)에 도움이 되기 때문이다.

남북조시대(南北朝時代)의 난세를 돌파하며 살아간 안지추(顔之推)는 자손들의 번영을 위하여 『안씨가훈(顔氏家訓)』이란 책을 남겼는데, 그 속에서 그는 공자의 이 말을 인용한 후에 다음과 같이 말하고 있다.

"예컨대 향기 높은 꽃을 방 안에 놓고 살아가는 사람은 어느덧 그 방향(芳香)이 몸에 배게 되는 법이다. 이와 마찬가지로 뛰어난 인물을 벗으로 삼게 되면 자신도 모르는 사이에 향기를 풍기는 인간이 되는 법이다. 그러므로 교우관계에 있어서는 신중에 신중을 기할 일이다."

오늘날의 우리들도 여러 형태의 인간과 교우관계를 맺게 되는 것이 현실이다. 그러나 수준이 낮은 군상들 속에서 우쭐대면서 우물 안 개구리로 살아서는 결코 인간으로서의 진보를 기대할 수가 없다.

약육강식(弱肉强食)
약한 자가 강한 자에게 먹힘 _韓愈의 글.

자기 아들을 잘 모르겠으면
그가 사귀는 친구를 보라

不知其子, 視其友 부지기자, 시기우 _순자

자기 자식들이 장차 무엇이 될지 도대체 알 수가 없다며 한탄하는 사람이 적지 않다. 특히 현대처럼 가치관이 다양하고 세대 간의 단절이 깊은 골로 화해 버린 시대에 있어서는 더욱 그런 탄식이 나오는 것도 당연한 일이다.

그러나 걱정할 필요는 없다. '그 친구를 보라'는 것은 순자(荀子)의 말인데, 역시 그 친구를 보면 자식의 진로를 알 수 있지 않을까 하는 생각이 든다.

인간을 환경의 동물이라고들 한다. 환경에 따라서 좋게도 되려니와 나쁘게도 된다. 그 가운데서도 가장 큰 영향을 주는 것이 주위의 사람이다. 특히 젊었을 때는 친구의 영향을 무시할 수가 없다. 행실이 바르지 않은 아이들과 사귀고 있다면 주의신호(注意信號)로 받아들여야 할 것이다. 또 부모와는 별로 대화가 없더라도, 사귀고 있는 친구들이 양호하다면 걱정할 필요가 없다. '그 친구를 보라'는 이 말은 나름대로 충분한 설득력이 있다는 생각이 든다.

양두구육(羊頭狗肉)
양의 머리를 걸어놓고 개고기를 판다 _晏子春秋.

지나친 것은
모자란 것과 마찬가지이다

過猶不及 과유불급 _논어

공자(孔子)의 제자에 자공(子貢)이란 인물이 있었다. 머리 회전도 빠른데다가 말도 잘했으며 실업가로서도 크게 성공한 사람이다. 이 사람은 인물 평하기를 좋아했던 것 같다. 어느 날 젊은 제자인 자장(子張)과 자하(子夏)를 화제로 삼아서 공자의 의견을 물었다.

"자장과 자하는 어느 쪽이 우수할까요, 스승님?"

공자가 대답했다.

"자장은 재능이 지나치고, 자하는 부족하다."

자장은 너무 앞서 나가는 경향이 있고, 자하는 소극적인 성격이었던 듯하다. 공자는 그 점을 지적했던 것이다.

"그럼 자장 쪽이 더 우수하다는 말씀입니까?"라고 묻자 공자는 이렇게 대답했다고 한다.

"지나친 것은 모자란 것과 같다."

지나쳐도 못쓰고 모자라도 못쓴다. 밸런스 잡힌 인간상(人間像)이 발전적인 인간상이라는 것을 피력했던 것이다.

양공고심(良工苦心)
재주가 능한 사람의 가슴속에는 걱정이 많다 _杜甫의 詩.

암탉이 울면
그 집안이 망한다

牝鷄之晨, 惟家亡索 빈계지신, 유가망삭 _서경

"꼬끼요!"

하고 울어서 새벽을 알리는 것은 수탉의 임무이다. 그런데 암탉이 중뿔나게 울어대면 집안을 망치는 근원이 된다는 말이다.

옛날의 중국은 전형적인 남존여비(男尊女卑)의 사회였다. 여성은 집안일에만 열중해야 했었으며, 사회적인 활동은 거의 할 수가 없었다. 삼종지도(三從之道), 즉 '어렸을 때는 어버이를 좇고, 시집간 다음에는 남편을 좇고, 남편이 죽은 뒤에는 아들을 좇는다'가 여성의 위상이었다.

이 구절도 그러한 사상의 반영이다. 지금은 중국도 옛날과는 달리 남녀평등이 보장되어 있다. 그러나 홍위병 시절처럼 강청(江靑) 같은 여성이 나타나서 권력을 농단하게 되면 역시 그 정권이 제대로 존속되기가 어렵다.

여성참여가 확실하게 보장된 미국 사회에서도 여성이 부통령 후보의 물망에 오르자 여론이 들끓었었다. 그러나 영국의 경우, 남성들의 목소리가 높지 않다는 것을 생각해 볼 때 아무래도 이제는 위 구절만은 기록에서 삭제되어야 할 것 같다.

> **양금택목**(良禽擇木)
> 어진 선비는 임금의 됨됨이를 잘 파악한 후에 섬긴다는 비유 _左傳.

뱁새가 숲에 보금자리를 트는 데 필요한 것은 나무 한 가지에 불과하다

鷦鷯巢於深林不過一枝 초료소어심림불과일지 _장자

뱁새는 깊은 숲에 둥지를 틀지만, 필요한 것은 단지 나뭇가지 하나에 지나지 않는다는 말이다. 장자(莊子)는 이어서 '두더지는 강에서 물을 마시지만, 필요한 물은 배를 채울 만한 분량뿐'이라고 했다.

옛날 허유(許由)라는 현인(賢人)이 성군(聖君)인 요(堯)임금으로부터 천하를 맡아달라는 부탁을 받았을 때, 이 구절을 인용하여 거절했다고 한다.

허유와 같은 인물은 예외인지도 모른다. 인간은 누구든 욕심이 있다. 눈앞에 이익이 보이면 그것을 차지하고 싶어 안달하는 것이 인간이다. 그 욕심에 사로잡혀 울고 웃다가 일생을 마감하는 것이 우리네 인생이리라. 욕심에 눈이 멀고 욕심에 사로잡혀 있는 사람을 비웃을 수만은 없을 것 같다.

그러나 때로는 장자의 이 말을 깊이 명심하고 자신의 생활태도를 반성해 나가는 것이 인생의 행로에서 성큼 진일보하는 길일 것이다.

양상군자(梁上君子)
대들보 위에 있는 군자, 즉 도둑놈 _後漢書.

잘못을 고치지 않는 것
그것이 곧 잘못이다

過而不改 是謂過矣 과이불개, 시위과의 _논어

인간은 누구든 과오를 범하며 산다. 그러므로 과오를 범했다고 해서 반드시 응보가 뒤따라야만 하는 것은 아니다. 문제는 그 뒤처리이다. 우리는 과오를 범하고서도 그것을 깨닫지 못할 때가 왕왕 있다. 또한 시인하려 들지 않을 때도 있고, 어떤 경우엔 적반하장일 때도 있다.

공자(孔子)는 '과오를 저질렀으면 즉시 고치라[過則勿憚改]고 했다. 과오를 과오로 인정할 줄 아는 자만이 승자의 위치에 설 수 있는 것이다.

그런데 가장 어리석은 자의 전형은 자신의 과오를 깨닫지 못하는 자다. 깨닫지 못하는 자는 똑같은 과오를 반복할 우려가 있다. 타인으로부터 과오를 지적당한다는 것은 결코 유쾌한 일은 아니지만, 그렇게 지적해 주는 사람이야말로 진정한 친구이자 스승이다.

남의 말에 귀를 기울일 줄 아는 자만이 '과오'를 뉘우칠 수 있고, 또 성공자도 될 수 있는 법이다.

양약고어구(良藥苦於口)
좋은 약은 입에 쓰다 _史記.

오래 살면
욕도 많이 당한다

壽則多辱 수즉다욕 _장자

오래 살게 되면 그만큼 부끄러움과 욕도 많다는 말이다. 『장자(莊子)』의 다음 이야기가 그 출전(出典)이다.

옛날 성군(聖君)이었던 요(堯)임금이 화(華) 땅을 시찰할 때의 일이다. 그곳 관장(官長)이 요임금을 위하여,

"많은 아들 낳으시고, 많은 부(富)도 이루시고 장수하시기를……."

하고 축복했으나, 요임금은 이를 듣고 벌컥 화를 냈다. 이상히 여긴 관장이 까닭을 묻자 요임금은 이렇게 대답했다.

"아들이 많으면 걱정거리가 떠나지 않을 것이고, 돈이 많으면 귀찮은 일만 생길 것이오. 그리고 장수하면 그만큼 욕을 더 보아야 하지[壽則多辱]. 그래서 화를 낸 것이오."

이 말은 탁류 속에서 발버둥 치며 사는 오늘날의 우리들에게 청류에서 살라는 경고의 메시지임에 틀림이 없다.

양입위출(量入爲出)
국가의 세입을 조사하여 지출을 결정한다 _禮記·王制篇.

꽃이 만발하면 비바람도 많고 인생에는 이별도 많더라

❀ ────────────────────────────────

花發多風雨, 人生足別離 화발다풍우, 인생족별리 _당시선

당나라 우무릉(于武陵)이란 사람의 「권주(勸酒 : 술을 권하다)」란 제목으로 알려진 '오언절구(五言絶句)' 중 한 구절이다. 중국에는 벗과의 석별을 아쉬워하는 시가 많다. 이별에는 술이 따르게 마련이다. 시 전문을 소개하면 다음과 같다.

勸君金屈巵 그대에게 황금 술잔을 권하노니
滿酌不須辭 가득 찬 이 술잔 부디 사양치 마오
花發多風雨 꽃이 만발하면 비바람이 많은 법
人生足別離 인생에는 이별도 많습니다

여기서 '금굴치(金屈巵)'란 금으로 만든 술잔이며, '족(足)'은 많다는 의미이다. '꽃이 피면 바람이 시샘하고, 인생에는 이별이 따르는 법'이라는 말도 있듯이 어쨌든 슬픔 많은 인생이다. 그렇다면 이처럼 만나서 탁주 한 사발이라도 나눌 수 있는 일을 감사하게 생각해야 하지 않겠느냐는 뜻이다.

이런 생각으로 삶을 살아간다면 시비할 일도, 싸울 일도 없을 것 같다.

양호상투(兩虎相鬪)
두 마리의 호랑이가 싸운다 _史記·張儀列傳.

사계절이 돌고 도는 것을 보라
공을 이루면 떠나야 되는 법이다

四時之序, 成功者去 사시지서, 성공자거 _사기

'사시지서(四時之序)'란 춘하추동(春夏秋冬)이 번갈아서 변하는 것을 뜻한다. 봄은 봄의 역할을 끝내면 여름에게 위치를 넘겨주고, 여름은 여름대로 자신의 역할을 끝내고 나면 다시 그 주역의 자리를 가을에게 넘겨준다. 그리고 자신은 무대 뒤로 숨는다.

진(秦)나라 시황제(始皇帝)가 등장하기 얼마 전의 일이다. 진나라 재상으로 범저(范雎)라는 인물이 있었다. 내정(內政)과 외교(外交)에 눈부신 업적을 올린 그는 군주의 신임도 돈독해서 말 그대로 득의만만하였다. 그때 채택(蔡澤)이라는 한 중신이 범저에게 은퇴를 종용하면서 이 구절을 인용했다.

이때 범저는 "좋소. 나도 '욕심을 그칠 줄 모르면 그 욕심 부린 것을 잃게 되고, 가지고 있으면서 만족할 줄 모르면 그 가진 것을 잃는다'는 말을 알고 있소. 다행히 공께서 가르쳐 주시니 그 가르침에 따르겠소이다."라고 말하고는 즉시 사직했다고 한다.

자신의 역할을 다했으면 과감히 무대에서 물러난다. 이 또한 올라선 자의 중요한 마음가짐이 아닐까.

양호우환(養虎憂患)
호랑이를 길러서 화를 만든다 _史記·項羽本紀.

먼 곳에 있는 물로
가까운 곳의 불을 끄지 못한다

遠水不救近火也 원수불구근화야 _한비자

멀리 있는 것은 급할 때 아무 소용이 없다는 것을 비유한 말이다. 우리나라 속담을 예로 든다면 '이웃사촌'이 여기에 해당될지 모르겠다.

옛날 노(魯)나라는 이웃한 강국 제(齊)나라의 압력을 계속 받아 몹시 괴로웠다. 생각다 못한 노나라 왕은 아들들을 진(晉)나라와 초(楚)나라에 볼모로 보내어, 유사시에는 이 두 나라의 원조를 받으려고 하였다. 그것을 보고 이서(犂鉏)란 중신이 아뢰었다.

"전하, 지금 여기에 물에 빠진 사람이 있습니다. 멀리 있는 월(越)나라 사람은 헤엄을 잘 치지만, 그가 구하러 달려왔을 땐 이미 때가 늦을 것이나이다. 또한 지금 불이 났는데 바다에 물이 많다고 해서 바닷가까지 가서 물을 길어 온다면 이미 때가 늦을 것이나이다. 먼 곳의 물은 가까이에서 난 불을 끄지 못하는[遠水不救近火] 법이지요. 진나라와 초나라는 분명 강국이옵니다만 멀리 떨어져 있으니, 이웃한 제나라가 공격해 올 때 무슨 소용이 있사오리까?"

> **어망홍리**(魚網鴻離)
> 물고기를 잡으려고 친 그물에 기러기가 걸렸다는 뜻. 즉, 구하려는 것은 얻지 못하고 엉뚱한 것을 얻음. _詩經·邶風篇.

평안하지 못하다고 불평하지 말라
내 마음이 평안하면 모든 게 평안하다

非無安居也, 我無安心也 비무안거야, 아무안심야 _묵자

마음만 잘 다스리면 어떤 상황에 놓이더라도 평안히 지낼 수가 있다. 평안하고 못하고는 자신의 마음에 달려 있다는 말이다.

『한비자(韓非子)』에 이런 이야기가 실려 있다.

제(齊)나라에 경봉(慶封)이란 중신이 있었는데, 모반을 했다가 실패했다. 그러자 경봉은 목숨을 부지하기 위하여 월(越)나라로 도주하려고 하였다. 그때 그의 마음을 간파한 친척 중의 한 사람이, "진(晉)나라가 가까운데 왜 월나라로 도망치려는 게요?"하고 물었다.

그러자 경봉은, "월나라가 진나라보다 멀리 떨어져 있기 때문에, 월나라가 나을 것 같아서이지요." 라고 대답했다.

그 말은 들은 친척은 다시 이렇게 말했다.

"중요한 것은 마음먹기에 달려 있지요. 당신이 마음만 바꾸어 먹는다면 진나라에 숨는다 해도 무서울 리가 없지요. 그런데 당신의 지금 그러한 마음으로 월나라에 간다 한들 안심이 될까요?"

물론 환경의 중요성은 부정할 수 없다. 그러나 아무리 좋은 환경에 있다 하더라도 마음이 불안하면 진정한 평안을 얻을 수 없다.

어부지리(漁父之利)
쌍방이 다투는 사이에 제삼자가 이득을 본다는 비유 _戰國策.

처음에는 처녀처럼 조용히 하고
나중에는 도망치는 토끼처럼 날쌔게 하라

始如處女, 後如脫兎 시여처녀, 후여탈토 _손자

일반적으로 '처음에는 처녀와 같이, 나중에는 도망치는 토끼와 같이'란 말로 풀어 쓰기도 한다.『손자(孫子)』에 실려 있는 구절을 살펴보자.

"처음에는 처녀와 같이 행동하여 적군이 문을 열게 하고[始如處女敵人開戶], 나중에는 도망치는 토끼처럼 날쌔게 움직여 적이 웅전치 못하게 한다[後如脫兎敵不及拒]."

풀이하면 다음과 같은 뜻이 될 것이다.

"처음에는 처녀처럼 유순하게 행동하여 적군의 방심을 유도하다가, 나중에는 도망치는 토끼와 같은 기세로 쏜살같이 공격하면 아무리 튼튼한 적이라도 방어할 수 없을 것이다."

이 구절은 공격과 방어에 대해서 한 말이다. 방어를 할 때에는 경거망동을 삼가고 어디까지나 방어에 철저해야 한다. 그러나 일단 공격으로 전환하면 단숨에 쳐들어가라는 말이다. 다만 '처녀와 같이'라 하더라도 아무 조치 없이 가만히 있으란 말은 아니다. 이윽고 닥쳐올 일에 대비하여 조용히 그리고 용의주도하게 태세를 갖추라는 말이다.

> **언과기실**(言過其實)
> 말만 번드르르하게 해놓고 그 실행이 부족함 _管子.

간언(諫言)하는 신하는
반드시 조짐을 보고 하여야 한다

諍臣必諫其漸 쟁신필간기점 _정관정요

'쟁신(諍臣)'이란 군주에게 과실이 있을 때, 분연히 일어서서 간(諫)하는 신하이다. 그러나 그런 쟁신이라 하더라도 간할 때에는 '점(漸), 즉 조짐이 보이는 단계에서' 간하라는 말이다.

왜냐하면 군주가 말기증상(末期症狀)의 조짐을 보이고 있을 때에는 아무리 간해 보았자 이미 늦었기 때문이다. 당나라 저수량(褚遂良)이란 중신이 태종(太宗)에게 한 말 가운데,

"쟁신은 반드시 그 점(漸)에 간하나이다. 그 만영(滿盈)에 이르러서는 간할 바가 못 되옵니다."란 구절이 있다.

손쓸 수 없는 지경에 이르러서는 아무리 강력한 의견을 제시해도 효과가 있을 수 없다. 실효성 없는 말은 아예 하지 않는 편이 낫다.

예나 지금이나 간언을 싫어하는 리더들이 많다. 그렇게 되면 부하 쪽에서도 리더의 장단에만 맞출 뿐 아예 간언 따위를 하지 않게 된다. 이렇게 될 경우 리더가 중대한 실수를 하여 위기에 놓인다 해도 제동을 걸어줄 사람이 없다.

언행상반(言行相反)
하는 말과 행동이 서로 다르다 _荀子.

귀해지거나 부해지더라도
조강지처는 버리거나 괄시해서는 안 된다

糟糠之妻不下堂 조강지처불하당 _후한서

조(糟)는 술지게미, 강(糠)은 겨로, 거친 식사를 의미하기도 하고 가난한 살림을 의미하기도 한다. 즉, 조강지처(糟糠之妻)는 가난할 때 고생을 함께하던 아내를 말한다.

후한(後漢)의 광무제(光武帝)에게는 이혼한 누님이 있었다. 이 여인은 송홍(宋弘)이라는 중신을 마음속으로 사모했다. 누님의 마음을 헤아린 광무제는 어느 날 송홍을 불러놓고 단도직입적으로 말했다.

"속담에 부(富)해지면 친구를 바꾸어 사귀고, 귀(貴)해지면 아내를 바꾸라고 하였소. 경의 생각은 어떠하오?"

"네, 폐하. 신은 '빈천했을 때의 친구는 잊지 말고, 조강지처는 당하(堂下)에 내려가게 하지 말라'는 말을 들은 적이 있나이다."

송홍의 의향을 확인한 광무제는 누님에게 송홍을 단념하라고 말했다 한다.

필자는 나이가 들었기 때문인지 이 구절을 읊다 보면 감동하지 않을 수 없는데, 독자들의 생각은 어떠한지 모르겠다.

여리박빙(如履薄氷)
얇은 얼음을 밟듯 몹시 위험하다 _詩經·小雅篇.

나라를 다스리는 비결은
너그러움과 엄격함의 균형을 잡는 데 있다

治國之道在乎寬猛得中 치국지도재호관맹득중 _송명신언행록

관(寬)은 너그러움이고, 맹(猛)은 엄격함이니, 나라를 다스리는 비결은 너그러움과 엄격함의 균형을 잡는 데 있다는 말.

명군(名君)으로 이름 높은 송(宋)나라 태종(太宗)이 한 말 가운데 나오는 구절이다.

"나라를 다스리는 도(道)는 너그러움과 엄격함의 균형을 잡는 데 있다. 지나치게 너그러우면 정령(政令)이 이루어지지 않고, 지나치게 엄하면 백성의 수족을 빌릴 수 없다. 천하를 가진 자, 이 점을 깊이 알아야 한다."

이 구절은 오늘날의 정치에도 적용된다. 대통령이 지나치게 너그러우면 모든 조직이 제멋대로 치달아서 국가의 체통조차 안 서게 된다. 반대로 너무 엄하면 아래에서부터 활력을 잃고 만다. 기업들을 너무 옥죄면 오히려 경제계(經濟界)가 혼란을 일으키게 되는 것처럼 말이다.

너그럽되 엄격함을 동시에 지녀야 한다는 것은 결코 쉬운 일이 아니다. 하지만 이것은 나라의 정치뿐 아니라 조직 관리 전체에 통하는 말이기도 하니, 어쩌랴. 노력할 수밖에.

여실일비(如失一臂)
한쪽 팔을 잃은 것과 같다. 즉, 가장 믿고 힘이 되는 사람을 잃었다는 비유의 말. _唐書.

눈물을 흘리며
아끼던 부하의 목을 치다

泣而斬馬謖 읍이참마속 _삼국지

이 말을 안 들어본 사람은 없을 것이다. 만약 아직도 모른다면 '이 바보야, 그것도 몰라?'라며 지청구를 먹어도 할말이 없을 것 같다.

『삼국지(三國志)』에서 제갈공명(諸葛孔明)이 제1차 북벌에 나설 때, 선봉장으로 마속(馬謖)이라는 젊은 참모를 기용했다. 이 마속은 기재가 출중하여 제갈공명으로부터 극진한 사랑을 받아오던 장교였다.

그런데 마속은 가정(街亭) 전투에서 적의 대군과 맞섰을 때, 제갈공명의 명령에 따르지 않고 나름대로 작전을 펼쳤다가 어처구니없는 대패를 당하고 말았다. 그 때문에 원정은 실패로 끝이 났다.

제갈공명은 마속에게 책임을 물어 그처럼 사랑하던 부하였건만 목을 치고 "군법을 지키지 않고서 어찌 적을 격파할 수 있으리오."라며 슬피 울었다고 한다. 장수 된 자의 고통스런 마음을 읽을 수 있다. 그러나 제갈공명은 마속을 참한 다음, 그 유족들에게는 종전과 똑같은 대우를 보장해 주었다한다.

> **여출일구**(如出一口)
> 여러 사람의 입에서 나오는 말이 똑같다 _戰國策.

남의 과오를 지적할 때에는
너무 엄하게 하지 말라

攻人之惡, 毋大嚴 공인지악, 무대엄 _채근담

상대가 회사의 부하이든 자기 자식이든, 사람을 질책한다는 것은 쉬운 일이 아니다. 상대가 직접적인 관계가 없는 처지라면 과오가 발견되더라도 모른 체하고 넘어갈 수 있다. 그러나 회사의 부하라든가 자기 자식이라면 도저히 방치할 수가 없다.

문제는 질책하는 방법이다. 『채근담(菜根譚)』에서는 '남의 잘못을 나무랄 때에는 지나치게 엄하게 해서는 안 된다'고 하였다. 그리고 다시,

"상대가 받아들일 수 있는 한계를 파악할 일이다."라고 덧붙였다.

너무 엄하면 왜 안 되는 것일까? 두말할 것도 없이 상대방의 반발을 사게 되고, 그만큼 설득 효과도 떨어지겠기 때문이다. 감정에 치우쳐서 고함을 지르며 나무라는 태도는 수준 이하의 충고법임을 알아야겠다.

연안대비(燕雁代飛)
제비가 울 때면 기러기는 떠난다. 즉, 좀처럼 만나기 어렵다는 뜻. _淮南子.

올라갈 데까지 올라간 용은
후회가 있을 뿐이다

❀────────────────────────────────────

亢龍有悔 항룡유회 _역경

'항룡(亢龍)'이란 올라갈 데까지 오른 용이다. 정상까지 올라간 자는 이윽고 전락(轉落)의 길을 걸어야 하며, 회한을 남기게 된다는 경고이다.

이 말에 이어서『역경(易經)』은 '가득 차면 오래가지 못한다'고 설명하고 있다. 또 '올라갈 대로 올라간 자는 높은 자리에 있어도 부하의 지지를 잃고, 인재가 있어도 그 보좌를 받을 수가 없다. 이렇게 되어서는 무슨 일을 하더라도 후회만 남기는 결과를 초래하게 된다'고 말하고 있다.

'역(易)'이란 것은 원래 이 세상에는 무엇 한 가지 일정불변(一定不變)의 것이라고는 있을 수 없다는 인식하에, 극성(極盛) 속에서 쇠미(衰微)의 조짐을 찾으려고 한다. 이 말 역시 그런 사상의 표출이라 해도 좋겠다.

오를 수 있는 데까지 오른 자가 전락을 하지 않으려면 물러설 시기를 제대로 잡아야 한다. 막 올라갔을 때부터 은퇴의 시기를 생각해 보는 것이 좋을는지도 모른다.

영고성쇠(榮枯盛衰)
사람의 일생이 성하기도 하고 쇠하기도 한다는 뜻 _李華의 글.

206

오(吳)나라 사람과 월(越)나라 사람이 같은 배에 타다

吳越同舟 오월동주 _손자

이 '오월동주(吳越同舟)' 역시 모르는 사람이 없을 정도로 익히 알려진 말이다. 그런데 우리가 요즈음 쓰고 있는 의미와 『손자(孫子)』에 기록되었을 때의 의미는 판이하게 다르다. 그것을 알고 쓰는 사람도 많지가 않고─.

요즈음에는 사이가 나쁜 사람들끼리 한 테이블에 앉아 있는 것을 의미할 뿐인데, 출전(出典)인 『손자』의 원문을 살펴보면 다음과 같다.

"원래 오나라와 월나라 사람들은 서로 앙숙의 사이다[吳人與越人相惡也]. 그런데 그들이 한 배에 타고 강을 건너다가 사나운 풍랑을 만나면 서로 돕기를 왼손과 오른손처럼 한다[當而同舟其濟 遇風其相救也 如左右手]."

원문에서 보아 알 수 있는 것처럼, 살아나고 싶은 일념으로 미워하는 마음 따위는 다 잊고 일치협력하게 된다.

조직의 활성화를 꾀하는 것도 이와 같은 것이리라. 같은 목적과 운명 아래서는 일치 협력할 수 있으니 말이다.

영만지구(盈滿之咎)
가득 차면 기운다. 즉, 모든 일이 다 이루어졌을 때는 도리어 화가 찾아온다. _後漢書.

July 7

'천도(天道)'는 넘치는 것을 줄이고 부족한 것, 즉 겸손을 더한다. '지도(地道)'는 높은 곳을 무너뜨려 낮은 곳으로 흐르게 한다. '신령(神靈)'은 교만한 자에게는 재앙을 내려 해(害)하고, 겸손한 자에게는 행복을 가져다준다.

배운 연후에 부족함을 알고
가르쳐 본 연후에 어려움을 안다

❋

學然後知不足 敎然後知困 학연후지부족, 교연후지곤 _예기

'배운 연후에 부족함을 안다'—배움으로 인하여 자기 자신의 부족함을 알게 된다는 말이다. 그러므로 배우는 데에는 종국(終局)이 없다.

'가르친 연후에 어려움을 안다'—이것은 가르치는 입장에 서본 사람이 아니면 이해할 수 없을 것이다. 남에게서 배우는 것보다도 남을 가르친다는 것은 두 배, 세 배의 노력을 필요로 한다. 남에게 틀린 것을 가르치면 안 될 것이니 시간을 들여서라도 공부를 해야 할 것이고, 또 준비도 해야 한다. 그래도 충분하다고 할 수는 없다. 그러니 항상 자신의 부족함과 미숙함을 생각하게 마련이다.

그것이 여기서 말하는 '지곤(知困)'이다. 그러므로 이 '지곤'을 지렛대 삼아서 한층 더 분발하지 않을 수 없는 것이다.

즉, 이 말은 '부족함을 안다[知不足]'는 것이든, '어려움을 안다[知困]'는 것이든 자기 자신을 향상시키는 동기로 만들라는 경고이다.

예실즉혼(禮失則昏)
사람이 예의를 잃으면 혼란해지는 법이다 _史記·孔子世家.

칼은 숫돌에 갈아야만
날이 서는 법이다

劍待砥而後能利 검대지이후능리 _회남자

칼[劍]이란 숫돌에 정성껏 갈지 않으면 날이 서지 않는다. 또 예리한 칼이라 하더라도 오랫동안 팽개쳐 두면 녹이 슬어서 사용할 수 없게 된다.

인간도 이와 마찬가지이다. 자기 자신을 현명한 사람, 훌륭한 사람으로 길러내기 위해서는 부단한 수양을 해야만 한다는 뜻이다.

유감스럽게도 우리나라에는 두드러지게 설득력이 뒤지는 사람이 종종 높은 자리에 앉아 있는 것을 볼 수가 있다. 그것은 비단 정치계뿐 아니라 각계 각층에 '그 사람이 그 자리에 있으니 그런 문제가 일어나는 것도 무리가 아니지…'라는 평을 들어 마땅한 사람들이 리더의 자리에 앉아 있다는 것이다.

그런 말을 듣게 되는 것은 리더 자신이 자기 자신을 연마하는 데 게으르기 때문이라고 생각한다. 리더로서의 덕은 하루아침에 익혀지는 것이 아니라 부단한 노력에 의해서만이 가능한 것이다. 장차 리더를 목표로 하는 사람은 자신을 연마하는 노고를 아끼지 말아야겠다.

예지용 화위귀(禮之用 和爲貴)
예절의 이행에는 조화가 귀중하다 _論語·學而篇.

211

사랑은 미움의 시초이고
은덕은 원망의 근본이다

愛者憎之始也, 德者怨之本也 애자증지시야, 덕자원지본야 _관자

'사랑은 눈물의 씨앗…' 운운하는 유행가 가사가 생각나는데, 실은 지금으로부터 2천 수백 년 전에 씌어진『관자(管子)』에 있는 말이다. 이러한 인간 관계의 기미(機微)는 예나 지금이나 변함이 없는 것 같다.

그럼 사랑이 왜 미움의 시초가 되며, 은덕이 왜 원한의 근본이 되는 것일까? 관자에 의하면 보답을 바라기 때문이라고 한다. 즉, 욕망이 섞이기 때문이라는 것이다.

예컨대 부모 자식 간의 정애(情愛)만 봐도 그러하다. 처음에는 순수한 애정에서 출발하지만, 점차 부모의 기대가 커지고 자식에게 어떤 의도가 깔리게 되면 아름답던 애정은 미움으로 바뀔 수밖에 없다. 덕을 베푼다는 것 역시 자기 자신을 위한 것이니, 어떤 보답을 바란다는 것은 어불성설일 뿐이며, 원한의 근본이 되기도 한다.

관자는 이 말을 한 다음 '현인(賢人)은 그렇지 않다'고 한마디 덧붙였다. 가급적이면 현인이 되어야겠다.

> **예주불설**(醴酒不設)
> 스승을 대접하는 예의가 차츰 줄어든다 _漢書.

온화하고 공손한 것이 덕의 기초이다

溫溫恭人 維德之基也 온온공인 유덕지기야 _시경

'온온(溫溫)'은 부드러움, 유화(柔和)이다. '공(恭)'은 자기 자신에 대해서는 신중하고 남에 대해서는 공손한 것이다. 그것이 바로 '덕의 기초'라고 했다.

덕이 있는 사람은 주변 사람들로부터 존경과 신뢰를 받는다. 설령 실수가 있다 하더라도 탓하는 사람이 없다. 그런 사람은 바로 '온화하면서도 공손한 사람'이라는 것이다.

반대의 경우로도 생각해 보자. 먼저 '온화함'의 반대인데, 차갑다든가 쌀쌀맞다든가 혹은 혹심하다는 말이 떠오른다.

'온화함[溫溫]'은 봄철의 따뜻함을 연상시키는 반면, 후자 쪽은 겨울철의 추위를 연상케 한다. 이런 차가운 사람 곁에는 아무도 오려 하지 않으며, 마음의 문을 열지도 않는다.

'공손한 사람[恭人]'의 반대는 오만한 사람이다. 오만한 사람은 가까이 오는 자까지도 멀리 쫓는다. 이것 역시 덕하고는 조금도 인연이 없다.

공자(孔子)도 '공(恭)하면 깔보지 않는다'고 했다. '공' 또한 처세의 요체인지도 모른다.

오두미(五斗米)
얼마 안 되는 녹봉. 적은 월급을 가리킴. _宋書.

진실된 말은 꾸밈이 없고
꾸밈이 있는 말엔 진실이 없다

信言不美, 美言不信 신언불미, 미언불신 _노자

진실된 말은 꾸밈이 없고, 꾸밈이 있는 말엔 진실이 없다는 의미이다. 이 또한 노자(老子)가 득의로 하는 역설적(逆說的) 표현인데, 내용을 살펴보면 구구절절이 맞는 말이다. 그러나 실제로 신언(信言)과 미언(美言)을 구별하기란 결코 용이한 일이 아니다.

미언의 대표적인 예를 들자면 아부를 들 수 있겠다. 매우 역겨운 아부라면 누구나 선뜻 짐작할 수가 있겠지만, 아주 교묘한 아부에는 자신도 모르게 넘어가는 수가 더러 있다.

그래도 아부에는 실제적으로 피해가 많지는 않을 터이니 그런대로 괜찮다고 치자. 문제는 달콤한 말에 현혹되는 경우이다. 남녀관계인 경우에는 평생을 망치게 되고, 금전 문제라면 그야말로 빈털터리가 되고 마는 수도 있다.

'미언은 믿지 마라'─노자의 이 말을 깊이 명심하여야겠다.

오리무중(五里霧中)
짙은 안개가 5리나 덮여 있다. 즉, 알 길이 없다. _後漢書.

옛사람의 훌륭한 언행을 익혀서 그것으로 덕을 몸에 익힌다

識前言往行, 以蓄基德 식전언왕행, 이축기덕 _역경

설득력 있는 인간이 되기 위해서는 먼저 덕을 익히지 않으면 안 된다. 그럼 그 덕을 몸에 익히기 위해서는 어떻게 해야 할까? 그 한 가지 방법은 '전언왕행(前言往行)'을 배우는 것이다. '전언왕행'이란 선인들의 훌륭한 언행(言行)이다. 그것을 목표로 한 발짝이라도 그 수준 가까이까지 가려고 노력하면 자연히 몸에 덕이 익혀진다는 것이다.

중국 사람들은 예로부터 언행록(言行錄)의 편집에 열심이었다. 예컨대 본서에 자주 등장하는 『논어(論語)』, 『정관정요(貞觀政要)』, 『근사록(近思錄)』, 『송명신언행록(宋名臣言行錄)』 등은 모두 이런 유의 책이다. 이런 고전들을 읽으면서 노력한다면 선인들의 언행을 배우는 데 지름길로 들어설 수 있는 것이다.

또 '전언왕행'을 알기 위해서는 전기(傳記)를 읽는 것도 좋다. 요즈음 이런 책들이 많이 읽혀지고 있는 것 같아 무척 고무적인 현상이긴 하나, 가급적이면 정평이 나 있는 책을 골라서 읽는 것이 좋겠다. 자기 자신을 단련해 나가는 데 반드시 좋은 참고가 될 것이다.

오매사복(寤寐思服)
자나 깨나 생각함. 즉, 잊지 못하는 것. _詩經.

사람은 그 친애하는 바에 따라
치우치는 마음을 가지게 마련이다

人之其所親愛而辟焉 인지기소친애이벽언 _대학

'벽(辟)'이란 편(偏), 즉 치우침을 말한다. 공평한 판단을 내리지 못하고 한 쪽으로 치우치는 태도를 취하는 것이다. 연인(戀人)에 대해서는 '곰보도 보조개'로 보인다든가, 엄마가 '내 자식만은…'이라고 생각하는 것은 사랑하는 마음이 지나친 나머지 정확한 판단을 내릴 수 없기 때문이며, '친애하는 곳에 치우친다'의 전형적인 예이리라.

『대학(大學)』에서는 또 "좋아하면서도 그 나쁜 점을 아는 사람은 천하에 드물다."고 했다. 사랑하는 동안에는 상대방의 결점이 보이지 않는다. 가령 보이더라도 눈을 감으려고 한다. 그렇기 때문에 판단이 흐려지는 것이다.

곰보가 보조개로 보이더라도 애인의 경우에는 애교로 넘길 수 있을지 모른다. 문제는 리더의 경우이다. 사람 위에 서서 일하는 자가 이런 태도를 취한다면 문제가 심각하다.

리더 된 자로서 사람을 친애하는 것은 좋지만, 편애로 사물을 판단해서는 안 된다.

오불가장(傲不可長)
오만한 마음을 키워서는 안 된다 _禮記·曲禮.

미워하는 마음을 밖으로 드러내면
원망을 많이 사게 된다

❀ ────────────────────────────────

忌則多怨 기즉다원 _좌전

여기서 '기(忌)'란 미워하는 마음이다. 대인관계에서 그러한 감정을 노골적으로 나타내게 되면 남들로부터 원망을 듣는 수가 많다는 말이다. 당연하다면 당연한 말이다.

그렇기는 하지만 아무리 애를 써도 거리가 좁혀지지 않는 상대란 분명 있게 마련이다. 그러나 그런 상대라 하더라도 담담하게 대하면 그것으로 무난하지 않겠는가. 구태여 혐오감 따위를 나타내는 것은 어리석음의 소치이다.

'기즉다원(忌則多怨)'을 특히 주의해야 할 사람은 윗자리에서 일하는 리더들이다. 리더가 부하에 대하여 '저놈은 밉다'거나 '저놈은 싫다'는 등의 호불호감(好不好感)을 경망되게 나타낸다면 그 조직은 얼마 안 가서 와해되고 만다.

리더는 부하들을 공평하게 대해야 한다. 이것은 리더의 중요한 조건인데, 이 공평 원칙을 깨는 큰 원인 중 하나가 호불호감의 표출이다. 그 결과 감정적인 인사 등이 이루어지게 되고, 그 리더에게는 반드시 응보가 뒤따른다는 것을 명심해야겠다.

> **오십보백보**(五十步百步)
> 오십 걸음이나 백 걸음이나 그것이 그것이라는 뜻으로, 별로 차이나지 아니함을 뜻한다 _맹자·
> 梁惠王章句.

비록 좋은 농기구를 가지고 있더라도
때를 기다려 농사 짓는 것만 못하다

雖有鎡基, 不如待時 수유자기, 불여대시 _맹자

'자기(鎡基)'란 괭이로 김을 매는 농기구이다. 아무리 훌륭한 농기구를 갖추고 있더라도 때에 맞추어서 농사를 짓지 않는다면 수확은 기대할 수가 없다. 비록 좋지 않은 농기구를 가졌다 하더라도 씨 뿌릴 때 씨 뿌리고, 김 맬 때 매는 등 시기에 맞추어 농사를 지어야만 풍성한 수확을 얻을 수 있다.

이것은 농사일만이 아니라 모든 일, 나아가서는 인생을 사는 방법과도 통하는 이치이리라.

'자기'란 말하자면 인간의 실력에 비유할 수 있다. 가령 충분한 실력을 가지고 있다 하더라도 때를 만나지 못하면 실력을 발휘하지 못한다. 반대로 때를 잘 만났기에 대단한 실력자도 아니면서 실력을 발휘하며 살아가는 사람도 있다.

실력도 있고 시운(時運)도 탔다면 더 이상 바랄 것이 없겠지만, 인생이란 그처럼 행운만 따르는 것은 아니다. 실력을 기르며 끈기 있게 때를 기다렸다가 시운을 만나는 자가 결국은 최후의 승자가 아니겠는가.

오유반포지효(烏有反哺之孝)
까마귀들은 새끼 때 길러준 어미 새의 은혜를 잊지 않고, 어미가 늙은 뒤에 먹이를 물어다 봉양하는 효성이 있다 _事文類聚.

항상 배우고 익히는 데 힘쓰면
늙지 않는다

不學便老而衰 불학편로이쇠 _근사록

'노이쇠(老而衰)'는 문자 그대로 노쇠이다. 늙는 것이요, 노망하는 것이다. 노망은 왜 일어나는가? 생리학적으로 본다면 복잡한 논의도 있겠지만, 노망을 방지하는 방법으로는 '배움'이 유효할는지 모르겠다.

'배움'이란 반드시 책을 읽고 학문을 하는 것만을 의미하는 것은 아니다. 요컨대 무엇인가를 몸에 익히고 자신을 향상시키고자 하는 의욕만 가지면 된다. 이 의욕이 있느냐 없느냐가 문제인 것이다.

의욕이 있으면 계속해서 정신적인 긴장감을 가질 수가 있고, 그것이 좋은 결과로 연결되는 것이다.

칠십 세 정도의 숙년층(熟年層)을 보자면 꼬부랑 노인도 있고, 오십대로밖에 보이지 않는 사람도 있어서 사람에 따라 노쇠의 차이가 두드러진다는 것을 알 수 있다. 그것은 전향적(前向的)인 의욕을 갖고 사느냐 아니냐에 따라서 나타나는 차이일 것으로 생각된다.

어떠한 계획이라도 좋으니, 생애를 통해 완수해 낼 목표를 설정하고 그 목표에 전념할 일이다.

오합지졸(烏合之卒)
까마귀 떼처럼 무질서한 모임 _後漢書.

교만한 자를 미워하고 겸손한 자를
좋아하는 것이 인지상정이다

人道惡盈而好謙 인도오영이호겸 _역경

'영(盈)'의 원래 의미는 '가득 차다'로서 만족한 상태, 올라갈 수 있는 데까지 올라간 상태를 가리킨다. 여기서의 '영'은 거기서 파생(派生)된 교만이라든가 오만이란 의미로 사용되고 있다. '겸(謙)'은 겸허, 겸손이란 의미이다. 따라서 이 말은 '교만을 미워하고 겸허를 좋아하는 것이 인간의 도(道)이다'란 뜻이다. 『역경(易經)』에서는 이렇게 말하고 있다.

"천도(天道)는 넘치는 것을 줄이고, 부족한 것[겸손謙遜]을 더한다. 지도(地道)는 높은 곳을 무너뜨려 낮은 곳으로 흐르게 한다. 신령(神靈)은 교만한 자에게는 재앙을 내려 해(害)하고, 겸손한 자에게는 행복을 가져다준다."

"겸허한 마음은 자연히 언동(言動)에 나타난다. 이 마음을 잃는 일이 없으면 길(吉)하다. 모두에게 겸허의 마음으로 대하면 법도에 어긋나는 일 없이 만사가 순조롭다."

실로 겸손한 자는 행복하다. 모두가 겸손하게 살아가야겠지만, 특히 리더일수록 그 점을 잊어서는 안 되겠다.

옥곤금우(玉昆金友)
금과 옥으로 비유하여 남의 형제를 칭찬한 말 _南史.

한 발짝 한 발짝 쌓아나가지 않으면
천리 길을 갈 수 없다

不積蹞步, 無以至千里 부적규보, 무이지천리 _순자

'규보(蹞步)'란 오른쪽 발이건 왼쪽 발이건 한 발짝 앞으로 나아가는 것, 천리 길도 그처럼 한 발짝씩 내디딤으로써 도달할 수 있다는 말이다.

이것 또한 평소의 끊임없는 노력이 얼마나 중요한가를 강조하는 말이다. 순자(荀子)는 다음과 같이 재미있는 비유 이야기를 인용하여 말하고 있다.

"지렁이에게는 손톱, 발톱도 이빨도 없다. 또 튼튼한 뼈도 없다. 그러나 땅을 파서 흙을 먹고 땅속의 물을 마신다. 한 가지 일에 전념하면 그럴 수가 있는 법이다. 이에 비하여 게는 8개의 발, 그리고 2개의 집게발이 있는데도 뱀이나 뱀장어가 파놓은 구멍을 집으로 삼아 살고 있다. 그것은 한 가지 일에 전념하지 못하기 때문이다. 이와 마찬가지로 눈에 보이지 않는 노력을 쌓아나가지 않는 자에게는 영예(榮譽) 따위가 찾아오지 않는 법이며, 눈에 뜨이지 않는 곳이라 하여 일손을 멈추는 자에게는 빛나는 성과가 있을 리 만무하다."

옥량낙월(屋梁落月)
친구를 생각하는 마음이 간절함 _杜甫의 詩.

살펴보니 마치
나무닭과 같더이다

望之似木鷄 망지사목계 _장자

옛날 중국에 기성자(紀淆子)라는 투계(鬪鷄) 훈련사가 있었다. 어느 날 임금은 기성자에게 닭을 한 마리 내주며, 잘 훈련시키라고 명했다. 열흘이 지나자 왕이 물었다.

"다 훈련시켰는가?"

"아직 아니 되겠나이다."

이렇게 두 번, 세 번 임금은 재촉을 했건만 기성자는 번번이 아직 훈련이 덜 됐다고 하는 것이다. 그런데 네 번째, 즉 사십일이 되어서야 기성자는 대답했다.

"예, 이제 되었나이다. 옆에서 다른 닭이 아무리 울더라도 싸우려 하지 않고, 움직이려는 기미도 보이지 않사옵니다. 보기에 마치 나무로 조각한 닭과 같나이다[望之似木鷄]. 이제 덕이 충만하다는 증거입지요. 다른 닭들은 이 닭의 모습만 보아도 모두 꼬리를 감추며 도망치고 마옵니다."

높은 덕과 훌륭한 계모(計謀), 그리고 능력을 비장하고 있으면 잠자코 있어도 얕보지 못하는 법이다.

옥상가옥(屋上加屋)
지붕 위에 또 지붕. 쓸데없는 일을 이중으로 함. _世說新語.

자라나는 후배들을
두려워하라

❀

後生可畏 후생가외 _논어

'후생(後生)'을 '후세(後世)'라고 쓰는 사람도 있는데, 그것은 잘못이다. '후생'이란 '뒤에 태어난 사람'이란 뜻으로 젊은이를 의미한다.

그들은 젊기에 무한한 가능성을 지니고 있다. 그것이 '두렵다'는 것이다. 그러므로 '후생가외'란 젊은이들의 장래에 기대를 거는 말이다. 그러나 가능성은 현실이 아니다. 공자(孔子)도 이렇게 말하고 있다.

"사오십대가 되어서도 그 이름이 알려지지 않은 사람은 두려워할 바가 못 된다."

여기서 이름이 알려진다는 것은 반드시 유명(有名)을 의미하는 것은 아니다. 사회 속에서 필요한 위치를 점하고 그 역할을 충분하게 해냄을 뜻한다. 그리고 공자 시대의 사십, 오십 세이니 평균 수명이 늘어난 오늘날에는 십년이나 이십년쯤 늘려 생각해도 좋을 것으로 여겨진다.

어쨌든 가능성을 실현시키기 위해서는 늘 끊임없는 노력을 해야 할 것이다.

옥석혼효(玉石混淆)
착한 자와 악한 자가 구별 없이 섞여 있음 _楚辭.

죄 없는 자를 죽이기보다는
차라리 법률을 굽히는 것이 낫다

與其殺不辜, 寧失不經 여기살불고, 영실불경 _서경

'불고(不辜)'란 죄 없는 사람, '불경(不經)'이란 법률에 맞지 않는 것, 초법규적(超法規的) 해석이다.

현대의 법조계에도 '심증만으로는 죄인을 처벌할 수 없다'는 논리가 있다. 이런 사고방식은 어디서 생겨났을까? 그것은 서구(西歐)의 인권사상(人權思想)에서 도입된 것으로 생각된다.

『서경(書經)』의 말도 그 의미하는 바는 마찬가지이다. 죄가 없는 인간을 죽이는 것보다는 차라리 법률을 굽히는 편이 낫다는 것이다. 서경의 말을 좀 더 인용하면 다음과 같다.

"죄를 의심하는 것은 이를 가벼이 하고, 공(功)을 의심하는 것은 이를 무겁게 하라. 죄 없는 자를 죽이는 것보다는 법률을 굽히는 것이 낫다."

단, 이 사고방식은 인권사상에서 나온 서구의 경우와는 달리, 위정자들로 하여금 덕(德)을 쌓으라고 강조하고 있다.

옥야천리(沃野千里)
기름진 들판이 아주 넓게 펼쳐져 있음을 가리킴 _戰國策.

제비나 참새 따위가
어찌 홍곡(鴻鵠)의 뜻을 알리오

燕雀安知 鴻鵠之志裁 연작안지 홍곡지지재 _사기

'홍곡(鴻鵠)'이란 기러기와 고니를 말한다. 요컨대 큰 새를 가리킨다. 제비나 참새처럼 작은 새가 어찌 기러기나 고니의 뜻을 알 수 있겠느냐는 뜻이다.

시황제(始皇帝)가 죽은 다음, 진(秦)나라의 압정(壓政)에 항거하여 맨 먼저 반란군을 일으켰던 사람이 진승(陳勝)이란 인물이었다. 그는 젊었을 때 품팔이 농부였는데, 어느 날 일손을 놓고 쉬는 시간에 독백을 했다.

"아무리 큰 출세를 하더라도 친구를 잊어서는 안 되지."

옆에서 듣고 있던 농부가 '품팔이 주제에 웃기는 소리 하지 말라'며 빈정대자 진승이 한 말이 표제의 구절이다.

'너 같은 시정잡배 따위가 어찌 나의 웅지(雄志)를 알겠느냐'는 말이다.

높고 큰 기개는 누구에게나 필요하다. 그러나 그것을 마음속 깊이 간직하고 밀고 나가야지 구태여 남에게 드러낼 필요는 없는 것이다.

옥여칠성(屋如七星)
가난한 집을 말함. 지붕이 헐어서 뚫린 구멍이 마치 북두칠성 같다는 뜻. _雲仙雜記.

남이 나를 알아주지 않는다고 불평하지 말고 내가 남을 알지 못함을 걱정하라

不患人之不己知, 患不知人也 불환인지불기지, 환부지인야 _논어

"남이 나를 인정해 주지 않는다고 불평하는 것은 잘못이다. 자기야말로 남의 진가를 이해해 주지 못하는 게 아닌가. 그것을 걱정할 일이다."

이 구절도 인간학(人間學)의 진수라고 할 수 있겠다. 이와 비슷한 말이 『논어』에 세 군데 나온다. 공자(孔子)는 기회 있을 때마다 제자들에게 이 말을 했던 것 같다.

우리의 경우를 생각해 보자. 주어진 일을 열심히 한다. 결코 남에게 지지 않으려고 노력했으며, 또 성과도 올렸건만 그에 상응하는 보답을 받지 못한다. 이렇게 되면 불만을 토로하고 싶은 것이 인지상정이다. 그러나 불평불만을 토로한다고 해서 딱히 좋은 수가 생기는 것이 아니다.

중국의 주은래(周恩來) 전 수상은 보통 사람이었건만, 불평불만을 표출시킬 일이 있어도 입을 다문 채 주어진 임무에만 충실했다. 그것이 차츰 주변의 신뢰를 얻게 된 이유가 되었다고 하니, 주은래도 『논어』에 꽤나 밝았나 보다.

옥오지애(屋烏之愛)
사랑하는 이의 집 위에 앉아 있는 까마귀도 귀엽나는 뜻 _尙書大傳.

정치를 잘하는 사람은 보화를 창고에 쌓아두지 않고 백성에게 쌓아둔다

聖人之治藏於民不於府庫 성인지치장어민불어부고 _한비자

코끼리의 조상으로 일컬어지는 고대의 매머드는 자신의 어금니 무게를 견뎌내지 못하여 자멸(自滅)했다고 한다. 오늘날에도 국민의 생활을 희생시켜 가면서 군비(軍備) 확장에 혈안이 되어 있는 나라들이 많이 있는데, 이런 나라들은 사실 위와 같은 염려를 배제할 수 없을 것이다.

성인의 정치란 그런 우(愚)를 범하지 않으며 무엇보다도 국민의 생활을 우선적으로 꾀하고, 국민의 지지를 받는 것을 최상의 과제로 삼는다. '백성에게 저장하고 부고(府庫)에 저장하지 않는다'는 것은 그런 의미이다. 나라의 전력을 강하게 하기 위해서 군비 증강에도 힘을 써야 하겠지만, 무엇보다도 국민 생활의 안정을 꾀하고 무형(無形)의 지지도를 높이는 것이 정치의 정도(正道)일 것이다.

이것은 기업 경영에 있어서도 마찬가지이다. 사원들의 생활을 희생시켜 가면서 오직 이익만을 추구하는 회사는 오래 번영하지 못한다. 올린 이익을 어느 정도 사원들에게 환원하는 회사야말로 사원들의 사기를 진작시킴은 물론 오래도록 번창할 회사인 것이다.

이것은 또 물질보다 사람을 중시하는 사상이라고 해도 좋다.

온유돈후(溫柔敦厚)
성품이 온화하고 인정이 두터움 _禮記·經解.

군(軍)의 장수 된 자는 깊이 통찰하고 경거망동하지 말아야 한다

將軍之事, 靜以幽 장군지사, 정이유 _손자

이 구절도 리더의 마음가짐에 대해서 한 말이다. '장군지사(將軍之事)'란 군대를 통솔할 때의 마음가짐이다. 그 마음가짐은 어떠해야 하는가? '정(靜)'이며 '유(幽)'여야 한다고 했다. '유'란 측량할 수 없을 정도로 깊다는 의미이다.

즉, 리더는 모든 계모(計謀)를 가슴속 깊이 비장하고 있어야지 함부로 경거망동한다거나 동요(動搖)해서는 안 된다는 것이다.

이것의 장점은 두말할 것도 없이 위기관리에 강해진다는 점이다. 조직이 위기에 몰릴 때 부하들은 제일 먼저 상사(上司)의 얼굴을 살피게 되는데, 그때 리더가 불안한 내색을 표출한다거나 우왕좌왕하게 되면 그 조직은 걷잡을 수 없이 흔들리게 된다.

리더는 언제나 냉정하고 침착하여야 한다. 그래야만 조직을 장악할 수 있을 뿐 아니라, 부하들로부터 신뢰를 받을 수 있다는 것을 명심해야 한다.

온의미반(溫衣美飯)
따뜻한 의복을 입고 맛있는 음식을 먹는다는 뜻 _後漢書.

먼저 마음을 함께 모으고
그 다음에 큰일을 도모하라

先和而後造大事 선화이후조대사 _오자

『오자(吳子)』의 주(註)에 '화(和)'란 '중심(衆心)의 일치이다'라고 되어 있다. 조직의 의지통일(意志統一)이라고 해도 좋다. 큰일을 해내기 위해서는 이것을 빼놓을 수 없다는 말이다.

'화(和)'에는 두 가지 의미가 포함되어 있다. 첫째로 경영하는 리더의 의지가 말단에까지 그대로 침투된다는 것이다. 이것은 두말할 여지도 없으려니와, 또 한 가지는 아래로부터의 지지이다. 아랫사람이 수동적으로 윗사람의 결정을 받아들이는 것이 아니라 자발적인 의욕을 불태우는 형태로서의 '화'여야 한다.

명령이나 강요만으로 '화'는 생겨날 수 없다.

오자는 "예로부터 명 지휘관은 먼저 부하들에게 교육을 잘 시키고 단결을 도모하는 데 힘써 왔다."고 말했다.

평소의 훈련 없이 '화'란 있을 수 없다는 말이다. 이런 의미에서 보면 기업 경영에 있어서도 사원 연수는 대단히 중요하며, 더욱 큰 비중을 두어야 할 것으로 생각된다.

와전옥쇄(瓦全玉碎)
기왓장으로 남는 것보다 옥으로 부서지는 게 낫다 _北齊書.

하늘이 알고, 땅이 알고,
그대가 알고, 내가 안다

天知, 地知, 子知, 我知 천지, 지지, 자지, 아지 _십팔사략

후한왕조(後漢王朝) 때 청렴하기로 이름 높았던 양진(楊震)이라는 신하가 있었다. 그가 동래군(東萊郡) 유수(留守)에 임명되어 부임하던 중 주막에 묵었는데, 왕밀(王密)이란 사나이가 찾아왔다. 왕밀은 그동안 신세를 많이 졌다며 그 사례로 황금 열 근을 내놓았다. 물론 앞으로도 잘 보아달라는 의미가 담겨 있는 뇌물의 성격을 띤 황금이었다. 양진이 일거에 거절하자 왕밀이 말했다.

"밤이 깊었습니다. 이 일을 아는 사람은 유수님과 저, 두 사람뿐입니다."

그러자 양진이 버럭 화를 내며 나무랐다.

"아무도 모르다니……. 이미 하늘이 알고 있네. 그리고 땅도 알고 있고 —. 어디 그뿐인가. 자네가 알고 있고 내가 알고 있지 아니한가[天知, 地知, 子知, 我知]."

왕밀은 부끄러운 나머지 얼굴을 들지도 못한 채 즉시 돌아갔다고 한다.

이 이야기는 양진의 '사지(四知)'라 하여 널리 알려진 이야기이다. 관직에 있는 사람들이 한 번쯤 새겨 들어야 할 이야기가 아니겠는가.

와신상담(臥薪嘗膽)
원수를 갚기 위해 괴로운 일을 참음 _史記·越世家.

내가 하기 싫은 일을
남에게 시키지 마라

己所不欲, 勿施於人 기소불욕, 물시어인 _논어

취직 시험은 아닐지라도 '자네의 신조(信條)는 무엇인가?'란 질문을 받았을 때 우물쭈물하게 되면 어쩐지 창피하다는 생각이 든다. 신조란 인생의 목표이다. 이것은 누구에게나 있어야 하는 것이다.

그런데 공자(孔子)의 신조는 '서(恕)'였던 것 같다.

어느 날 자공(子貢)이란 제자가,

"평생 동안 지켜야 할 신조를 한마디로 표현한다면 무엇이 되겠습니까?"

라는 질문을 했을 때 공자는 이렇게 대답했다.

"그것은 서(恕)이다. 내가 하기 싫은 일을 남에게 시키지 마라[己所不欲, 勿施於人]."

나 자신이 하고 싶지 않은 일은 남에게 시키지 않는 것, 그것이 '서'라는 것이다. 남의 마음을 헤아리기를 내 마음 헤아리듯 해야 한다는 말이다.

말로는 쉬울 듯하지만 실행하기란 지극히 어렵다. 이런 것을 자신 있게 말한 점에 공자의 위대함이 있다 하겠다.

완물상지(玩物喪志)
물건을 가지고 노는 데 정신이 팔려 자기 본심을 잃음 _書經.

큰일을 앞에 두고
작은 일에 구애되지 마라

❀ ─────────────────────────────

大行不顧細謹, 大禮不辭小讓 대행불고세근, 대례불사소양 _사기

'대행(大行)'은 큰일, '세근(細謹)'은 작은 일에 신경을 쓰는 것, '소양(小讓)'은 작은 겸양(謙讓). 단어들을 합치면 '큰일을 앞에 두고 작은 일에 구애되지 말아야 한다'는 뜻이 되며, 결단을 재촉할 때 사용되는 말이다.

유방(劉邦)이 진(秦)나라 도읍 함양(咸陽)에 입성했을 때의 일이다. 유방보다 한 발 늦게 입성한 항우(項羽)는 유방에게 시기심이 생겨 불같이 화를 냈고, 총 공격할 준비를 했다. 다급해진 유방은 스스로 항우가 진치고 있던 홍문(鴻門)으로 찾아가서 사죄했다.

그때 항우의 참모 범증(范增)은 칼을 잘 쓰는 날쌘 부하 한 명을 골라, 연회가 벌어지면 검무(劍舞)를 추는 척하다가 유방의 목을 치라는 명령을 은밀히 내렸다. 그러나 눈치를 챈 유방은 손을 씻으러 가는 체하다가 그대로 본영(本營)을 향해 도망쳤다. 그러나 항우에게 작별인사를 하지 않고 온 것이 마음에 걸린다. 그때 번쾌(樊噲)라는 부하가 이 구절을 인용하면서 결단을 촉구했다.

"도마 위에 오른 물고기 신세에 인사가 다 뭡니까?"

역사상 유명한 홍문지회(鴻門之會)의 한 장면이다.

> **왕부**(王父)
> 할아버지의 존칭 _山海經.

진실된 부(富)는
족한 줄을 아는 데에 있다

富在知足 부재지족 _설원

큰 재산을 쌓은 후에도 만족하지 못하는 것이 인간의 마음이다. 또한 수만 있다면 더 모으고 싶다는 마음이 누구에게나 있다. 그러므로 재산의 증식에 있어서는 만족감이란 있을 수 없다.

그런 의미에서 '부(富)의 척도는 본인의 만족에 달려 있다'라는 지적은 충분한 설득력을 지니고 있다. 『한비자(韓非子)』에 이런 이야기가 실려 있다.

제(齊)나라 환공(桓公)이 재상인 관중(管仲)에게 물었다.

"부(富)에는 한계가 있소?"

"물의 한계는 물이 바닥나는 것이옵고, 부(富)의 한계는 부에 만족하는 데 있사옵니다. 하오나 인간은 만족할 줄을 모르고 마침내는 그 몸을 멸망시키옵지요. 어쩌면 그것이 한계인지도 모를 일이옵니다."

'부'를 추구하는 것도 좋지만, 그 때문에 몸을 망치는 어리석음만은 피해야 하지 않을까?

왕이불래자년야(往而不來者年也)
세월은 한번 가면 두 번 다시 안 온다 _孔子家語.

천하가 걱정하기 전에 걱정하고
천하가 즐긴 후에 즐기라

❀ ──────────────────────────────────

先王下之憂而憂, 後天下之樂而樂 선왕하지우이우, 후천하지락이락 _문장궤범

근심해야 할 사태는 사람들이 알아차리기에 앞서 찰지(察知)하고 그 해결에 힘쓰며, 즐겨야 할 일은 사람들이 먼저 즐긴 연후에 즐긴다. 약하여 '선우후락(先憂後樂)'이라고 하며, 리더의 마음가짐을 강조한 말이다.

송대(宋代)의 범중엄(范仲淹)이란 명 정치가의 저서 『악양루기(岳陽樓記)』에 실려 있는 문장 속의 구절이다. 범중엄은 이 문장을 다음과 같이 끝맺고 있다.

"묘당(廟堂) 높은 곳에 있을 때에는 그 백성을 걱정하고, 강호(江湖) 먼 곳에 있을 때에는 그 임금을 걱정한다. 나아갈 때 걱정하고, 또 물러설 때 걱정한다. 그렇게 하면 언젠가는 즐길 때가 도래하도다. 반드시 천하의 걱정보다 앞서서 걱정하고, 천하의 즐거움보다 나중에 즐길 일이 아니겠는가."

이것은 범중엄 자신의 결의표명(決意表明)이겠지만, 현대의 리더들도 마찬가지일 것이다.

어느 시대이든 사람들은 '선우후락' 형(型)의 리더가 나타나기를 바라는 법이다.

왕좌지재(王佐之才)
왕을 보좌할 만한 인재 _漢書.

웃으면서 대답하지 않았지만
마음은 스스로 한가롭다

笑而不答心自閑 소이부답심자한 _고문진보

당대(唐代)의 시인(詩人) 이백(李白)의 「산중답속인(山中答俗人 : 산속에서 속세 사람에게 대답한다)」이라는 시를 소개한다.

問余何事棲碧山 문여하사서벽산
笑而不答心自閑 소이부답심자한
桃花流水杳然去 도화유수묘연거
別有天地非人間 별유천지비인간

세상 사람들은 왜 이런 산속에 사느냐고 묻는다. 나는 그저 웃으며 대답을 안 했지만, 실로 한가로운 이 환경을 즐기고 있는 것이다. 보라, 복사꽃 잎이 강물 위에 떠서 한가로이 흘러가는 것을. 속세와는 아주 다른 멋진 풍정(風情)이 있지 아니하냐.

왕화지기(王化之基)
임금이 베푸는 덕화(德化)의 기본 _詩經·周南篇.

많은 사람의 마음은 성(城)을 이루고 많은 사람의 말은 쇠를 녹인다

衆心成城, 衆口鑠金 중심성성, 중구삭금 _국어

많은 사람이 힘을 합치면 성(城)도 쌓을 만한 큰 힘을 발휘한다. 많은 사람이 입을 모으면 무쇠를 녹일 만큼 무서운 힘이 생긴다. 전자(前者)는 좋은 의미로 사용되지만, 후자의 '중구(衆口)'는 남의 소문이라든가 중상모략이라는 바람직하지 못한 뉘앙스로 사용된다.

이 '중심성성(衆心成城), 중구삭금(衆口鑠金)'이란 말은 2천 수백 년 전부터 속담으로 전해져 내려왔는데, 오늘날에도 원형 그대로 사용되고 있다. 진귀한 예라고 해도 좋겠는데, 그러한 이유는 이 말뜻이 시대를 초월한 보편성을 가지고 있기 때문이리라.

'중심성성', 이것은 좋다. 문제는 '중구삭금' 쪽이다. 우리나라에도 '열 사람이 한 사람 바보 만들기는 쉽다'라는 말이 있다. 비난과 중상도 사실에 근거한 것이라면 어쩔 수 없겠지만, 근거도 없는 것이 많게 마련이다. 그래서 남의 일생을 망치는 일이 생긴다면 실로 무서운 일이 아니겠는가.

왕후장상영유종호(王侯將相寧有種乎)
왕과 제후, 장수와 재상의 씨가 따로 있는 것이 아니다 _史記·陳涉世家.

시대의 흐름을 아는 사람은
준걸(俊傑)이다

識時務者在乎俊傑 식시무자재호준걸 _삼국지

'식시무(識時務)'—'시무를 안다'는 것은, 현대는 어떤 시대인가를 똑바로 간파하고 그 속에서 무엇을 해야 할 것인지를 안다는 것이며, 그것을 아는 이가 '준걸(俊傑)'이라는 것이다.

『삼국지(三國志)』의 유비(劉備)가 형주(荊州)에 몸을 의탁하고 불우한 나날을 보낼 때의 일이다. 어느 날 유비는 사마휘(司馬徽)란 인물을 찾아가서 고견을 청했다.

이때 사마휘는 "유생속사(儒生俗士)는 시무(時務)를 모릅니다. 시무를 아는 자는 준걸이지요. 이곳에는 복룡(伏龍)과 봉추(鳳雛)가 있습니다."라며 복룡인 제갈량(諸葛亮)과 봉추인 방통(龐統) 두 사람을 소개했다.

얼마 후 유비는 천신만고 끝에 이 두 사람을 군사(軍師)로 맞아들였고, 그것이 계기가 되어 크게 일어설 수 있었던 것이다.

이를 볼 때 준걸이란 ①시대의 흐름에 대한 깊은 통찰력, ②적절한 기획력, 이 두 가지 요건을 겸비한 인물을 가리키는 것 같다. 이것은 또 난세를 살아가는 중요한 조건이기도 하다.

외수외미(畏首畏尾)
매우 두려워함을 이름 _左傳.

창업(創業)이 더 어려운가,
수성(守成)이 더 어려운가

草創與守成孰難 초창여수성숙난 _정관정요

명군(名君)으로 알려진 당(唐)나라 태종(太宗)이 어느 날 중신들을 모아놓고
물었다.

"제왕(帝王)의 업(業)인 초창(草創)과 수성(守成) 중 어느 쪽이 더 어렵다고 생
각하오?"

'초창'이란 창업(創業)이고, '수성'이란 '이룬 것을 지킨다'는 뜻으로서 이미
창업한 나라를 지켜내는 것을 말한다.

한 중신은 창업 쪽이 어렵다고 대답했고, 다른 중신은 수성 쪽이 어렵다
고 대답했다. 두 사람의 이야기를 듣고 있던 태종은 이윽고 입을 열더니, 두
사람의 말에는 각각 타당한 이유가 있다고 인정한 다음 이렇게 말했다.

"돌이켜 생각해 보면 초창의 어려움은 이미 옛 이야기가 되었소. 앞으로
는 우리 모두 함께 힘을 합하여 수성의 어려움을 극복해 나갑시다."

오늘날 수성을 담당하고 있는 리더들도 태종의 고심에서 배우는 바가 있
어야겠다.

요동시(遼東豕)
본인은 제가 잘난 체 자랑하지만 남이 보기에는 내수롭지 않디 _後漢書.

덕은 재능의 주인이요
재능은 덕의 노예이다

德者才之生, 才者德之奴 덕자재지생, 재자덕지노 _채근담

홀륭한 사회인이 되기 위해서는 어떤 조건이 필요할까? 그 중 한 가지는 재능(능력)이다. 이것이 없으면 치열한 현실을 헤쳐 나갈 수 없다.

그럼 재능만 있으면 그것으로 충분하다고 할 수 있을까? 결코 그렇지가 않다. 또 한 가지 '덕(德)'—즉, 인격적인 요건이 필요하다. 재능과 인격, 이 두 요건은 수레의 두 바퀴와 같다고 해도 좋다.

그럼 이 두 가지 요건 중 어느 쪽이 더 중요할까? 『채근담(菜根譚)』에 의하면 인격 쪽이 주인이고 재능은 그 종에 지나지 않는다고 했다. 그리고 다음과 같이 덧붙이고 있다.

"재능이 뛰어나더라도 인격을 갖추고 있지 못하다면 수레의 두 바퀴 중 한 바퀴가 빠져 있는 것이나 다름없다. 그러니 어떻게 수레가 굴러갈 수 있겠는가?"

결국 미완의 인간일 수밖에 없다.

아무리 재능이 뛰어난 사람이라 할지라도 하는 일이 잘 안 풀릴 때가 종종 있다. 그것은 역시 재능(능력)만이 앞서고 인격(덕)이 따르지 못하기 때문임에 틀림없다.

요림경수(瑤林瓊樹)
재질이 비상하여 보통 사람보다 비범함 _晉書.

나라를 짊어지고 나갈 큰 인물

國士無雙 국사무쌍 _사기

국사(國士)란 말은 이제 사어(死語)가 되었는지도 모른다. '국사'란 나라를 홀로 짊어질 만한 걸물(傑物)이란 뜻이다.

진(秦)나라를 뒤엎은 항우(項羽)는 스스로 초패왕(楚霸王)이라 칭하고, 이 전쟁에서 수훈갑인 유방(劉邦)을 한왕(漢王)에 봉하는 한편 한중(漢中) 땅을 떼어 주었다. 유방과 그 참모들은 불만이 컸으나 어쩔 수 없었다.

유방은 자기 휘하의 군사들을 이끌고 중국 땅 서쪽 한중으로 향하였다. 그러나 이 한중 땅은 중원(中原)에서 볼 때 하잘것없는 변두리 땅에 불과했다. 결국 유방 밑에 있던 장졸들이 이탈하기 시작했다. 참모장 격인 소하(蕭何)까지 안 보인다. 유방은 낙담할 수밖에 없었다. 한참 후에 나타난 소하를 보고 유방은 호되게 꾸짖었다. 그러자 소하는 말장(末將) 한신(韓信)이 도망을 쳤기 때문에 그를 데리러 갔다 왔노라고 대답했다. 그때 소하가 한신을 추켜세우며 한 말이 이 '국사무쌍'이란 구절이다.

우리나라에도 국사라 할 만한 인재가 많이 나와 주길 기대해 본다.

> **요불승덕(妖不勝德)**
> 부정한 것은 정의를 이기지 못함 _史記.

August 8

천도(天道)는 싸우지도 아니하고 승리를 거두며, 명령하지도 아
니하고 복종시키며, 부르지도 아니하고 오게 하며, 조용히 있
으면서도 깊은 모계(謀計)를 꾸민다.

대도(大道)가 없어지자
인의(仁義) 운운하게 되었다

大道廢有仁義 대도폐유인의 _노자

인(仁)이다, 의(義)다 하며 도덕의 고양(高揚)을 소리 높이 외치게 된 것은 무위자연(無爲自然)의 '대도(大道)'가 없어지고 말았기 때문이란 것이다.

노자(老子)는 작위(作爲)라든가 영리함을 버리고 무위자연의 '대도'로 돌아가라고 외쳤다. 행복을 약속하는 것은 자연 그대로의 생활방법이란 말이다.

노자는 다시 이렇게 말하고 있다.

"허위가 판을 치는 것은 인간의 영리함이 제멋대로 날뛰는 때문이다. 자비로운 아버지, 효도하는 자식이 돼야 한다고 목소리를 높이는 것은 육친(肉親)의 정애(情愛)가 희박해졌기 때문이다. 충신이 나타나는 것은 나라가 문란해졌을 때이다."

모두가 맞는 말이다.

예컨대 오늘날의 우리 사회에서도 '인생의 보람을 찾자'는 말이 무성한데, 노자에 의하면 그것은 인생의 보람을 잃은 파탄사회에서 생겨나는 일인 것이다.

요원지화(燎原之火)
돌을 태우는 불. 기세가 맹렬하여 훨훨 타 번지므로, 번지기 쉬운 악, 또는 맹렬한 기세에 비유됨. _左傳.

무기는 흉기이며
전쟁은 덕을 거역하는 것이다

兵者凶器也, 爭者逆德也 병자흉기야, 쟁자역덕야 _울료자

'병(兵)'이라는 한자(漢字)에는 몇 가지 의미가 담겨 있다. 그 의미란,

①무기(武器) ②병사(兵士) ③전쟁(戰爭)

등이 바로 그것이다.

이 경우의 '병'은 무기라고 해석하는 것이 옳을 것 같다. 무기란 오로지 사람을 살상하는 도구이므로 '흉기(凶器)', 즉 불길한 도구인 것이다.

또 '쟁자역덕(爭者逆德)'이란 말은, 전쟁은 덕에 반(反)하는 행위이며 바람직하지 못하다는 의미이다. 이것은 울료자(尉繚子)뿐만 아니라 중국 병법서의 공통된 인식이며, 바꾸어 말한다면 중국 사람들이 공통적으로 지닌 사고방식이라고 해도 좋다. 분쟁은 대화로 풀어야 하며, 무기에 의한 해결은 최저의 수단이라고 보는 것이다.

그러므로 울료자 역시 이 말을 한 다음 "부득이할 때에 이를 사용한다."라며 못을 박고 있다.

예로부터 '병'만 운운하는 리더에게는 뛰어난 인재들이 없었다. 리더가 용감론만 주장하는 것은 위험한 징후인 것이다.

요언불번(要言不煩)
요령 있는 말은 번잡하지 않다 _管輅別傳.

군자에게는 평생의 번민은 있어도
외부로부터 오는 마음의 동요는 없다

君子有終身之憂, 無一朝之患也 군자유종신지우, 무일조지환야 _맹자

군자(君子)에게는 생애를 통한 번민은 있을지언정, 외부로부터 오는 마음의 동요 따위는 있을 수 없다고 한다. 왜 그런 것일까?

맹자(孟子)에 의하면 군자가 일반인과 다른 점은 끊임없이 자기반성을 해나가는 점이라고 한다. 가령 아무리 어려운 사태에 놓이더라도 '상황이 이렇게 악화된 것은 자신의 성실성이 부족했기 때문이 아닌가. 나의 행동이 예(禮)에 어긋났기 때문이 아닌가.'라며 자기 자신을 끊임없이 반성하고 상대방을 원망하거나 탓하지 않는다. 그러므로 외부로부터 생기는 마음의 동요 따위는 있을 수 없다는 것이다.

'종신지우(終身之憂)'란 어떤 것인가? 맹자는 이렇게 말하고 있다.

"순(舜)은 천하에 모범을 보였고 후세에 이름을 남겼다. 그런데도 자기는 평범한 속인(俗人)에 지나지 않는다며 번민했다."

그렇다면 우리는 어떻게 해야 할까? 순(舜)임금을 배우고 한 발짝이라도 그 수준에 가까이 다가갈 수 있도록 부단히 노력해야 할 것이다. 그런 노력을 게을리 하는 리더는 리더로서의 자격이 없다는 말이다.

요유인흥(妖由人興)
요사스러움은 양심을 잃었을 때 일어난다 _左傳.

아첨과 가식적인 웃음을 웃는 자는
인(仁)의 덕이 없다

巧言令色 鮮矣仁 교언영색 선의인 _논어

『논어(論語)』 속의 유명한 말 가운데 하나이다. "강한 자의 비위를 맞추기 위해 알랑거리고 가식적인 웃음을 웃는 자는 인(仁)의 덕이 없다."란 뜻이다.

또 공자(孔子)는 "아첨과 가식적인 웃음, 비굴할 만큼의 공손함에 대하여 좌구명(左丘明)이라는 사람은 부끄러워했다. 구(丘 : 공자의 이름)도 이를 부끄러워한다."고도 했다. 좌구명이란 사람은 이 세 가지를 부끄러워했는데, 자기 또한 동감(同感)이란 것이다.

공자가 '교언영색'을 싫어한 것은 대인관계에 있어 허식을 싫어했기 때문이다. 그가 '강의목눌(剛毅木訥 : 강직하여 굴하지 아니하고 순박하여 말이 적음)은 인(仁)에 가깝다.'고 말한 것만 보아도 그 점은 분명하다.

세상을 살아가는 데 있어서 '강의목눌'이 반드시 최상의 방법이라고는 할 수 없겠지만, '교언영색'보다는 훨씬 나을 것이다.

욕불가종(欲不可從)
사람의 욕심은 끝이 없어서 절제하지 않으면 재앙이 뒤따름 _禮記·曲禮.

소인은 물에 빠지고 군자는 말에 빠지며 대인은 백성에 빠진다

小人溺於水, 君子溺於口, 大人溺於民 소인익어수, 군자익어구, 대인익어민 _예기

소인은 물, 군자는 입, 대인은 백성 등등으로 각각 수준에 따라 빠지는[溺] 대상이 다르다. '익(溺)'이란 빠진다는 뜻과 함께 실패를 초래한다는 의미도 지니고 있다. 그러나 빠지는 대상이 각기 다르기는 하지만 그 원인은 공통적이며, '모두 그 방심의 행위에 있다'고 했다. 즉, 습관화된 방심이다.

'소인은 물에 빠진다'—이것은 이해가 간다. '군자는 입에 빠진다'—이것도 이해가 되지 않는 것은 아니다. 특히 술이라도 조금 들어가면 누구나 수다스러워지기 십상이기 때문이다.

그럼 '대인은 백성에게 빠진다'는 말은 무슨 뜻일까? 『예기(禮記)』의 설명에 의하면 '민(民)'이란 도리 같은 것을 이해하지 못하는 무지한 무리들이라 하여 얕보다가는 큰 코 다친다는 것이다.

어쨌든 『예기』에서는 이렇게 말한 다음 '그러므로 군자는 말과 행동에 신중을 기해야 한다'고 못 박고 있다. 우리네 일상생활에도 그대로 적용되는 말이 아니겠는가.

욕적지색(欲炙之色)
물건을 보고 탐내는 기색이 얼굴에 나타남을 이름 _晉書.

재능을 자랑하면
그 공(功)을 상실한다

矜其能, 喪其功 긍기능, 상기공 _서경

'능(能)'은 재능, 능력이다. 이것은 인생을 살아가는 데 있어 유력한 무기(武器)가 된다. '능'에 뛰어난 사람은 성공할 가능성이 높다. 특히 리더에게는 필요충분 조건 중의 하나이다. 그러나 특출한 능력이 있다 하여 과시한다거나 뽐내다가는 자신도 모르는 사이에 주변의 질시와 반감을 사게 된다.

반감만 사는 정도라면 그래도 괜찮겠지만, 대부분의 경우 공적도 지위도 모두 잃고 마는 경우가 적지 않다. 역사를 살펴보면 그런 예가 아주 많다.

어느 정도 연륜을 가진 자는 그런 면에서도 기미(機微)를 터득하고 있어서 능력을 자랑하지는 않는다. 그러나 젊은 세대들은 그렇지가 않다. 그런 사람들은 빨리 자각하여 자기 능력을 안으로 갈무리하여야 한다. 그렇지 않으면 대성(大成)할 수 없다.

욕지래자찰왕(欲知來者察往)
미래의 일을 알려면 과거의 일을 잘 살펴야 한다 _鶡冠子.

작은 일을 참지 못하면
큰일을 이루어 낼 수 없다

小不忍則亂大謀 소불인즉란대모 _논어

작은 일을 참아내지 못하면 큰일을 해낼 수 없다. 큰 목표를 달성하기 위해서는 참기 힘든 인내도 감수해야 한다는 말이다. '참기 힘든 인내'의 좋은 예로서 흔하게 인용되는 것이 한신(韓信)의 고사(故事)이다.

한신은 한 고조(漢高祖) 유방(劉邦)을 섬겼던 장군인데, 젊었을 때는 일정한 직업 없이 허송세월을 했던 사람이다. 그러던 어느 날, 저잣거리의 깡패가 그에게 시비를 걸어왔다.

"이 한심한 놈아! 벌이도 못하는 주제에 칼을 차고 다니다니……. 겉으로 보기엔 무사(武士)같이 보인다만 내가 보기엔 형편없는 겁쟁이에 불과하구나." 구경꾼들이 모여들자 깡패는 더욱 신이 났다. "야, 이 겁쟁이야! 네 녀석이 사나이라면 그 칼로 나를 베어봐라. 그럴 배짱이 없거든 내 사타구니 밑으로 기어 나가구. 만일 그렇게 안 할 시엔 네 목은 오늘 떨어진다." 그러자 한신은 잠자코 깡패의 사타구니 밑으로 기어 나갔다 한다. 그 당시 한신의 무술 실력은 그런 깡패 몇 명쯤은 간단하게 베어버릴 수 있는 실력을 갖추고 있었다. 그러나 사소한 일로 인해 자신의 원대한 포부와 꿈을 망칠 수 없다고 생각했으리라.

> **용동봉경**(龍瞳鳳頸)
> 용의 눈동자와 봉황의 목. 즉, 귀인의 상. _唐書.

아침에 세 개
저녁에 네 개

朝三而暮四 조삼이모사 _장자

실질적으로는 같은데 그것을 깨닫지 못하고 눈앞에 보이는 것에만 사로잡히는 태도를 비웃는 말이다. 『장자(莊子)』에 다음과 같은 우화(寓話)가 있다.

옛날 송(宋)나라에 저공(狙公)이라는 사나이가 있었다. 그는 원숭이를 좋아하여 여러 마리의 원숭이를 기르고 있었다. 그런데 그만 재산을 날리게 된 후로는 원숭이에게 먹이를 충분히 줄 수 없게 되었다. 그래서 원숭이 먹이인 도토리 수를 줄여야겠다고 생각한 저공은 원숭이들을 모아놓고 말했다.

"앞으로는 도토리를 아침에 세 개, 저녁에 네 개를 주겠다."

그러자 원숭이들은 일제히 불평을 털어놓았다.

"그렇다면 아침에 네 개, 저녁에는 세 개를 주마."

저공이 다시 제안하자 원숭이들이 기뻐하더란 이야기이다.

그것을 풍자한 이야기인데, 이는 원숭이들을 비웃을 일이 아닌 것 같다. 우리나라에서도 이 '조삼모사(朝三暮四)'는 유력한 정치수법으로 흔히 쓰이고 있으니 말이다.

용두사미(龍頭蛇尾)
처음은 좋으나 나중에는 나빠짐을 이름 _五燈會元.

하늘의 도(道)는 존재하는 것인가, 존재하지 않는 것인가?

天道是耶非耶 천도시야비야 _사기

'천도(天道)는 과연 존재하는가?'『사기(史記)』의 저자인 사마천(司馬遷)이 사기「백이열전(伯夷列傳)」 말미에 기록한 말이다.

중국 사람들은 예로부터 '천도'(하늘의 섭리)를 믿었고, '천도는 항상 선인(善人)의 편을 든다'—천도는 공평무사하여 항상 선인의 편을 든다—고 믿어왔다. 그러나 사마천은 거기에 중대한 의문을 제기했다. 그는 먼저 수양산(首陽山)에서 굶어 죽은 백이(伯夷)와 숙제(叔齊)의 전기를 기록하고, 선(善)이 무너지고 악(惡)이 번창한 예를 든 다음 이렇게 기록했다.

"악을 거듭 자행하면서도 향락을 누리고 부귀로 흥청망청하는 자가 있다. 그 한편에서는 엄하게 자기를 다스리고 신중히 행동하며 꼭 할 말 이외에는 말하지 않고 언제나 정도(正道)를 걸으면서도 재액(災厄)을 당하는 자가 수없이 많다. 그것을 보면 깊은 절망감에 사로잡히곤 한다."

이는 누구나 실감하는 바이겠지만, 우리가 알고 있듯이 정도(正道)가 아니라는 것만은 다시 한 번 자각하자.

용반봉저(龍蟠鳳翥)
용이 서리고 봉황이 난다. 험한 산세를 말함. _舊唐書.

하늘의 그물은 성기지만
하나도 놓치는 것이 없다

天網恢恢, 疎而不失 천망회회, 소이부실 _노자

'천망(天網)'이란 하늘의 그물로 하늘의 심판을 뜻하며, '회회(恢恢)'란 성기다는 의미이다. 하늘의 그물눈은 촘촘하지 않지만 무엇 하나 놓치지 않는다는 뜻이다. 악(惡)이 번성하는 것처럼 보이지만 그것은 아주 일시적인 현상이며, 언젠가는 반드시 보응을 받게 된다는 의미이다.

노자(老子)에 의하면 '천도(天道)', 즉 하늘의 법칙은 인간 사회에 빈틈없이 적용되고 있으며, 따라서 그 누구도 그것으로부터 벗어날 수 없다는 것이다. 더구나 '천도'는 인간의 짧은 지식으로 쉽게 알 수 있는 성질의 것이 아니다.

"천도는 싸우지도 아니하고 승리를 거두며, 명령하지도 아니하고 복종시키며, 부르지도 아니하며 오게 하며, 조용히 있으면서도 깊은 모계(謀計)를 꾸민다."

이 '천도'의 구체적인 전형이 '천망'이다. 악이 번성하는 것을 볼 때, 사람들은 이 말을 중얼거리며 은밀히 자기 자신을 위로해 왔을 것임에 틀림없다.

용장용단(用長用短)
긴 것과 짧은 것을 병용해서 사용하는 것 _晉書.

내가 복숭아로 받았으면
오얏으로 갚는다

投我以桃, 報之以李 투아이도, 보지이리 _시경

'복숭아를 받았으면 오얏으로 갚는다'는 이 말과 같은 의미의 말에 '한 그릇 밥의 덕도 반드시 갚는다'는 말이 『사기(史記)』에 나온다.

아무리 사소한 은혜라 하더라도 입은 은혜는 반드시 갚는다. 이것은 인생을 살아가면서 지켜야 할 가장 기본적인 덕목이다. 이 말도 그것을 강조하고자 한 것이다.

생각건대 우리는 다면적(多面的)인 인간관계 속에서 여러 사람들로부터 은혜와 은의(恩義)를 입으며 살고 있다. 인생의 대차대조표(貸借對照表)는 심히 복잡하다. 그러나 갚을 수 있는 것은 갚고 살아가는 것이 좋다. 적자(赤字)를 낸 채 저 세상으로 간다는 것은 어쩐지 뒷맛이 개운치 않을 것이니 말이다.

그러나 인생에는 도저히 갚을 수 없는 은의도 있다. 그럴 때는 어떻게 하면 좋을까? 그런 경우 중국 사람들은 사회로의 환원을 생각한다. 그들의 회계가 맞는지는 모르겠다. 그러나 섣불리 유산 등을 남겨서 가족들에게 환란을 발생시키는 것보다는 중국인들의 사고가 훨씬 나을 것 같다.

> **용중교교**(庸中佼佼)
> 무리 중에서 좀 나은 사람을 일컬음 _後漢書.

소인(小人)은 한가하게 지낼 때
좋지 못한 일을 계획한다

小人閒居爲不善 소인한거위불선 _대학

'한거(閒居)'란 한가롭게 지내는 것. 그럴 때에 선(善)하지 못한 계획을 짜고 옳지 않은 짓을 하는 것이 바로 소인(小人)이라고 한다. 이것도 유명한 말이 므로 기억하는 사람이 많을 줄 안다.

그럼 '불선(不善)'을 행하는 것을 어떻게 아는 것일까? 그것은 그 사람의 용모와 태도에 자연히 나타나므로, 아무리 은폐하려고 해도 은폐되지 않는다. 그러한 자의 소치는 인생을 달관한 사람이 살펴보지 않더라도 금세 알게 되는 것이다.

사람들 앞에서는 자신을 다스리다가, 한가롭게 지내게 되면 불선을 행하는 것은 결국 자기 자신을 배신하는 것이나 다름없다. 남들은 속일 수 있을지 몰라도 자기 자신을 속일 수는 없는 것이다. 보통 사람이라면 이런 경우 정신건강에도 나쁠 것은 뻔한 일이다. 남으로부터 경멸당하고 정신건강마저도 나빠진다면 이 이상 좋지 못한 일도 없다. 어서 소인의 범주에서 벗어나야겠다.

용추지지(用錐指地)
조그마한 지식으로 큰 도리를 궁구(窮究)한다는 어리석음을 비유 _莊子.

애매한 근거로 애매한 결정을 하면 반드시 엉뚱한 결과가 나온다

❀ ─────────────────────────────

以疑決疑, 決必不當 이의결의, 결필부당 _순자

애매한 근거를 바탕으로 판단을 내리면 반드시 엉뚱한 결론이 나오게 된다는 의미이다.

반대로 말한다면 올바른 결단을 내리기 위해서는 먼저 풍부한 정보가 있어야 한다. 신뢰할 수 있는 데이터가 없으면 정확한 결론을 내릴 수가 없다. 그렇다고 해서 풍부한 정보만 확보하면 정확한 결론을 내릴 수 있느냐 하면 꼭 그렇지만도 않다. 결론을 내리는 당사자의 확고한 정견(定見)이 필요한 것이다. 순자(荀子)는 말한다.

"사물을 관찰할 때 관찰자가 이것저것 의심을 하게 되면 사물을 확실하게 확인할 수가 없다. 자신의 생각이 정해지지 않은 상태에서는 시비선악(是非善惡)을 정확하게 판단할 수 없는 법이다."

이 말을 한 다음 순자는 다시 '엉뚱한 결론이 나온 한, 바람직한 성과가 나올 리 만무하다'고 덧붙였다. 의문을 가지고 의문을 해결하는 어리석음은 없어야겠다.

우기종조(牛驥同皂)
느린 소와 천리마가 한 마구간에 매여 있다는 뜻이니, 곧 어리석은 사람과 준재를 똑같이 취급함을 이름 _鄒陽의 글.

덕이 있는 자는 외롭지 않다 반드시 이웃이 있는 법이다

德不孤, 必有隣 덕불고, 필유린 _논어

'덕은 결코 고립되지 않는다. 반드시 이해해 주는 자가 나타난다.'―이것은 공자(孔子)의 확신이었을 것임에 틀림없다.

그러나 공자 자신의 생애는, 보통 사람의 눈으로 볼 때 결코 행복하지는 못했다. 젊었을 때 그는 정치에 뜻을 두었으나, 정치에 참여한 것은 오십 세가 지나서였다. 그러나 불과 4년 만에 실각하고, 그로부터 14년 동안 여러 나라를 돌아다니면서 자신이 이상(理想)으로 삼았던 정치의 실현을 꾀했으나 끝내 뜻을 이루지 못했다. 그런 공자를 보고 어떤 은자(隱者)는 이렇게 혹평했다고 한다.

"시세(時勢)란 어쩔 수 없는 것이거늘, 쓸데없는 짓을 하고 다니는 사람이로군."

공자의 인생에는 고립의 그림자가 짙게 깔려 있다.

그런 공자가 '덕은 결코 고립되지 않는다. 반드시 이웃이 있다.'고 발언한 데에 의미가 있는지도 모르겠다. 이 말은 현실의 지적이 아니라 비원(悲願)의 고백으로 보인다.

우기청호(雨奇晴好)
비 오는 경치도 좋지만, 맑은 날의 경치도 볼 만함 _蘇軾의 詩.

부잣집 아들은
개죽음을 당하지 않는다

千金之子不死於市 천금지자불사어시 _사기

'천금지자(千金之子)'는 부잣집 아들이다. '불사어시(不死於市)'란 사형(死刑)에 처해지지 않는다는 의미이다. 옛날 중국에서는 대중들이 몰리는 저잣거리에서 사행을 집행하여 구경시켰다.

그러나 부잣집 아들은 비록 죄를 범했더라도 그런 처벌은 받지 않는다는 말이다.

왜 그럴까? 두 가지의 해석이 있다.

한 가지는, 가령 부잣집 아들이 죽을죄를 범하여 사형 선고를 받는 사태에 놓인다 하더라도 그 부모가 은밀히 손을 써서 구해 내기 때문이다. 옛날의 중국에는 이런 사례가 많았었다.

또 한 가지는, 부잣집 아들의 경우, 부모의 재산을 상속받을 계승자이므로 자연히 경거망동을 삼간다는 것이다.

두 번째 해석은 모두가 그렇다는 것은 아니겠으나 '행동에 신중을 기한다'는 점에서는 우리도 본받아야 할 것 같다. 어떤 사태에 말려들어 개죽음을 당한다는 것은 어느 누구에게도 바람직하지 못하겠기 때문이다.

우도할계(牛刀割鷄)
소 잡는 칼로 닭을 잡는다는 뜻으로, 큰 재능이 삭은 일에 쓰임의 비유 _論語·陽貨篇.

때가 오기를 기다리며 자연에 순응하면
애락(哀樂)이 없으며 속박에서 해방된다

安時而處順, 哀樂不能入也 안시이처순, 애락불능입야 _장자

적기(適期)를 기다릴 줄 알고 자연의 흐름에 순응할 줄 알면 애(哀)도 낙(樂)도 없으며, 모든 속박에서 벗어날 수 있다고 한다. 흐름에 거역하지 않는 자연 그대로의 생활태도가 가장 이상적인 사고방식이라는 것이다.

'수신(修身), 제가(齊家), 치국(治國), 평천하(平天下)'를 내세우는 유가(儒家)들, 그들에 대하여 장자(莊子)는 '그런 무리를 왜 하는가'라며 비꼬고 있다.

우리도 '치국, 평천하'까지는 생각지 않는다 하더라도 이런 목표, 저런 목표를 세워 놓고 무리를 하며 살아가는 것이 사실이다. 그러나 그처럼 악착같이 사는 것만이 인생의 전부는 아니다. 갑작스러운 전환(轉換)은 어렵겠지만, 그래도 유유히 인생을 즐기는 방법쯤은 배워야 하지 않을까.

물론 노력과 정진(精進)은 필요하다. 그러나 인생의 만족을 원한다면 장자와 같은 측면도 지녀야 하지 않겠는가.

우미인초(虞美人草)
항우(項羽)가 죽은 후 그의 애첩 우희(虞姬)가 자결했는데, 그녀의 무덤에서 난 풀이름. _類說.

숫양이 뿔로 울타리를 받다가
울타리에 뿔이 박혀 괴로워하다

羝羊觸藩羸其角 저양촉번리기각 _역경

'저양(羝羊)'은 수컷양이다. 숫양이 갈 길을 막고 있는 울타리를 뿔로 들이받다가 울타리[藩]에 뿔이 박혀 앞으로 나아가지도, 뒤로 물러서지도 못하여 괴로워한다는 말이다. 즉, 이 구절은 저돌맹진(猪突猛進)의 해(害)를 경고한 말이다.

인생을 살다 보면 이런 상황은 종종 일어난다. 그러나 한두 번쯤 절호의 기회도 찾아온다. 그때는 혼신을 다해 그 기회를 낚아채야 한다.

사업을 확장해도 좋고, 한층 더 높은 수준을 향하여 비약을 시도하는 것도 좋다.

그러나 세(勢)를 탔다고 해서 전후좌우를 살피지 않고 돌진만 한다면 '숫양[羝羊]'과 같은 꼴이 되고 만다. 그럴 때일수록 주위를 돌아볼 줄 아는 신중한 대응이 바람직하다.

『역경(易經)』에도 '소인은 세를 타고 돌진하지만, 군자는 경거망동하지 않는다'고 못 박고 있다. 호조(好調)일 때야말로 긴장의 고삐를 더욱 죄어야 한다.

우불파괴(雨不破塊)
비가 조용히 내리어 흙덩이를 부수지 않는다는 뜻으로, 태평한 상태를 말함 _鹽鐵論

전쟁을 잘하는 사람은
조직 전체의 세(勢)를 중시한다

善戰者 求之于勢 不責于人 선전자 구지우세 불책우인 _손자

'구지우세(求之于勢) 불책우인(不責于人)'이란 한 사람의 능력이나 활동에 과도한 기대를 갖지 말고, 조직 전체의 세(勢)를 중시하라는 말이다. 전쟁을 잘하는 사람은 그런 전법(戰法)을 사용한다고 했다. 손자(孫子)는 이렇게 말한다.

"세(勢)를 탄 병사(兵士)는 내리막길을 굴러가는 통나무나 돌멩이와 같이 엄청난 힘을 발휘한다. 통나무나 돌멩이는 평탄한 장소에서는 정지하고 있지만, 내리막길에 놓이면 자연히 움직인다. 또 네모난 것은 정지해 있지만 둥근 것은 구른다. 세를 탄 전투병이란 둥근 바윗덩이가 천길 골짜기를 구르는 것과 같은 것이다."

오늘날에는 어느 기업이든 사원 연수가 성행하고 있다. 조직이 살아남기 위해서는 분명 사원 한 사람, 한 사람의 질적 향상을 꾀하지 않으면 안 된다. 그러나 그보다 더 바람직한 것은 조직으로서의 세(勢)를 어떻게 구축하느냐이다. 세를 타면 하나의 힘이 둘도 되고 셋도 된다. 이런 세를 만들어내는 것이 리더의 책무일 것이다.

우심은은(憂心殷殷)
근심하고 또 근심하는 모양 _詩經·邶風篇.

재상의 벼슬에 있는 사람은
사소한 일에 신경 쓰지 않는다

宰相不親細事 재상불친세사 _한서

재상이란 문무백관(文武百官)의 수장으로서 황제를 보좌하는 최고 책임자이다. 그런 위치에 있는 사람은 '세사(細事)'—자질구레한 일—는 부하에게 맡기고, 자신은 대소고소(大所高所)에서 살피기만 하면 된다는 사고방식이다. 이것도 리더의 이상형(理想型)이라고 할 수 있다.

한(漢)나라 때 병길(丙吉)이란 재상이 수레를 타고 민정시찰을 나갔는데, 백주대로에서 난투극의 벌어지고 있는 것을 보았다. 사망자까지 발생할 정도로 큰 난리였었건만 병길은 눈길도 주지 않고 지나쳤다. 후에 동행했던 관리가 까닭을 물었던바, 병길은 다음과 같이 말했다.

"그런 일은 내 소관이 아닐세. 국정을 책임지고 있는 재상이 그런 시정잡배들의 일까지 다루어서야 되겠나."

중소기업 같은 작은 조직의 우두머리는 이렇게 행동하면 안 될 것이다.

그러나 리더라면 가급적 사소한 일은 다루지 않도록 노력하는 것이 바람직하다고 본다.

우이효지(尤而效之)
남의 과실은 나무라면서 자기도 똑같은 과실을 서지름 _左傳.

지혜로운 사람도 한 가지 실수는 있고 어리석은 사람도 한 가지 재주는 있다

智者千慮必有一失, 愚者千慮必有一得 지자천려필유일실, 우자천려필유일득 _사기

아무리 지자(智者)라 하더라도 한 번쯤의 실수는 있을 것이니 완벽하다고 할 수는 없다. 또한 우자(愚者)라 하더라도 더러는 잘 하는 일도 있을 것이니 반드시 어리석다고만 할 수는 없음을 꼬집은 말이다.

이 말도 본디는 속담으로 쓰여 왔던 듯하다. 예컨대 유방(劉邦)을 섬겼던 한신(韓信)이 조(趙)나라를 멸망시킬 때 적의 참모였던 이좌거(李左車)를 회유하여 군사(軍師)로 맞아들인 다음, 조나라 토벌 작전에 대하여 의견을 청한 일이 있었다.

그때 이좌거는 먼저 이 구절을 인용한 다음, 차분하게 자신의 의견을 피력했다. 즉, 그는 겸손을 다하며 '우자(愚者)의 일득(一得)'을 강조했던 것이다.

원래 이 속담의 진정한 노림수는 '지자의 일실'을 비웃은 것이 아니라 '우자의 일득' 쪽에 역점을 두었던 것 같다. 아무리 하찮은 사람의 의견이라도 귀를 기울일 만한 가치는 있는 법이다. 그것을 미리부터 틀렸다고 단정 짓는 태도는 교만이라 아니할 수 없으며, 또한 자타(自他) 간에 아무런 득이 없다.

우재유재(優哉游哉)
침착하고 여유 있다 _詩經·小雅篇.

천리마도 노쇠해지면
노마에게 뒤지는 수가 있다

騏麟之衰也, 駑馬先之 기린지쇠야, 노마선지 _전국책

'기린(騏麟)'이란 요즈음 말하는 기린이 아니다. 하루에 천리나 달릴 수 있는 준마(駿馬)를 뜻하는 말로서 '기기(騏驥)'라고도 한다. '노마(駑馬)'는 평범한 말, 즉 보통 능력밖에 없는 말을 가리킨다. 표제의 뜻을 굳이 다시 한 번 설명할 필요도 없을 것이다.

현대에도 흔히 '노해(老害)'란 말을 쓰고 있다. 말의 경우, 쇠해지면 그것이 다리에 나타나지만 사람의 경우에는 뇌에 나타난다. 사고(思考)가 경직되어 유연한 대응을 할 수 없게 되는 것이다. 노력에 따라 그것을 용케 극복하는 노인이 없는 것은 아니지만, 대부분은 그런 결점을 면하기 어렵다.

평상시라면 그래도 별문제가 아니겠지만 비상시가 되면 문제가 심각해진다. 1989년 5월, 중국의 천안문 사태 때 고위층에 있던 사람들은 모두가 고령자들로서 유연한 대응을 하지 못하여 엄청난 혼란을 초래했던 적이 있다. 오늘날에 이르러서도 이와 비슷한 일로 심각하게 지적되는 분야가 많이 있다.

운개견일(雲開見日)
오랫동안 막혀 있던 것이 점차적으로 열림 _後漢書.

복은 사소한 일도 소홀히 않는 데서 생겨나고
화는 사소한 일을 소홀히 하는 데서 생겨난다

福生於微 禍生於忽 복생어미, 화생어홀 _설원

'미(微)'는 사소한 선행(善行), 바꾸어 표현한다면 작은 친절이라고 해도 좋을는지 모르겠다. '복(福)'에는 물질적인 행운뿐 아니라 정신적인 만족감도 포함되어 있다. 그것은 아주 작은 마음 씀씀이에 의해서도 얻어진다는 것이 전반(前半)의 구절이다.

그러나 달리 풀이할 수도 있다. 후반(後半)의 구절과 대조시킴으로써 '복'은 성공, '화'는 실패라고 해석하는 것이다. 그러면 전체의 의미는,

"성공은 사소한 일이라도 소홀히 하지 않는 데서 생겨나고, 실패는 사소한 일을 소홀히 생각하는 데서 생겨난다."

가 된다. 『설원(說苑)』에서도 이 말에 이어 '밤낮으로 두려워하고 그대로 끝날까 두려워한다'고 말했으니, 이렇게 해석하는 것이 전체적으로 의미가 통한다 하겠다.

'홀(忽)'은 방심에서 생긴다. 언제나 긴장의 끈을 늦추지 않고 일에 임하면 '화'를 피할 수 있다는 것이다.

운상약견(雲狀若犬)
세상이 혼란하면 구름이 여러 가지 모양으로 나타난다는 뜻 _呂氏春秋.

지혜란 마치 물과 같아서
계속 사용하지 않으면 썩어버린다

智猶水也, 不流則腐 지유수야, 불류즉부 _송명신언행록

물은 계속 흐르지 않고 고여 있게 되면 썩는다. '지(智)'도 이와 같아서 계속 사용하지 않으면 녹이 슬어서 쓸 수 없게 된다는 것이다. '지'란 이 경우 머리라고 하는 편이 이해하기 쉬울는지 모르겠다.

송대(宋代)의 명신(名臣) 장영(張詠)이 어느 날 조례에서 당하(堂下) 관료들에게 충고하며 이 구절을 인용했다고 한다. 그는 이렇게 말하고 있다.

"대소사(大小事)에 모두 지혜를 쓰도록 하라. 작은 일에도 지혜를 쓰지 않는데 큰일에 어찌 지혜가 나오겠는가?"

평소에 머리를 쓰지 않는다면 유사시에 좋은 아이디어가 떠오를 수 없다는 말이다.

우리는 흔히 일이 끝난 연후에 '아아, 그때 이렇게 했더라면 좋았을 것을…' 하며 후회하는 경우가 종종 생긴다. 이것을 '원님 행차 뒤의 나발'이라고 한다. 아무리 명안(名案)이 떠올랐다 해도 행차 뒤의 나발이면 아무 가치도 없다. 그런 일 역시 평소에 연구와 노력을 게을리 했기 때문에 일어나는 것이다.

운중백학(雲中白鶴)
고상한 기품을 가진 사람 _世說新語.

친구와 교제할 때는
의협심을 3할만 발휘하라

交友須帶三分俠氣 교우수대삼분협기 _채근담

'협기(俠氣)'는 사나이의 의협심이다. 친구가 곤란한 처지에 놓여 있을 때 발 벗고 나서서 도와주는 것도 '협기'이다. 이 협기가 없다면 사나이라고 할 수 없다. 그럼에도 협기를 왜 '3할[三分]'만 쓰라고 했을까?

예로부터 '협기'는 약한 자를 돕는 강자의 임협도(任俠道)라고 했었다. 이것은 중국이나 우리나라나 마찬가지이다. 이런 용맹을 아무 때나 드러내면 혈기(血氣)대로 폭주할 우려가 있다.

한비자(韓非子)도 "협(俠)은 무(武)로 금령(禁令)을 범한다."고 말한 바 있다.

친구와의 관계에서도 이 '협기'를 8할 이상 발휘했다가는 대개의 경우 같이 쓰러지고 만다. 친구를 돕는 것은 좋다. 그러나 무리를 해서 자기 자신까지 쓰러진다면 모두를 잃는 결과가 된다. '3할' 정도만 쓰라고 제약을 둔 것은 그런 의미에서이다.

웅재대략(雄材大略)
뛰어난 재주와 꾀 _漢書.

난관에 부딪쳤을 때에는
인내로써 초지를 관철하라

處變當堅百忍以圖成 처변당견백인이도성 _채근담

난관에 부딪쳤을 때에는 오로지 인내로써 초지(初志)를 관철하지 않으면 안 된다는 의미의 말이다. '변(變)'이란 말하자면 인생을 살아나가다가 장벽에 부딪친 위기의 처지, 그때 필요한 것이 '백인(百忍)'이라고 했다.

'백인' 하면 숱하게 들어온 말이겠으나, 이 백인에는 다음과 같은 이야기가 담겨 있다.

당(唐)나라 고종(高宗) 때 장공예(張公藝)란 인물이 있었는데, 이 사람의 집은 '구세동거(九世同居)', 즉 대가족이 한 집에 사이좋게 모여 살았다고 한다. 이 소문을 들은 고종이 그 집을 방문하여 '구세동거'의 비결을 물었던바, 장공예는 묵묵히 참을 인(忍) 자를 일백 개나 써서 올렸다. 대가족이 화목하게 사는 비결은 오직 참고 사는 수밖에 없다는 뜻이다.

'백인'은 화합의 비결일 뿐만 아니라 인생의 난관을 돌파하는 데도 빼놓을 수 없는 조건이리라. 초지를 관철하기 위해서는 백인의 마음을 굳게 다져야 하겠다.

원교근공(遠交近攻)
먼 나라와 손을 잡고 가까운 나라를 침 _史記·范雎列傳.

극한 상황의 고생을 안 해본 사람은
리더가 될 자격이 없다

不受苦中苦 難爲人上人 불수고중고 난위인상인 _통속편

'고중고(苦中苦)', 즉 극한 상황의 노고(勞苦)를 체험하지 않은 자는 사람 위에 설 자격이 없다는 말이다.

어느 기업의 회장은 다른 회사의 젊은 사장들이 방문하면, 흔히 이런 말로 상대방에게 자극을 주었다고 한다.

"인간은 말일세. 세 가지를 경험하지 않으면 인간 구실을 제대로 할 수 없는 것 같더군. 첫째 투병(鬪病), 둘째는 낭인생활(浪人生活), 셋째는 투옥(投獄)이야."

그 자신이 이 세 가지의 체험을 직접 해보았으니 그 나름대로의 설득력이 있었을 것이다. '고중고'를 체험한 사람만이 반드시 사람 위에 설 자격이 있다고 말할 수는 없겠지만, 그것이 유력한 자격 조건이 된다는 것은 인정해도 좋을 것 같다.

왜냐하면 그런 체험을 거치면 반드시 사람을 보는 혜안이 생기고 역경을 이겨내는 힘도 배양되기 때문이다.

그렇게 생각하면 '고중고'를 고생으로만 받아들일 일이 아닌 것 같다.

원규지진(元規之塵)
내 마음에 못마땅하게 생각되는 남의 행위 _晉書.

임금의 역린(逆鱗)이 닿지 않도록
설득하는 것이 최상의 설득이다

❀ ─────────────────────────────────────

無嬰人主之逆鱗 則幾矣 무영인주지역린 즉기의 _한비자

널리 알려진 말이지만, 윗사람의 비위를 상하게 한다든가 분노를 폭발시키는 행위를 '역린(逆鱗)을 건드리다' '역린에 닿다'고 말한다.

한비자(韓非子)는 군주를 설득하는 극의(極意)를 설명하면서 비유의 이야기로 이 구절을 들었다.

먼저 "군주를 설득하기 어려운 점은, 군주의 마음을 충분히 읽은 후에 나의 의견을 그것에 맞추어야 하기 때문이다."라고 서두를 꺼낸 다음 이렇게 부연설명하고 있다.

"용(龍)은 길을 잘 들이면 사람이 올라타도 괜찮을 만큼 순하다. 그러나 용의 목 아래엔 지름 한 자 정도의 거꾸로 난 비늘[逆鱗]이 있는데, 그것을 건드리는 날엔 사람을 반드시 물어 죽인다. 임금에게도 이런 역린이 있다. 그 역린에 닿지 않도록 이야기하는 것이 설득의 극의이다[無嬰人主之逆鱗 則幾矣]."

군주뿐만이 아니라 인간은 누구나 역린 같은 것을 갖고 있다고 해도 과언이 아니다. 상대방의 그것을 건드리지 않도록 마음 쓰는 것이 대인관계의 요체이다.

> **원입골수(怨入骨髓)**
> 원한이 골수에까지 사무친다 _史記.

애매하게 행동하면 명성을 얻지 못하고
모호하게 일을 하면 공을 세우지 못한다

疑行無名, 疑事無功 의행무명, 의사무공 _사기

'의행(疑行)'이란 확신이 결여되어 애매모호하게 행동하는 것을 말한다. '의사(疑事)'도 같은 의미이다. 무슨 일이든 자신감을 갖고 임해야만 성공할 수 있다. 애매모호한 마음과 우유부단한 자세로 한다면 성공도 명예도 얻어지지 않는다.

시황제(始皇帝)의 진(秦)나라는 상앙(商鞅)이란 재상이 국정 개혁을 파격적으로 단행하여 부국(富國)의 기틀을 마련했었다. 그 개혁을 단행하면서 상앙은 먼저 표제의 구절을 인용한 다음,

"강국이 되기를 원한다면 선례(先例)에 사로잡히지 말고 관습에 구애받지 말아야 하며, 과감하게 개혁을 추진해 나가야 하나이다."라며 왕을 설득했다고 한다.

단, 상앙은 함부로 불퇴전(不退轉)의 결의만을 강조했던 것은 아니다. 진시황을 설득한 '설득의 변'에서도 알 수 있듯이 상앙은 주도면밀한 계획과 조사, 그리고 충분한 준비의 중요성도 아울러 강조했던 것이다. 왜냐하면 확신은 그처럼 견고한 토대가 마련되어야만 비로소 생겨나는 것이기 때문이다.

원증회고(怨憎會苦)
원한을 품어 미워하는 자와 만나는 괴로움 _法華經.

안다는 것은 어렵지 않다
어떻게 대처하느냐가 어려운 것이다

非知之難也 處知則難也 비지지난야, 처지즉난야 _한비자

안다는 것은 어렵지 않다. 안 다음에 어떻게 대처하느냐가 어렵다는 것이다. 즉, 정보 수집보다도 정보 관리 쪽이 더 어렵다는 말이다.

한비자(韓非子)는 이런 예를 들고 있다.

송(宋)나라에 어느 부자가 살고 있었다. 어느 날 갑자기 큰 비가 내려 담장이 무너지자 아들이 말했다.

"어서 수리해야겠습니다, 아버님. 도둑이 들겠어요."

이웃집 사람도 똑같은 말을 했다.

그날 밤 과연 도둑이 들었고, 부자는 많은 재물을 도둑맞았다. 그는 후회하며 아들의 말이 옳았다고 생각했다. 그러나 아들과 똑같은 말을 한 이웃집 주인에 대해서는 '혹, 그 사람 짓인지도 몰라' 하고 의심했다고 한다.

이웃 사람은 그 부자를 위하는 마음에서 충고를 했건만 의심을 받았으니 굉장히 억울했을 것이다. 우리의 주변에도 실은 이와 비슷한 이야깃거리가 많이 있다. 한비자에 의하면 그것은 모두 '처지(處知)', 즉 안 다음 일을 잘못 대처하는 데서 기인된다는 것이다.

> **원친불여근린**(遠親不如近隣)
> 먼 친척보다 가까운 이웃이 낫다 _明心寶鑑.

먼 후의 일을 걱정하지 않으면
반드시 가까운 장래에 근심이 생긴다

無遠慮, 必有近憂 무원려, 필유근우 _논어

'원려(遠慮)'는 문자 그대로 먼 훗날의 일을 걱정하는 것이다. 그러므로 '먼 후일을 내다보며 대책을 세우지 아니하면 가까운 곳에서 발목 잡히는 일이 일어난다'는 뜻의 말이다.

그런 것을 모르는 사람이 어디 있느냐고 반문할는지 모르겠다. 공자(孔子)가 아니더라도 머리가 웬만큼 돌아가는 사람이라면 누구든 할 수 있을 듯한 말이다. 그러나 평범한 일 같지만 막상 실행하려면 어렵다.

『좌전(左傳)』에도 "군자는 먼 후의 일을 걱정하고, 소인은 눈앞의 일을 따른다."는 말이 있다.

어쨌든 눈앞의 일에 사로잡혀서 갈팡질팡하고 안달하기 쉬운 것이 우리네 인생이다.

그럼 '원려'라고는 하지만 어느 정도까지 내다보며 걱정해야 하는 것일까? 적어도 십년 정도는 사정거리에 넣고 생각해야겠다. 이 정도의 '원려'만 갖고 있으면 어느 정도의 '근우(近憂)'는 피해 나갈 수 있을 것이니 말이다.

> **원형이정**(元亨利貞)
> 어질고 예의 바르며 의롭고 지혜로움. 즉, 네 가지의 덕목. _易經.

기(杞)나라 사람의
걱정

杞憂 기우 _열자

옛날 중국의 기(杞)라는 나라에 하루 종일 몽상(夢想)에 사로잡혀 사는 한 사나이가 있었다. 이 사나이는 당장에라도 하늘이 무너지면 어쩌나, 땅이 꺼지면 어쩌나 하는 걱정에 통 밤잠을 이루지 못했다.

보다 못한 친구가 "하늘은 기(氣)가 뭉쳐 쌓여 있는 곳이므로 걱정할 것 없네."라며 설명을 해주었지만 그 사나이는 그래도 걱정이 되었다.

"하지만 해와 달, 별들이 떨어지면 어떻게 하지?"

"걱정 말게. 해나 달, 별들도 모두 기(氣)로 된 것이야. 비록 떨어져서 머리에 맞는다 해도 다칠 염려는 없네."

이 말을 듣고서야 그 사나이는 비로소 가슴을 쓸어내리며 안심했다고 한다.

이 이야기에서 '기우(杞憂)'라는 말이 생겨났는데, 과연 쓸데없는 걱정인지 필요한 걱정인지를 구별하기란 쉬운 일이 아니다. 이 사나이가 살던 시대에는 천지(天地)의 붕괴가 기우에 지나지 않았겠지만, 자연이 계속적으로 파괴되고 있는 오늘날엔 기우라고만 생각할 수 없을 것 같다. 기나라 사나이를 비웃을 수만은 없는 시대에 우리들이 살고 있다는 것을 명심해야겠다.

월광독서(月光讀書)
달빛으로 책을 읽음 _齊書.

September 9

남의 작은 과실을 나무라지 않는다 — 작은 과실은 책망하지 말라는 말이다. 그런 것을 자꾸 들춰내면 사람들이 모여들지 않는다.

남의 음사(陰私)를 발설하지 않는다 — 숨기고 있는 일을 들추어내지 말라는 뜻이다. 누구라도 남에게 숨기고 싶은 일은 있게 마련이다. 그런 것을 모른 체하라는 말이다.

남의 구악(舊惡)을 말하지 않는다 — 옛 상처는 잊어버려주라는 말이다.

타인에 대하여 이상 세 가지를 마음 써준다면 자신의 인격을 높일 수 있을 뿐만 아니라 남에게 원한을 사는 일도 없을 것이다.

높고 튼튼한 제방도
개미나 땅강아지 구멍 때문에 무너진다

千丈之堤 以螻蟻之穴潰 천장지제 이루의지혈궤 _한비자

'천장(千丈)'은 높다는 형용. 그처럼 높고 당당한 제방도 땅강아지[螻]나 개미[蟻]가 판 작은 구멍 때문에 무너지고 만다는 말이다. 그러므로 아무리 사소한 것이라도 소홀히 넘기지 말고 일찌감치 손을 써서 화(禍)를 미연에 방지하지 않으면 안 된다는 의미의 말이다. 그런 마음가짐이 없으면 큰일을 이루어 낼 수 없다고 했다.

노자(老子)도 "여하한 난사(難事)도 용이한 일에서 생겼고, 여하한 대사(大事)도 사소한 일에서 시작된다."라고 하였다.

사소한 일이라 하여 방심하고 대책 수립에 태만하면 이윽고 그것이 큰일이 되어 되돌릴 수 없는 사태를 초래한다는 것이다.

한비자(韓非子)는 이 말을 의사의 치료에 비유하여 이렇게 말하고 있다.

"양의(良醫)는 초기에 질병을 발견하고 고친다. 이것은 병뿐 아니라 모든 일에 해당된다. 그러므로 성인(聖人)은 일을 처리할 때 일찍 손을 쓰는 것이다."

월단(月旦)
인물의 비평. '월단평(月旦評)'이라고도 함. _後漢書.

하늘의 섭리에 따르고 편한 마음으로
운명을 받아들이므로 근심 걱정이 없다

樂天知命, 故不憂 낙천지명, 고불우 _역경

천지자연의 법칙을 즐기고 자신에게 주어진 운명의 당위를 깨달아 아는
사람이라면 역경에 처했을 때 걱정 근심으로 노심초사하지 않는다.

예로부터 중국 사람은 인간 사회의 모든 현상—사람의 화복(禍福), 궁통(窮
通 : 궁하고 통하는 것), 요수(夭壽 : 일찍 죽고 오래 사는 것)—은 모두 보이지 않는 하늘
의 의지에 의해 지배된다고 생각해 왔다. 그것이 '천명'인 것이다. 그러므로
'천명'을 자각함으로써 달관(達觀)이라든가 체념(諦念)이 생겨난다고 했다. 다
시 말하면 깨달음의 경지에 가까워진다고 했던 것이다. 그리하여 불우(不憂)
—쓸데없이 걱정 근심하여 함부로 날뛰지 않게 된다는 것이다.

역경에 처했을 때, 가장 나쁜 자세는 경거망동하는 것이다. 이른바 발버
둥 치는 일이다. 이런 태도는 남 보기에도 추할 뿐 아니라 사태를 한층 더
악화시키는 수가 많다. '하늘을 즐기고 명을 아는 자'의 강점은 이런 때에 발
휘되는 것이다.

월반지사(越畔之思)
자기의 직분을 지킬 뿐 남의 직권을 범하지 않으려는 마음가짐 _唐宋八大家文讀本.

진귀한 물건이기에
사둘 만한 가치가 있다

奇貨可居 기화가거 _사기

'진귀한 물건을 발견했으니 사두자'란 의미의 말이다. '이런 찬스를 놓칠까 보냐'라는 뉘앙스로도 사용된다.

진(秦)나라 시황제(始皇帝)가 아직 진왕(秦王)으로 있던 시절, 그 상국(相國 : 재상)으로 있던 사람이 여불위(呂不韋)이다. 이 사람은 당시 보기 드문 상인(商人)이었다. 그가 젊었을 때 장사차 정(鄭)나라 도읍인 한단(邯鄲)에 간 일이 있었는데, 마침 그곳에서 자초(子楚)라는 진나라 왕자를 만나게 되었다. 자초는 왕자이기는 했지만 첩의 몸에서 태어나 냉대를 받다가 조나라에 인질로 와 있던 터였다. 인질의 생활이니 결코 평안하고 즐거울 수가 없다. 그런 자초의 처지를 전해 들은 여불위가 한 말이 바로 이 말이다.

여불위는 전 재산을 털어 자초의 옹립에 힘썼고, 이 계획은 멋지게 성공했다. 그 자초의 아들이 바로 진왕(秦王) 정(政)이다. 후일의 시황제인 것이다.

여불위처럼 찬스를 놓치지 않고 재빨리 행동으로 옮기는 것, 그것이 인생의 운명을 좌우하는 것 같다.

> **월영즉식**(月盈則食)
> 달은 차면 기운다. 흥성하면 다시 망한다는 말. _易經.

사마귀가 앞발을 들어
수레 앞을 가로막는 것과 같다

猶螳螂之怒臂以當車轍 유당랑지노비이당거철 _장자

당랑(螳螂 : 사마귀)이 앞발을 들어 수레바퀴와 맞선다는 뜻으로, 무모하기 짝이 없음을 비유한 말이다. 풍차(風車)에 맞서는 돈키호테가 연상된다. '당랑지부(螳螂之斧)'의 어원(語源)이기도 하다.

사마귀가 앞발을 들어 올린 자세는 분명 용감해 보인다. 다른 벌레들을 상대하는 것이라면 그것만으로 충분한 위력을 발휘한 것이다. 그러나 '수레바퀴'와 상대한다면 문제는 심각해진다. 만에 하나도 승산은 없으며, 결국엔 짓밟혀 죽을 것이니 말이다. 그 의기는 장하다고 할 수 있겠지만, 승산은 분명 제로이다.

왜 그런 행동을 하게 되는 것일까? 거기에는 두말할 나위도 없이 두 가지 원인을 들 수 있을 것 같다.

첫째, 자신의 힘을 모르고 있기 때문이다.

둘째, 상대방의 힘이 어느 정도인지 생각해 보지 않았기 때문이다.

우리에게도 이런 경우가 없지 않다. '사마귀'를 비웃을 수만은 없으리라.

월하빙인(月下氷人)
남녀의 인연을 맺어주는 사람, 즉 중매쟁이 _晉書.

군자는 일을 시작할 때
철저히 준비를 하는 법이다

君子以作事謀始 군자이작사모시 _역경

우리나라 사람은 '일을 저질러 놓고 생각한다'는 평을 받는다. '어쨌든 버스에 올라타고 보자'는 식의 사고방식을 가지고 있다는 말이다. 물론 이와 같은 '일을 저질러 놓고 보자'는 형에는 어느 정도 장점도 있다. 뭐니 뭐니 해도 행동력—기민한 대응력은 평가받아야 할 것이다.

그러나 손실의 면이 더 큰 것이 사실이다. 계획이 없으니 일사분란하게 전진하지 못하고 상황에만 따라 오락가락하는 등, 끊임없이 시행착오를 범하게 되는 경우가 많은 것이다. 결국 고생한 만큼의 성과를 거두지 못하게 된다.

그러므로 무슨 일이든 시작하기 전에 깊이 조사·연구하고 계획을 철저하게 세워야 한다는 말이다. 이렇게 움직이면 예기치 않았던 사고를 최소한도로 억제할 수 있기 때문이다.

무슨 일을 하든 ①충분히 검토된 사업 계획, ②기민한 대응 능력 등이 필요하다. 이러한 것들을 모두 갖춘 자가 승리하고 살아남을 수 있는 법이다.

위도간예(違道干譽)
도리를 어기면서 백성의 칭송을 요구함 _書經.

곧은 나무는 먼저 베어지고
물맛이 좋은 우물은 먼저 마른다

直木先伐, 甘井先竭 직수선벌, 감정선갈 _장자

수목(樹木)은 곧게 자라서 재목으로 적합한 것부터 먼저 베어지고, 우물은 좋은 물이 솟는 우물이 먼저 마르게 된다. 인간도 그와 같아서 유용하고 유능한 인물일수록 좌충우돌하다가 상처를 입기 쉽다. 언뜻 보기에 무능하여 남들의 눈에 잘 뜨이지 않는 생활을 하는 사람이 그 인생을 대과(大過) 없이 살아갈 수 있다는 것이다.

『장자(莊子)』는 '의태(意態)'라는 새의 예를 들고 있다. 이 새는 날개만 펴덕일 뿐 보기에는 아주 무능한 것 같다.

다른 새들의 도움을 받고서야 겨우 날아오르고, 엉덩이를 쪼이고서야 겨우 둥지로 돌아온다. 앞으로 나아갈 때는 선두에 서려고 하지 않고, 물러갈 때도 후미(後尾)에 서려고 하지 않는다. 먹이를 먹을 때는 결코 앞을 다투지 않으며, 동료들에게서 벗어나는 일도 없고 위해(危害)를 가하거나 받는 일도 없다.

남을 책망하지도 않고, 남에게서 책망을 받지도 아니한다. 그처럼 소극적으로 살아가는 방법도 삶의 한 방법인지도 모르겠다. 이것도 진리의 일면(一面)이 아니겠는가.

위랑위호(爲狼爲虎)
인심이 사나운 것을 비유하는 말 _史記·韓安國傳.

지위가 없음을 불평하지 말고
실력을 기르는 데 힘을 쓰라

不患無位, 患所以立 불환무위, 환소이립 _논어

아무리 기다려도 관리직에 오르지 못한다든가 중역이 되지 못한다면, 한탄하기에 앞서 그런 지위에 오를 수 있는 실력을 기르라는 말이다.

이 말을 한 공자(孔子)는 그러한 자리에 올라 자기의 수완을 마음껏 발휘해 보기를 간절히 원했던 사람이다. 그러나 그의 인생은 대체적으로 불우했으며, 그런 바람은 이루어지지 않았다. 어쩌면 그도 '지위를 얻지 못한 자신을 한탄'하는 마음을 가졌던 적이 있었을 것임에 틀림없다. 이 말에 그러한 그의 마음이 투영되어 있는 것이 아닌가 하는 생각이 든다. 별 고충 없이 자신이 원하는 자리에 올랐다면 이런 말을 토로했을 리 없겠기 때문이다.

불우(不遇)는 인생에 당연히 있게 마련이다. 그럴 때에 스스로 포기하거나 불평불만만 터뜨린다면 전망은 더욱 흐려진다. 묵묵히 인내하면서 자기 자신을 부단히 연마한다면, 설령 결과야 어떻게 나타나든 간에 자기 자신을 납득시킬 수는 있지 않은가.

위부불인(爲富不仁)
재물을 모으게 되면 남을 불쌍히 여기지 않고, 어진 일을 하지 않음 _孟子·滕文公章句.

해마다 피는 꽃은 비슷하건만
인생은 해마다 늙어만 가누나

❀ ─────────────────────────────────

年年歲歲花相似, 歲歲年年人不同 연년세세화상사, 세세년년인부동 _당시선

당나라 시인 유정지(劉定之)의 「대비백두옹(代悲白頭翁 : 백발노인을 대신하여 슬퍼함)」이라는 제목의 칠언고시(七言古詩) 중 한 구절이다. 꽃은 해마다 똑같이 피어나는데, 그 꽃을 보는 인간은 해마다 변하여 간다는 뜻이다. 인간은 누구나 노년에 이르게 되면 이런 생각을 하게 되는 것 같다.

인간은 일년이나 이년 정도 지날 때에는 변하는 것을 잘 모른다. 그러나 십년쯤 지나면 엄청나게 변하고, 삼십년쯤 지나면 완전하게 변하고 마는 것이 인생이다. 그리고 그때서야 깨닫고 속으로 '나도 이제 늙었다'며 탄식하게 된다.

'소(少)'에서 '장(壯)'으로, 그리고 '장'에서 '노(老)'로 인생은 종종걸음을 친다. 악착같이 살다가 이것을 깨달았을 때에는 이미 여생이 얼마 남지 않은 것이다. 그럼 이처럼 짧은 인생을 어떻게 살면 좋을까?

1. 뜻있게 살 것

2. 즐겁게 살 것

이 두 가지를 공존시켜서 '내 인생에 후회는 없다'는 삶을 살고 싶지 아니한가.

위불기교(位不期驕)
높은 지위에 있으면 교만이 생김 _書經.

나무 위에 올라가서
물고기를 잡으려고 한다

緣木而求魚 연목이구어 _맹자

나무 위에 올라가서 물고기를 잡으려 한다는 것이다. 수단 방법이 잘못되어서는 목적을 달성할 수 없다는 비유의 말이다.

맹자(孟子)가 제(齊)나라 선왕(宣王)에게 유세하러 갔을 때의 일이다. 선왕은 무력에 의한 천하통일을 꿈꾸며 야심에 차 있었다. 그런 선왕에게 맹자는 무력으로 천하통일을 꾀하는 것은 나무 위에 올라가서 물고기를 잡으려는 것[緣木而求魚]과 같이 어리석은 일이라고 설파했던 것이다.

"무력을 쓰는 것이 그처럼 어리석은 일이오?"라고 반문했던바, 맹자는 다음과 같이 대답했다고 한다.

"그 이상으로 어리석은 짓이옵니다. 나무 위에 올라가 물고기를 잡으려 함은 못 잡는 것으로 끝이 나겠지만, 무력을 사용해서 야망을 채우려는 것은 전력(全力)을 기울여야 하므로 자칫 멸망의 위험이 따르는 법이옵니다."

애써 훌륭한 목표를 세웠다 하더라도 그 수단과 방법이 그르면 위와 같은 결과가 초래된다는 점을 명심해야겠다.

위선최락(爲善最樂)
선한 일은 인생 최대의 낙이란 뜻 _後漢書.

상사(上司)가 취하던 나쁜 태도를 스스로 부하를 부릴 때에는 취하지 마라

所惡於上, 毋以使下 소악어상, 무이사하 _대학

윗사람이 아랫사람을 이해하는 데에는 삼년이 걸리지만, 아랫사람이 윗사람을 이해하는 데에는 고작 삼일이면 충분하다고 한다. 부하의 입장에서는 그 상사의 결점이 그만큼 잘 보인다는 말이다. 상사가 바보이고 부하가 영리하다는 뜻의 말은 결코 아니다. 입장상 그런 현상이 나온다는 말이다.

부하들이 볼 때 아무리 훌륭한 상사라 하더라도 한두 가지의 결점쯤은 갖고 있다는 것을 인식하고 있다. 그러니 보통 수준의 상사라면 결점투성이로 보일 것이다. 그래서 '아니, 저런 사람이 어떻게 저 자리에…'라는 생각이 들는지도 모른다. 그것이 여기서 말하는 '소악어상(所惡於上)…'일지도 모를 일이다. 그리고 자신의 상사가 취하던 태도와 똑같은 태도로 부하에게 임하면 안 된다는 것이 '무이사하(毋以使下)'이다.

이 표제어 역시 훌륭한 조언으로 생각된다. 대개는 상사에게 품고 있던 자신의 불만 등을 온데간데없이 잊어버리고 그 자신도 그와 똑같은 태도로 부하에게 임하는 경우가 대부분이니 말이다. 장점은 배워야겠지만 결점은 타산지석(他山之石)으로 삼아야 할 것이다.

위이불맹(威而不猛)
위엄은 있으나 난폭하지 않음 _論語·述而篇.

남이 한 번에 해낸 일이면
나는 백 번에 걸쳐서라도 꼭 해낸다

❈ ─────────────────────

人一能之 己百之 인일능지 기백지 _중용

다른 사람이 한 번에 할 수 있는 일을 자기는 두 번, 세 번 반복해도 달성하지 못한다. 그러나 포기해서는 안 된다. 백 번쯤 도전하면 어떠한 일이든 반드시 이루어 낼 수가 있는 법이다. 『중용(中庸)』에는 다음과 같은 말도 덧붙이고 있다.

"이처럼 해나가면 우(遇)라 하더라도 반드시 명(明)이 되고, 유(柔)라 하더라도 반드시 강(强)이 된다."

이런 방법으로 노력하면 아무리 우자(愚者)라 하더라도 현자(賢者)가 되며, 아무리 약자(弱者)라 하더라도 강자(强者)로 변신할 수 있다는 말이다.

쉽고 편하게 살고 싶어 하는 현대인들은 그런 노력을 경원(敬遠)할는지도 모른다. 편하게 살고 싶어 하는 마음을 이해하지 못하는 것은 아니다. 그러나 안일과 편안만 바란다면 이 짧은 인생에서 아무것도 이루지 못할 것이다.

노력해야 할 경우에는 역시 백 번을 반복하더라도 이루어 내고야 말겠다는 투철한 정신이 필요한 법이다.

위편삼절(韋編三絶)
독서에 힘씀. 죽간(竹簡)을 엮은 가죽 끈이 세 번이나 끊어질 만큼 읽었다는 데서 일컬어진 말. _史記·孔子世家.

아랫사람에게 임할 때에는 간략하게 하고
백성을 대할 때에는 관용으로…

臨下以簡, 御衆以寬 임하이간, 어중이관 _서경

정치의 요체에 대해서 한 말이다.

'간(簡)'이란 간략(簡略)이다. 즉, 번잡함의 반대이다. 관청의 업무를 살펴보면, 관리들이 자신들의 권위를 과시하고자 함에서인지 국민들은 번번이 번잡스런 절차를 강요당하기 일쑤이다. 절차가 복잡한 것은 그래도 괜찮다. 알고 보면 꼭 필요하지도 않은 규제와 금령(禁令)이 허다하다. 결국 백성들은 점차 활력을 잃게 된다. 관리들은 그러한 점들을 염두에 두고 '백성을 위한 정치'를 하도록 마음을 쓰라는 말이다.

'관(寬)'이란 관용, 관대의 뜻이다. 국민에 대하여는 가급적 관용의 정신으로 임하라는 것이다. 그렇게 하지 않으면 절대로 국민의 지지를 기대할 수 없다. 사실 그런 가혹한 정치를 하다가 스스로 묘혈을 판 예를 우리는 역사에서 수없이 보아왔다.

이상과 같은 일은 기업의 조직 관리에도 그대로 통용된다. 간(簡)과 관(寬), 이 두 가지의 요소를 리더는 가슴 깊이 새겨두어야 할 것이다.

유각양춘(有脚陽春)
은혜를 베푸는 것이 마치 봄이 만물을 따뜻하게 하는 것과 같은 사람을 비유한 말 _開元天寶遺事.

가정 내의 말은 밖에서 하지 말고
밖의 말은 가정에서 하지 마라

內言不出, 外言不入 내언불출, 외언불입 _예기

'내언(內言)'이란 가정 안에서의 문제, '외언(外言)'이란 업무상의 문제라고 생각하면 되겠다. 가정의 문제는 가정에서 해결하고, 바깥 문제는 밖에서 해결하되 함부로 가정 문제를 밖으로 끌고 나간다든가 바깥 문제를 안으로 끌고 들어오지 말라는 뜻이다.

중국 사람들은 예로부터 여자는 집안일, 남자는 바깥일로 직무 분담이 거의 정해져 있어서 여자는 바깥일에 입을 열지 않고, 남자는 집안일에 개입하지 않는 것이 바람직하다고 생각해 왔다. 여기서 든 구절도 그런 사상의 연장선이라 할 수 있겠다. 표면만을 보면 현대의 정황과 부합되지 않는 것처럼 보이지만, 반드시 그렇지만은 않다.

예컨대 '외언불입(外言不入)'이다. 왜 바깥일을 가정에까지 끌고 들어오면 안 되는 것일까? 두말할 것도 없이 아내가 바깥일에 개입함으로써 바람직스럽지 못한 상황이 발생하겠기 때문이다. 이러한 예는 오늘날에도 가끔씩 볼 수 있는 광경이다. 특히 리더 된 자는 이런 면에서 각별한 자계(自戒)가 있어야겠다.

> **유녀회춘(有女懷春)**
> 여자가 봄을 맞이하여 춘정(春情)을 품는다 _詩經·김南篇.

책은 많이 읽는 것보다
그 대략을 이해하도록 힘쓰라

書不必多看 要知其約 서불필다간, 요지기약 _근사록

송대(宋代)에 정이천(程伊川)이라는 대학자가 있었다. 주자(朱子)의 스승이 기도 한데, 어느 날 그는 문인(門人)으로부터 학문하는 방법에 대해 질문을 받고는 '무엇보다도 책을 읽으라'고 전제한 다음, 표제의 말을 덧붙였다. 반드시 많은 양의 책을 읽을 필요는 없다. 내용파악이 중요하다는 의미의 말이리라. 그리고 다시, '많이 보고 그 요약되는 점을 아는 것은 서사(書肆)뿐이다'라는 한 구절을 더했다. 책방 주인이 그렇다는 의미이다.

인쇄 · 제지 · 제책술이 발달한 오늘날에는 책들이 홍수같이 쏟아져 나오고 있다. 그러므로 아무래도 다독(多讀)을 하게 된다. 그러나 읽기를 잘했다고 생각되는 책은 의외로 많지 않다.

정이천 선생이 말하는 '소수정예'주의는 오늘날에도 대단한 효용가치를 지니고 있다. 특히 고전(古典)의 경우, 깊이 생각하면서 읽으면 선철(先哲)의 가르침이 살아 숨쉬는 지혜로서 우리 곁으로 돌아오는 것을 느끼게 될 것이다.

> **유리시시**(惟利是視)
> 의리의 유무는 묻지 않고 이해관계에만 관심을 둠 _左傳.

쓸데없는 비용을 없애는 것은
성왕(聖王)의 도(道)요, 천하의 큰 이익이다

去無用之費 聖王之道 天下之大利也 거무용지비 성왕지도 천하지대리야 _묵자

묵자(墨者)는 겸애(兼愛), 비공(非攻)을 주장한 사상가로 알려져 있다. 그러나 묵자의 또 한 가지 특징은 절검(節儉)을 주장했고, 무용한 출비(出費)에 반대했다는 점이다. 그것이 개인의 이익임과 동시에 국가의 이익도 불러오며 전 인류의 이익과도 합치된다는 것이다. 그런 의미에서 보면 지극히 금일성(今日性)을 띤 사상가라고 해도 틀림이 없다.

묵자뿐만 아니라 공자(孔子)도 정치의 안목 중 하나로 '용(用)을 절약하여 백성을 사랑한다'(『논어』)—재정 규모를 원칙 없이 확장하여 백성에게 부담을 강요해서는 안 된다—를 꼽았었다. 고금의 예를 들 필요도 없이 재정의 무원칙한 확대는 나라를 피폐하게 만드는 근원이 된다. 절검이 필요한 것은 개인이나 가정이나 나라나 모두 마찬가지이다. 한번 생활을 팽창시켜놓으면 줄이기가 용이하지 않다. 평소부터 쓸데없는 출비(出費)를 억제함으로써 불시의 출비에 대비해야 한다.

절검의 의의는 저성장 시대에 접어든 오늘날 더욱 절실해졌다고 보아야 할 것이다.

> **유세(遊說)**
> 자신의 의견으로 설득함 _史記.

남의 욕을 자주 하면
남 역시 악으로 갚아온다

好稱人惡, 人亦道其惡 호칭인악, 인역도기악 _설원

중국의 고전(古典)은 '응대사령(應對辭令)'의 학문이라고 말한 학자가 있다. '응대사령'이란 알기 쉽게 말하면 인간관계인데, 이 말도 그 기미(機微)를 말한 것이리라. 표현하고 있는 내용은 진부하지만, 그러나 인간관계라고 하는 것이 이천 년 전이나 지금이나 전혀 달라진 것이 없다는 점에는 놀라움을 금할 수 없다.

'호칭인악(好稱人惡)'이란 남의 욕을 하는 것─. 대면한 상태에서 욕을 한다면 그래도 괜찮다. 그러나 욕은 상대방이 없을 때 하는 경우가 많기 때문에 증오와 배신을 낳는다.

우리도 역시 남의 험담을 몇 번쯤은 하면서 살아간다. 그런데 이 험담이나 욕이라고 하는 것은 분명 상대방이 없는 데서 했는데도 어김없이 그의 귀에 들어간다. 결국 상대에게 원한을 사게 되고, 그에 따른 응보를 치르게 되는 것이다. 그렇다면 욕이나 험담을 듣지 않기 위해서는 어떻게 해야 할까? 두말할 것도 없이 내 쪽에서 먼저 남의 험담을 입에 담지 말아야 할 것이다.

유수불부(流水不腐)
흐르는 물은 썩지 않는다 _呂氏春秋.

원망은 분명하지 못한 법,
나타나지 않을 때 조처해야 한다

怨豈在明, 不見是圖 원개재명, 불견시도 _서경

남으로부터 원망을 사는 것만큼 부질없는 일도 없다. 오직 마이너스만 될 뿐 플러스 될 거리가 한 가지도 없겠기 때문이다. 원망을 사게 되는 요인은 여러 가지가 있을 수 있겠는데, 원인을 알고 또 상대방이 누구인지 알 경우에는 대응 방법도 있을 것인즉, 그래도 낫다.

고약한 것은 눈에 안 보이는 원망이다. 대개 이 원망이라는 것은 그런 형태로 존재하는 경우가 많기 때문에 속수무책인 것이다.

그 점을 말하는 것이 표제의 말이다.

남의 원망의 대상이 될 경우, 폭발한 다음에 대응코자 하면 이미 늦는다. 폭발했을 때에는 이미 걷잡을 수 없는 사태로 발전되었기 때문에 수습하는 데 몇십 배의 힘이 들기 때문이다. 그러므로 폭발하기 전, 즉 눈에 보이지 않는 단계에서 그것을 찰지(察知)하고 신중히 대처하라는 말이다.

그러기 위해서는 끊임없이 자신의 행동을 체크하고 원망을 살 만한 요소를 아예 제거해 나가야 한다. 화(禍)를 미연에 방지하기 위해서는 그러한 세심한 자세가 요구됨은 물론, 신중에 신중을 기해야 되는 것이다.

유시무종(有始無終)
처음은 있고 끝은 없음. 결과를 맺지 못함. _莊子.

나이 쉰 살이 되어서
49년간의 잘못을 알았다

年五十 而知四十九年非 연오십 이지사십구년비 _회남자

옛날 위(衛)나라에 거백옥(蘧伯玉)이란 중신이 있었다. 공자(孔子)와 같은 시대 사람으로서 훌륭한 인품을 지녔던 사람 같다. 『논어(論語)』 속에서 공자는 '군자로다 거백옥이여…'라고 극찬한 다음 그 이유를 '도(道)가 있을 때에는 벼슬길에 나와서 활약했지만, 도가 사라졌다고 판단되자 즉시 물러나 재지(才智)를 나타내지 아니했다'고 말했다.

또 어느 날 공자를 찾아온 거백옥의 하인이 "주인어른은 늘 과오를 줄이려고 무던히 애쓰고 계십니다. 그러나 아직 그 보람을 느끼시지 못하는 것 같습니다."라며 거백옥의 마음을 전한 일이 있다.

거백옥이란 사람은 자기 수양을 게을리 하지 않았던 인물 같은데, 그 모습을 단적으로 전해 주는 말이 '연오십 이지사십구년비(年五十 而知四十九年非)'란 구절이다. 과거 49년간의 생활방법을 모두 부정했을 만큼 50세인 현재를 베스트로 살았다는 말이다. 그랬기에 공자마저도 존경과 극찬을 아끼지 않았던 것이 아닐까.

유아독존(唯我獨尊)
이 세상에서 자기 자신보다 귀한 것이 없음 _大莊嚴經.

한번 귀해지고 한번 천해져 보니
세상의 교제가 무엇인지 알겠더라

❁ ─────────────────────────────

一貴一賤, 交情乃見 일귀일천, 교정내견 _사기

한(漢)나라 때 적공(翟公)이란 관리가 있었다. 그는 오늘날로 치면 검찰총
장(檢察總長)과 같은 관직에 있었는데, 그때 그의 집은 낮이나 밤이나 방문객
들로 들끓어 정신을 차릴 수가 없었다. 그러나 얼마 후 그가 해임되자 찾아
오던 사람들은 온데간데없이 그림자를 감추었고, 위로하는 이는 몇몇뿐이
었다. 이윽고 적공은 다시 그 자리에 올랐다. 그러자 방문객들은 또다시 앞
다투어 몰려들었다. 그때 적공은 다음과 같은 문구를 크게 써서 대문에 내
걸었다고 한다.

일사일생(一死一生)하니 곧 교정(交情)을 안다.

일빈일부(一貧一富)하니 곧 교태(交態)를 안다.

일귀일천(一貴一賤)하니 교정(交情)을 본다.

인간의 교제가 생사(生死), 빈부(貧富), 귀천(貴賤)의 변화에 따라 기가 막힐
만큼 바뀌는 것을 비웃은 말이다. 오늘날도 마찬가지이다. 출세가도를 치
달을 때에는 출입하는 자도 많지만, 한번 영락(零落)의 길로 접어들면 사람
의 발자취가 끊어진다. 이런 때에는 울분을 터뜨리기보다 '세상만사 다 그
런 것'이려니 하고 평상심을 빨리 찾아야만 다음 발길을 내딛을 수가 있다.

유어출청(游魚出聽)
거문고 소리가 교교하여 물고기도 떠올라 들음 _荀子.

발분(發憤)하지 않으면 계도하지 않고
안타까워하지 않으면 도와주지 않는다

不憤不啓, 不悱不發 불분불계, 불비불발 _논어

요즈음 '자기계발(自己啓發)'이란 말이 많이 쓰이고 있는데, '계발(啓發)'의 어원은 바로 이 글귀이다. 본디는 공자(孔子)의 교육방침을 피력한 말이다. '분(憤)'이란 문제의식이 마음속에서 용솟음치는 상태를 말하며, '비(悱)'란 마음속 깊이 느끼고는 있으나 표현할 말을 찾지 못해 안타까워하는 상태를 가리킨다. 그러므로 전체의 의미는 이러하다.

"어떤 문제를 규명하고자 머리를 싸매고 있을 때 출구를 찾을 수 있게 단서를 가르쳐 주고, 마음에 깊이 느낀 바가 있어 그것을 말로 표현하려 하나 적당한 말을 찾지 못해 안타까워할 때 그 길을 열어준다."

이렇게 교육이라고 하는 것은 배우고자 하는 사람에게 살짝 물꼬만 틔워 주는 것이라고 했다. 공자는 또 한마디를 덧붙이고 있다.

"한 귀퉁이를 들어주어 다른 세 귀퉁이를 알지 못하면 더 이상 가르치지 않는다."

유엽미(柳葉眉)
버들잎처럼 가는 눈썹 _梁元帝의 詩.

재능을 감추어
남에게 드러나지 않게 하라

韜晦無露圭角 도회무로규각 _송명신언행록

'도회(韜晦)'는 재능을 안으로 감추는 것, '규각(圭角)'은 뾰족한 모서리로서
재능을 가리킨다.

송대(宋代)에 두연(杜衍)이라는 재상이 있었다. 그의 문하생 중 한 사람이
현령(縣令)으로 임명되었을 때, 이 말을 인용하고 가급적 남의 눈에 드러나
지 않도록 행동하는 것이 일신상에 좋다고 충고했다. 그러나 두연의 문하
생은 도저히 납득이 가지 않았던 것 같다. 그래서 '왜 그렇게 하여야 합니
까?'라고 물었던바, 두연은 이렇게 대답했다고 한다.

"자네의 경우, 이제야 현령에 임명되었을 뿐이며, 앞으로의 승진은 상사
들의 손에 달려 있네. 그런데 함부로 재능을 내보이게 되면 상사들로부터
미움을 사게 될 뿐 아니라 쓸데없는 화까지도 자초하게 되니, 행동을 조심
하라는 걸세."

조직 속에서 살아남은 자를 보면 시대를 막론하고 이처럼 주의 깊은 일면
이 있었다. 두연의 충고를 노파심이라고 웃어넘길 일이 아니다.

유영(柳營)
장군이 있는 진영으로, 세류영(細柳營)의 준말 _漢書.

백성의 믿음을 잃으면
나라의 정치는 성립하지 않는다

民無信不立 민무신불립 _논어

정치의 요체(要諦)에 대해서 한 말이다. 정치의 가장 중심적 과제는 '신(信)', 즉 신의(信義)의 확립이라는 말이다.

어느 날 공자의 제자 자공(子貢)이 정치의 요체에 대해서 물었던바, 공자(孔子)는 이렇게 대답했다.

"식량을 충분하게 하고, 군비를 충실하게 하며, 백성들의 믿음을 믿는 것이다."

즉 ①식량의 비축, ②군비의 충실, ③신의의 확립, 이 세 가지를 들었던 것이다. 자공이 다시 '이 세 가지 가운데 한 가지를 뺀다면 어떤 것을 빼야 합니까?'라고 묻자 '그것은 군비이다'라고 했다. '그럼 나머지 두 가지 중에서 한 가지를 더 뺀다면 어떤 것을 빼야 합니까?'라고 자공이 거듭 물었을 때, 공자는 다음과 같이 대답했다고 한다.

"물론 식량이지. 인간은 언젠가는 죽는다. 죽음은 피할 수 없는 것이야. 백성의 믿음을 잃어서는 나라 자체가 성립될 수 없다[民無信不立]."

이 기백만은 꼭 배워 두어야겠다.

유유지설(謬悠之說)
황당무계한 설 _莊子.

기쁨과 노함을
얼굴에 나타내지 않는다

喜怒不形於色 희로불형어색 _삼국지

희로애락(喜怒哀樂)의 감정을 표정에 나타내지 않는다. 즉, 언제나 담담한 얼굴로 사태에 대처한다는 뜻으로서 특히 리더에게 교훈이 되는 말이다.

『삼국지(三國志)』의 유비(劉備)는 '말수가 적고, 언제나 낮은 자리에 있기를 좋아했으며, 희로(喜怒)를 얼굴에 나타내지 않았다'는 것이니 리더로서의 장점을 세 가지씩이나 갖추고 있었던 셈이다.

이러한 장점은 특히 위기에 처했을 때에 발휘된다. 조직이 위기에 몰려 있을 때 부하들은 반드시 윗사람이 어떤 태도를 취하는지 그 안색부터 살피게 마련이다. 그런 때에 윗사람이 동요를 일으키거나 좌불안석(坐不安席)이 되면 조직 전체가 흔들리게 된다.

그렇다고 리더가 조직의 존립을 생각한다며 지나칠 정도로 냉랭함만 견지한다면 그 또한 조직을 냉각시키기만 할 뿐 절대 도움이 되지 않는다. 그러므로 리더에게는 냉철한 판단력과 함께 '따뜻한 인상'도 필요하다.

훌륭한 리더가 되는 것도 쉽지는 않은 일이다.

유한정정(幽閑靜貞)
여자의 덕이 높음 _詩經·周南篇.

있을 때 베풀지 아니하면
궁해졌을 때 주는 자가 없다

有而不施, 窮無與也 유이불시, 궁무여야 _순자

의미는 설명할 필요도 없겠다. '있을 때 베푼다'는 것도 인생의 기본적인 덕목 중의 하나이기 때문이리라.

'베푸는 것'에도 여러 가지가 있다. 거지에게 무엇이든 주는 것도 베푸는 것임에 틀림없다. 또 '빈자(貧者)의 일등(一燈)' 등도 고상한 의미의 베풂에 틀림없다. 그러나 여기서 말하고 있는 '베풂'이란 그런 종류의 것이 아니라 '가진 자'의 베풂이다. 이것이 의외로 어려운 것 같다.

그 이유는 가지면 가질수록 더 많이 갖고 싶은 것이 인간의 본성이기 때문이다. 특히 우리나라 사람들은 '가졌을 때 베푸는 것'에 서투르다는 생각이 든다.

개인의 경우뿐 아니라 국가 간의 경우에 있어서도 마찬가지이다. 받을 것만 생각하고 베풀 것을 생각지 않는다면 남들로부터 미움을 사는 것은 당연하고, 국제 사회에서도 고립이 될 것은 뻔하다. 우리는 '베푸는 것'에 대하여 좀 더 숙고해야 하지 않을까.

유현이부지(有賢而不知)
현명한 사람이 민간에 있는 것을 모른다는 뜻 _晏子.

구부러졌기에
생명을 보전할 수 있다

曲則全 곡즉전 _노자

약하여 '곡전(曲全)'이라고도 한다. 구부러졌기에 생명을 보전할 수 있다는 말은 노자(老子)의 처세철학을 가장 단적으로 표현한 말 가운데 하나이다.

노자는 직선적인 생활태도보다 곡선적인 생활태도가 이상적이라고 했다. 선두에 서는 것보다는 뒤에서 따라가는 생활태도가 좋다고도 했다.

왜냐하면 그러는 편이 닥쳐오는 위험을 피할 수 있기 때문이기보다 안전하게 살아갈 수 있기 때문이란다.

'곡전'은 약하디약한 패배주의(敗北主義)가 아니다. 약자가 스스로의 약점을 역으로 이용함으로써 끈질기게 역전을 기도하려는 방책이다. 생각하기에 따라서는 이만큼 유들유들하면서도 대담한 생활태도는 없을 것이다.

노자는 또 '오므라져 있기에 늘일 수가 있다. 움푹 패어져 있기에 물이 가득 찰 수가 있다'고도 말하고 있다.

노자의 말대로라면 굳이 구부러진다든가 오므라지기를 고집하는 생활태도가 어떤 의미에서는 강한 생활태도라 할 수 있을지도 모르겠다.

> **유혈성천**(流血成川)
> 전쟁에서 사상자가 많음을 가리키는 말 _戰國策.

298

전하께서 읽고 계신 것은
옛 사람의 찌꺼기입니다

君之所讀者, 古人之糟魄已 군지소독자, 고인지조백이 _장자

옛날 제(齊)나라 환공(桓公)이 독서를 하고 있는데, 뜰에서 수레를 만들고 있던 목수가 물었다.

"전하, 전하께서 읽으시는 책은 누가 쓴 책이옵니까?"

"이 책 말인가? 옛 성인(聖人)께서 쓰신 책이지."

"그분은 지금도 살아 계시옵니까?"

"아니야. 옛날에 돌아가신 분이다."

"그럼 읽고 계신 것은 옛날 분의 찌꺼기가 아니옵니까?"

환공이 화를 내자 목수는 이렇게 말했다고 한다.

"전하, 예를 들어 수레바퀴 통을 만들 경우 그 축에 꼭 맞도록 깎아내는 비결은 실로 말로 다 설명할 수가 없나이다. 신은 자식 놈에게 여러 번 말로 가르쳐 보았사오나 그게 제대로 아니 되었사옵니다. 옛날의 위인도 진실로 하고 싶었던 말을 기록으로 다 남기지 못했을 것으로 생각되옵니다. 그렇다면 읽고 계신 것은 옛날 사람의 찌꺼기와 같은 것이 아니겠나이까?"

기술의 비결과 경영의 감각은 오직 실천 속에서만 몸에 익혀지는 것이란 말이다.

> **육부출충**(肉腐出蟲)
> 일은 근본이 잘못되면 폐가 백출한다 _荀子.

군대의 움직임은
물의 모양과 같이 하라

兵形象水 병형상수 _손자

손자(孫子)의 병법에 의하면 장수 된 자, 리더는 첫째로 전투법의 원리 원칙과 전략전술을 확실하게 알고 있어야 한다고 했다. 즉, 이론 연구이다.

그러나 그것은 당연한 일에 속하는 것이고, 더욱 중요한 것은 임기응변의 운용이라고 했다. 경직된 머리의 소유자는 싸움에서 이길 수가 없다는 말이다.

따라서 손자가 권장하는 전투법은 극히 유연한 것인데, 그것을 제시한 것이 바로 이 '병형상수(兵形象水)'란 말이다. 물은 무서운 에너지를 비장하고 있지만 그 모양은 아주 유연하다. 전투하는 방법도 그런 물의 모양에서 배우라는 것이다. 손자는 다음과 같이 말하고 있다.

"물에 일정한 모양이 없는 것처럼, 전투하는 방법에도 불변(不變)의 태세란 있을 수 없다. 적의 태세에 따라 자유자재로 변화하는 것이야말로 승리의 첩경이다."

이것은 전쟁에서 뿐만 아니라 사업이나 인생을 살아나가는 데에도 적용되는 아주 중요한 전술인 것이다.

육산포림(肉山脯林)
고기와 술안주가 많음. 호화로운 잔치. _帝王世紀.

하나를 듣고
열을 안다

聞一以知十 문일이지십 _논어

공자(孔子)의 애제자(愛弟子)에 안회(顔回)와 자공(子貢)이 있었다. 안회는 풍부한 재능의 소유자로서 기대를 한 몸에 모으고 있었으나 세상에 나아가기를 좋아하지 않아, 누추한 곳에서 궁하게 살다가 죽었다. 이에 비하여 자공은 총명한데다가 이재(理財)의 재주가 있어서 실업가로서도 성공했다. 이 두 사람은 같은 공자의 제자이면서도 아주 대조적인 개성의 소유자였던 것 같다.

어느 때 공자가 자공에게 물었다.

"너와 안회 중 어느 쪽이 더 현명하다고 생각하느냐?"

"제가 어찌 안회를 따를 수 있겠습니까? 그는 하나를 들으면 열을 압니다[聞一以知十]. 그러나 저는 하나를 들으면 겨우 둘을 알 뿐입니다."

"그래, 맞는 말이다. 실은 나도 네 생각과 같으니라."

공자도 동감을 표했다고 한다.

'하나를 듣고 열을 안다'까지야 이르지 못하더라도, 하나를 듣고 둘이라도 아는 사람이 되었으면 하는 바람이다.

윤문윤무(允文允武)
문무와 덕을 갖춘 어진 임금 _詩經·魯頌篇.

작은 과실을 책망하지 말고, 비밀을 파헤치지 말며, 상처는 잊어버려 주어라

不責人小過, 不發人陰私, 不念人舊惡 불책인소과, 불발인음사, 불념인구악 _채근담

인간에게는 동정심과 사랑이 필요하다. 이것이 없으면 인간관계는 잘 이루어지지 않는다. 그럼 사랑, 동정심이란 무엇인가? 『채근담(菜根譚)』에서는 이렇게 말한다.

남의 작은 과실을 나무라지 않는다—작은 과실은 책망하지 말라는 말이다. 그런 것을 자꾸 들춰내면 사람들이 모여들지 않는다는 말이다.

남의 음사(陰私)를 발설하지 않는다—숨기고 있는 것을 들추어내지 말라는 뜻이다. 누구라도 남에게 숨기고 싶은 일은 있게 마련이다. 그런 것을 모른 체하란 말이다.

남의 구악(舊惡)을 말하지 않는다—옛 상처는 잊어버려 주어라는 말이다.

『채근담』은 이 세 가지를 지적하고 나서,

"타인에 대하여 이상 세 가지를 마음 써준다면 자신의 인격을 높일 수 있을 뿐만 아니라 남에게 원한을 사는 일도 없다."고 덧붙이고 있다.

은거방언(隱居放言)
속세를 떠나 살면서 자기 생각을 거리낌없이 말함 _論語·微子篇.

깊이 팠는데도 물이 안 나온다 해서
우물 파기를 포기하지 마라

掘井九軔, 而不及泉, 猶爲棄井也 굴정구인, 이불급천, 유위기정야 _맹자

맹자(孟子)는 '어떤 한 가지 사업을 한다는 것은 예컨대 우물을 파는 것과 같다'고 전제한 다음 이 말을 했다. 9인(九軔 : 72척)의 깊이까지 팠다 하더라도 수맥(水脈)에 도달하기 전에 그만둔다면 우물 파기를 포기한 것이나 다름없다라는 말이다.

숙고해서 시작한 일이라면 중도에서 포기하는 일 없이 끝까지 해내라는 뜻이다. 힘들거나 결과가 없다 하여 중도에서 팽개치면 그때까지 한 고생이 모두 수포로 돌아가고 만다. 그러나 유감스럽게도 우리네 인생에는 이런 케이스가 대단히 많다. 각기 사정이야 있겠지만, 이 얼마나 억울하고 무모한 일인가.

그런 실패를 하지 않기 위해서는 중요한 전제가 있다. 그것은 철두철미한 사전 조사이다. 수맥이 없는 곳은 아무리 파더라도 물이 나올 리 없다. 그곳에 수맥이 있는지 없는지를 확인한 연후에 착수해야 하는 것이다. 그리고 확인이 되었으면 그다음에는 끈기 있게 추진해 나가야 할 일이다.

음덕유이명(陰德猶耳鳴)
음덕은 귀에 울리는 소리 같아서 자기만이 알고 남은 모른다는 뜻 _准南子.

October 10

옛날 천자(天子)에게 쟁신 7명만 있으면 아무리 무도하더라도 천하를 잃지 않았다. 제후(諸侯)에게 쟁신 5명이 있으면 아무리 무도한 제후라 하더라도 그 나라를 잃지 않았다. 대부(大夫)에게 쟁신 3명만 있으면 아무리 무도한 대부라 하더라도 그 가문을 멸망시키지 않았다. 선비에게 쟁우(諍友)가 있으면 그 몸이 명성을 잃지 않았다. 아비에게 쟁자(諍子)가 있으면 그 몸이 불의(不義)에 빠지지 않았다.

좁은 관을 통해
하늘을 올려다본다

以管窺天 이관규천 _사기

좁은 관을 통해 하늘을 올려다보라. 드넓은 하늘이 좁은 관의 범위밖에 보이지 않는다. 즉, 시야가 좁음을 비웃는 말이다.

옛날 편작(扁鵲)이라는 명의(名醫)가 있었다. 그가 괵(虢)이란 나라에 막 들어섰을 때, 괵나라의 태자가 이름 모를 병에 걸려 다 죽어간다는 이야기를 들었다. 괵나라의 전의(典醫)를 만나 자세한 이야기를 들은 편작은 태자가 살아날 수 있는 처방을 가르쳐 주었다. 그러나 전의는 편작의 처방을 믿지 않았다. 이때 편작이 한 말이 표제의 구절이다.

"그대의 처방은 관(管)으로 하늘을 올려다보는 것과 같고, 극(郄)을 통해서 글을 읽는 것과 같소."

'극(郄)'이란 극(隙)과 같은 글자로서 좁은 틈이란 뜻이다.

이윽고 편작은 왕의 부탁을 받고 태자를 진찰한 다음 침을 놓았다. 그로부터 20일 후 태자는 건강을 회복하였다.

그런데 '관(管)'을 통해 하늘을 올려다본다'란 말을 비웃을 일이 아니다. 누구나 좁은 틀에 안주(安住)하게 되면 괵나라의 전의와 같이 비웃음의 대상이 되고 만다. 넓게 보자.

읍수행하(泣數行下)
눈물을 많이 흘림 _漢書.

원한이란 깊고 얕음에 관계없이
남의 마음을 상하게 한다

怨不期深淺, 其於傷心 원불기심천, 기어상심 _전국책

　사소한 원한이라 할지라도 그것이 상대방의 마음을 상하게 하면 무서운 보복을 받게 된다는 의미이다.

　전국시대(戰國時代)에 중산(中山)이라는 작은 나라가 있었다. 어느 날 이 중산국 임금이 병사들을 위하여 잔치를 베풀었다. 그 자리에 사마자기(司馬子期)란 인물도 초대되었는데, 마침 양고깃국이 모자라 그에게는 차례가 가지 않았다. 이 일로 원한을 품은 사마자기는 초(楚)나라로 몸을 피하더니, 초나라 왕을 부추기어 중산을 공격케 했다.

　강대국 초나라의 공격을 받은 중산국은 견딜 수가 없었다. 나라를 버리고 멀리 도망친 중산의 임금은 지난 일을 이렇게 술회했다.

　"원한은 깊고 얕음에 관계없이 상대방의 마음을 상하게 하는구나. 별것도 아닌 국 한 그릇 때문에 나라를 멸망시켰구나."

　터무니없는 일 같지만 하찮은 일이라도 남의 마음을 상하게 하면 이런 큰일이 일어날 수 있다. 이러한 인간관계의 기미(機微)는 오늘날에도 변함이 없다.

응천순인(應天順人)
천명에 응하고 인위에 순응함 _易經.

나라를 다스리는 것은
나무를 기르는 것과 같다

治國猶如栽樹 치국유여재수 _정관정요

명군(名君)으로 이름 높은 당(唐)나라 태종(太宗)이 한 말이다. 그럼 나라를 다스리는 도(道)가 어째서 '나무를 기르는 것과 같다'는 것일까? 태종은 그 이유를 이렇게 설명하고 있다.

"뿌리가 흔들리지 않으면 그 지엽(枝葉)은 무성해진다. 임금이 청정(淸淨)하면 그 백성들이 어찌 안락하지 않으리오."

나무는 뿌리와 줄기만 튼튼하면 그 가지나 잎은 자연히 무성해진다. 그와 마찬가지로 백성 위에 있는 임금이 그 언행을 근신하면 백성들은 자연히 따르게 된다는 의미이다.

태종이 한 말을 기업 경영에 비유한다면 다음 두 가지의 의미를 부여할 수 있으리라.

1. 경영 방침을 확립하여 경영 기반을 굳힐 것.
2. 경영자는 스스로의 언동을 조심하고 솔선수범 및 정려(精勵)할 것.

경영자가 이 두 가지의 원칙만 제대로 지켜 나간다면 그 회사의 전망은 밝게 열릴 것이 틀림없다.

의금야행(衣錦夜行)
입신출세해도 고향에 돌아가지 않기 때문에 사람들에게 알려지지 않음 _漢書.

욕심을 따르는 병은 고칠 수 있지만
고집을 내세우는 병은 고치기 어렵다

縱欲之病可醫, 而執理之病難醫 종욕지병가의, 이집리지병난의 _채근담

'사욕(私欲)에 치우쳐 있는 병은 고칠 수가 있다. 그러나 쓸데없는 이론만 내세우는 병은 고칠 수가 없다'는 의미이다. '종욕지병(縱欲之病)'도 꽤나 무거운 병이다. 그러나 이것은 본인이 어떤 깨달음을 얻는다든가 주변의 정황이 바뀌는 등의 계기가 있으면 변할 수도 있다.

문제는 '집리지병(執理之病)'이다. '집리'란 쓸데없는 이론만 내세우는 고집스러움, 다시 말해 자기주장이 강하며 남의 말을 듣지 않는 결함을 지닌 사람이다. 자신의 의견을 갖는다는 것은 좋다. 그것은 사회인으로서의 필요조건이다. 그러나 조금도 양보할 줄 모른다면 자신의 진보도 없고 주변 사람과의 인간관계도 원활하게 이루어지지 않는다. 과유불급(過猶不及)이라고 하였듯이 장점도 단점이 될 수가 있다.

'집리지병'이 고치기 어려운 병이라 함은 그것이 성격에서 온 것이기 때문이다. 먼저 그 결점을 자각하는 것이 치료의 첫걸음이 될 것이다.

의기실가(宜其室家)
온 가족이 화목함 _詩經.

수많은 전략(戰略) 가운데서도
도망가는 것이 최상이다

三十六策, 走是上計 삼십유책, 주시상계 _남제서

보통 '삼십육계 줄행랑' 등으로 쓰이고 있는데, 그 어원을 찾아가면 표제의 구절이다. 남북조 시대에 활약했던 단도제(檀道濟)란 장군의 전투 방법을 기록한 것이라고 한다.

삼십육책(三十六策, 三十六計)이란 여러 가지 전략 기술이라는 뜻. 그 중에서도 도망치는 것이 상계(上計 : 제일의 전투법)라고 했다. 왜 그럴까? 승산도 없는데 싸워서 완패하면 남는 것이라고는 아무것도 없다. 이길 수 없다고 판단되면 얼른 철수하여 전력(戰力)을 온전히 한다. 그렇게 하면 다시 싸울 기회도 생기고, 또 승전할 찬스도 온다는 것이다. 중국 사람들은 예로부터 이런 전투법을 상책으로 삼아 왔었다.

정황이 불리한데도 무턱대고 돌격만 한다면 결국 옥쇄(玉碎)하고 만다. 이런 무지몽매한 장수는 목숨이 수십 개라도 부족할 것이다. 그런 때에는 일단 후퇴를 했다가 다음 전투를 대비하는 것이 현명하리라.

이 전략은 인생에도 그리고 경영 전략에도 그대로 적용되는 말이다.

의기자여(意氣自如)
태연자약하여 조금도 두려워하지 않음 _史記·李廣列傳.

통찰력이 있되 사소한 일까지 살피지 않고, 너그럽되 방종에 이르게 하지 않았다

明不及察, 寬不至縱 명불급찰, 관부지종 _송명신언행록

송대(宋代)의 명정치가 구양수(歐陽脩)의 정치 철학에 대하여 평한 말이다.

"공(公 : 구양수)의 정치하는 방법은 진정(鎭靜)을 근본으로 하였고, 명(明)하되 찰(察)하지 않았으며, 관(寬)하되 종(縱)에 이르지 않았다. 그래서 관리와 백성이 모두 안태(安泰)하였다."

'진정(鎭靜)'이란 분쟁이나 소요가 일어나지 않았다는 것. '명(明)하되 찰(察)하지 않았다' 함은 대단한 통찰력을 갖고 있기는 했지만 사소한 일까지 간섭하지 않았다는 말이다. 또 '관(寬)하되 종(縱)에 이르지 않았다'는 말은 관용하기는 했지만 조일 때는 조였다는 뜻의 말이다.

'명'도 '관'도 리더의 조건이라는 점에는 이의가 없다. 그러나 자칫하면 한쪽으로 기울기 쉽다. 그런 마이너스를 초래하지 않았던 점에 구양수의 위대함이 있다. 이런 절묘한 균형 감각도 조직 관리의 요체인 것이다.

의마심원(意馬心猿)
마음이 번뇌와 정욕 때문에 억누를 수 없음을, 날뛰는 말을 멈추게 할 수 없고 떠드는 원숭이를 진정시킬 수 없는 데 비유 _趙州錄.

자녀를 기르면서 가르치지 않음은 아비의 큰 과실이다

養子不教父之過 양자불교부지과 _고문진보

송대(宋代)의 재상이었던 사마광(司馬光)이 쓴 「권학문(勸學文)」의 한 구절이다. 좀 더 길게 인용하면 '자식 기르면서 가르치지 않음은 아비의 허물이며, 훈도를 엄하게 하지 않음은 스승의 게으름이다[訓導不嚴師之惰]'라고 실려 있다. 사마광은 성실한 인간의 전형(典型)이라 할 수 있겠다.

요즈음 우리나라에서는 이른바 '치맛바람'이라 하여 자녀 교육에 열을 올리는 엄마는 많아도 그런 아빠가 있다는 말은 못 들어보았다. 자녀의 길들이기나 교육은 오로지 엄마들 손에 맡기고 아빠들은 그 영역에서 손을 뗀 듯한 느낌이 든다.

일반적으로 말해서 아빠는 엄마보다도 넓은 시야를 가지고 있다. 그런 입장에서 좀 더 자녀의 교육에 개입했으면 좋겠다는 생각이 드는 것은 필자만이 아닐 것이다.

후단(後段)의 '훈도를 엄하게 하지 않음은 스승의 게으름'이란 구절도 현대의 통폐(通弊)를 날카롭게 찌르고 있는 것 같다. 교사에게는 좀 더 의연한 자세가 필요하지 않겠는가.

의식자민지본(衣食者民之本)
먹는 것, 입는 것은 백성들의 근본이다 _鹽鐵論.

군자는 의(義)를 먼저 생각하고
소인은 이(利)를 먼저 생각한다

君子喩於義, 小人喩於利 군자유어의, 소인유어리 _논어

군자(君子)는 의(義)를 먼저 생각하고, 소인(小人)은 이(利)를 먼저 생각한다는 의미의 구절이다. '의'란 알기 쉽게 말한다면 도리에 맞는 일, '이'란 이익이다.

군자 되기가 어려운 점은 바로 위와 같은 점에 있는데, 공자(孔子)도 이익을 전연 도외시했던 사람은 아니었던 것 같다. 『논어(論語)』에는 이런 말이 실려 있다.

"선생님은 이따금 이(利)를 말씀하셨다. 명(命)이나 인(仁)과 함께."

공자는 이익에 대한 이야기를 꼬집어 하지는 않았지만, 부득이한 경우에는 명(命)과 인(仁)을 곁들여서 했다는 것이다.

또 공자는 '완성된 인간이란 어떤 사람입니까?'라는 질문에,

"눈앞에 이익이 주렁주렁 매달려 있어도 의(義)를 저버리지는 않는 사람이다."라고 조건을 붙여서 대답했다.

비중은 어디까지나 의에 있음을 밝혔던 것이다. 이익을 추구한다 하더라도 공정한 룰을 지켜야 한다는 것이 공자의 주장이다.

이고위감(以古爲鑑)
옛것을 거울로 삼는다 _貞觀政要.

313

복숭아나무, 오얏나무 밑에는
자연히 길이 생긴다

桃李不言 下自成蹊 도리불언 하자성혜 _사기

복숭아나무나 오얏나무는 아름다운 꽃을 피우고, 맛있는 열매를 맺는다. 그래서 사람들이 모여든다. 그러므로 그 밑에는 자연히 길이 생긴다. 이와 마찬가지로 덕이 있는 사람 밑에는 사람들이 자연히 모여든다는 뜻이다.

한(漢)나라 시대에 이광(李廣)이라는 장군이 있었다. 활의 명수로서 과감한 전법을 구사했으며, 주변국에서는 '한(漢)나라 비장군(飛將軍)'이라며 두려워했다고 한다. 그러나 평소에는 말이 없고 순박했다. 그는 부하도 무척 아꼈던 듯하다. 황제로부터 하사받은 은상(恩賞)은 모두 부하들에게 나누어 주었고, 음식도 언제나 부하들과 똑같은 것을 먹었다. 행군을 하는 도중 샘을 발견하면 부하들이 먼저 마신 후에야 비로소 물을 마셨고, 식량도 부하들에게 골고루 배급되기 전에는 자기 몫을 받는 예가 없었다. 그랬으므로 부하들은 모두 '이광 장군을 위해서라면……'이라며 기꺼이 전쟁터로 나갔다 한다.

표제의 구절은 그러했던 이광 장군을 평한 말인데, 이 또한 이상적인 지도자상을 가리키는 말이다.

> **이란투석**(以卵投石)
> 약한 것이 강한 것에 부딪히면 즉시 부서져 버린다 _墨子.

나라를 다스리는 일은 밭에 김을 매듯이 잡초만 뽑아내면 된다

治國者若耨田 去害苗者而已 치국자약누전, 거해묘자이이 _회남자

오늘날에는 김매기도 제초제(除草劑) 등을 사용하여 아주 쉽게 맬 수 있게 됐지만, 옛날에는 대단한 중노동이었다. 허리를 구부리고 일일이 잡초를 뽑아내야 했으니 말이다. 나라의 정치도 마치 김매기를 할 때처럼 잡초만 뽑아내면 된다는 것이 표제의 구절이다.

큰 사업을 마구 벌인다든지 나라가 뿌리째 흔들릴 정도로 발본개혁(拔本改革)을 한다든지 하면, 소요만 크게 일 뿐 바람직한 결과를 얻어낼 수 없다는 말이다. 그러기보다는 해(害)가 되는 것만을 제거하고 나머지는 자연히 성장하기를 기다리는 편이 좋다는 말이다.

송대(宋代)의 명재상 사마광(司馬光)도 이와 비슷한 말을 했다.

"천하를 다스리는 것은 비유컨대 집을 고치는 것과 같다. 망가지면 즉시 수리한다. 하지만 크게 망가지지 않은 이상 개조하지 말아야 한다."

대인(大人)의 지혜라 해도 좋을 것 같다.

이목비시(耳目非是)
얼굴색이 항상 다른 것 _漢書.

전투를 잘하는 장수는
먼저 주도권을 잡는다

善戰者 致人而不致於人 선전자 치인이불치어인 _손자

'치인(致人)'이란 이쪽이 주도권을 잡는 것이고, '불치어인(不致於人)'이란 상대방에게 주도권을 내주지 않는 것이다. 싸움을 유리하게 전개해 나갈 수 있느냐 없느냐는 이 주도권을 잡느냐 놓치느냐에 달려 있다란 뜻이다.

주도권을 잡는다는 것은 상대방을 이쪽 페이스로 끌어들인다는 것인데, 여기에는 두 가지의 장점이 있다.

첫째, 여유를 갖고 싸울 수가 있다. 마음에 여유가 있으면 판단력도 예리해지고 모든 사태에 대하여 냉정하게 대처할 수 있다.

둘째, 작전 선택의 폭이 넓어진다는 점이다. 이쪽은 행동의 자유를 확보하고 상대방을 운신조차 못하는 상태로 몰아간다.

주도권을 장악하기 위해서는 정황(情況)을 재빨리 파악하고 먼저 유리한 태세를 구축해 나가야 한다. 판단이나 행동이 굼떠서는 주도권을 잡을 수가 없다.

이런 발상(發想)은 인생살이에도, 그리고 사업을 경영하는 데에도 긴요하게 작용할 것이다.

이문명로(利門名路)
이익과 명예를 얻는 길 _杜荀鶴의 詩.

먹고 입는 것이 풍족하면
예절을 알게 된다

衣食足則知禮節 의식족즉지예절 _관자

제(齊)나라의 명재상 관중(管仲)의 명언이다. 『관자(管子)』에 실려 있는 말은
다음과 같다.

"창름(倉廩)이 실하면 예절을 알고, 의식(衣食)이 족하면 영욕(榮辱)을 안다."

창고에 양식이 가득 차 있으면 예절을 알게 되며, 의식이 충분하면 영예
와 치욕을 알게 된다는 것이다. 즉, 생활에 여유가 있으면 도덕의식은 자연
히 높아진다는 말이다.

관중은 경제 정책에 온 힘을 기울였던 정치가로도 유명하다. 무엇보다
도 민생의 안정을 꾀하는 것이 선결 문제로, 국민의 생활만 안정되면 자연
히 도덕의식이 높아지고 그에 따라 나라의 기초도 튼튼해진다는 생각을 가
진 정치가였다. 이러한 사고방식으로 그는 경제 우선의 정책을 추진했다. 2
천6백 년 전인 당시로서는 실로 선견성(先見性)이 뛰어난 정치가였다고 하겠
다. 그러나 이런 명언도 오늘날 우리의 실정으로 보건대 지나친 낙관(樂觀)
이 아니었나 하는 생각이 든다. 의식이 족해졌는데도 예절은 더 없어진 감
이 드니 말이다.

이문회우(以文會友)
학문으로 친구를 사귐 _論語·顔淵篇.

나라를 부흥시킨 왕에게는
반드시 스승이 있었고 그를 존경했다

❀

國將興 必貴師而重傅 국장흥 필귀사이중부 _순자

'사(師)'와 '부(傅)'를 합쳐서 '사부(師傅)'라고 한다. 존경하는 상담 상대, 보도(補導)하는 사람이다. 나라를 흥하게 만든 군주에게는 반드시 그런 사람이 있었다는 말이다.

중국 삼천 년의 역사를 보면 분명 그것은 맞는 말임을 알 수 있다. 예컨대 한(漢)나라 고조(高祖) 유방(劉邦)에게는 장량(張良)이라는 명군사(名軍師)가 있었고, 또 송(宋)나라 태조(太祖) 조광윤(趙匡胤)에게는 조보(趙普), 명(明)나라 태조 주원장(朱元璋)에게는 유기(劉基)라는 명보좌관이 있었다.

그럼 공업(功業)을 이루는 군주에게는 왜 이런 '사부'가 필요한 것일까? 순자(荀子)에 의하면 그런 인물이 옆에 없으면 '인쾌(人快)'하기 때문이란다. 여기서 '인(人)'이란 리더, '쾌(快)'는 자기 멋대로란 의미이다. 즉, 리더의 자중자계(自重自戒)를 일깨워 주고 도와주는 데 필요하다는 말이다.

그러고 보면 '자중자계'하지 못하는 리더에게는 이 '사부'가 부재임에 틀림없다.

이성지호(二姓之好)
신랑·신부 집의 두터운 정의(情誼)를 이름 _禮記·昏義.

족한 줄 모르는 것보다
더 큰 화(禍)는 없다

禍莫大於不知足 화막대어부지족 _노자

최대의 재액(災厄)은 족한 줄 모르는 마음에서 비롯된다. 앞에서도 말했지만 노자(老子)의 처세철학 안목(眼目)의 하나가 '지족(知足)', 즉 족한 줄 아는 것이다. 그렇다면 족한 줄을 안다는 것은 어떤 것인가? 『노자』에 의하면 '족한 줄을 알고 그친다면 언제나 만족하게 된다[知足之足 常足矣]'—즉, 욕망을 그칠 줄 아는 사람은 현실에 항상 만족할 줄 안다고 했다.

인간의 욕망은 분명 한도 끝도 없다. 하나가 손에 들어오면 다시 둘을 갖고 싶어 하는 등 그 욕망은 끝이 없다. 그런 욕망에만 사로잡혀 치닫다가는 반드시 헛딛는 날이 온다. 이것이 노자의 인식이며, 중국 사람들의 인식이다. 『채근담(菜根譚)』에서도 이렇게 말하고 있다.

"사업에서도 공명(功名)에서도 한도 끝도 없이 무조건 앞으로만 나가면 어떻게 될까? 안으로부터의 균열이 오거나 밖으로부터의 감당하지 못할 공격을 받아 결국 실패하게 된다."

노자는 그것을 소리 높여 경고했던 것이다.

이식위천(以食爲天)
백성이 살아가는 데는 먹는 것이 가장 중함 _史記·酈食其列傳.

만약 은혜가 나에게서 나간다면
원한은 누구에게 돌아갈 것인가?

恩若己出, 怨將誰歸 은약기출, 원장수귀 _송명신언행록

송대(宋代)의 명재상에 왕증(王曾)이란 인물이 있다. 이 사람은 재상 자리에 있으면서 자신이 아끼던 부하 중 단 한 사람도 요직에 발탁하지 않았다. 그것을 보고 어떤 중신이,

"인재 등용을 제대로 하는 것은 재상 된 자의 중차대한 임무입니다. 공께서는 정사를 돌봄에 있어 하등의 하자가 없는 재상이옵니다만, 인재 등용에는 좀 문제가 있는 것 같습니다."

라며 비웃자 왕증은 이렇게 대답했다고 한다.

"만약 은혜가 나에게서 나간다면 원한은 누구에게 돌아갈 것인가?"

남에게 은혜를 입히는 것은 좋지만, 좌천당하는 자의 원한은 누가 떠맡아 주겠느냐는 의미의 말이다.

발탁되어 기뻐하는 자가 나오면 그로 인하여 좌천, 강등되어 슬퍼하는 자가 생기게 마련이다. 거기에 사정(私情)이 작용한다면 분명 원한을 사는 사람도 생길 것이다. 왕증의 이런 생각도 하나의 견식(見識)으로 받아들여야 할 것 같다.

이신순리(以身殉利)
이익을 위하여 목숨을 버림 _莊子.

친구를 사귐에 있어 겸허하면 득이나 오만하면 해가 있을 뿐이다

處朋友, 務相下則得益, 相上則損 처붕우, 무상하즉득익, 상상즉손 _전습록

친구와 나누는 교제에 관한 조언이다. '상하(相下)'란 겸허한 태도로 교제하는 것—그렇게 교제하면 플러스가 된다고 했다. '상상(相上)'이란 상대방을 내려다보는 것—그런 교제는 마이너스만 많이 생긴다는 뜻의 말이다.

이와 관련하여 맹자(孟子)가 설파한 문구를 여기에 소개한다.

"나이가 많다든가 신분이 높다든가, 집안에 훌륭한 사람이 있는 것을 내세우며 교제해서는 안 된다. 요는 상대방이 지니고 있는 덕(德)을 벗으로 삼아야 한다."

라고 강조하였다.

안영(晏嬰)은 공자(孔子)와 동시대에 명재상으로 추앙받은 인물인데, 공자는 그의 교제하는 태도에 대하여 이렇게 극찬했다.

"안영의 교제하는 태도는 배울 바가 많다. 아무리 상대방과 친해져도 상대방에 대한 경의(敬意)를 잊지 않았다."

가슴에 깊이 새겨둘 말이 아닌가.

이심전심(以心傳心)
마음과 마음이 서로 통함 _傳燈錄.

내가 출세하기를 원하거든
남을 먼저 출세시켜 주어라

己欲立而立人, 己欲達而達人 기욕립이립인, 기욕달이달인 _논어

인간이 행해야 할 도(道)로서, 공자(孔子)가 제일 중시했던 것이 '인(仁)'이다. 그러나 공자는 이 '인'에 대하여 분명한 정의를 내리지 아니했다. 상대나 장소에 따라 여러 가지로 이 '인'을 설명하는데, 여기에 든 말은 그 중 하나이다.

어느 날 제자 자공(子貢)이, "빈궁에서 허덕이는 백성을 구해 내어 생활을 안정시켜 주면 그것을 인(仁)이라 할 수 있겠습니까?"라고 묻자 공자는,

"그것은 인의 경지가 아니라 성(聖)의 경지이다. 요(堯)나 순(舜)과 같은 성군도 그것을 성취하지 못해서 고민을 했네. 인은 더욱 우리 가까이에 있는 것이야."라고 표제의 말을 했다. 의역을 하면 이렇게 될 것 같다.

"자신의 명예가 중하다고 생각되면 먼저 남의 명예를 중시하라. 자신이 자유롭고 싶거든 먼저 남의 자유를 존중하라."

그렇다면 '인'이란 사회인이면 기본적으로 갖추어야 할 최소한의 조건이라 해도 틀림이 없겠다.

이이목지(耳而目之)
귀로 듣고 눈으로 봄. 즉, 틀림이 없다. _呂氏春秋.

아랫사람은 윗사람의 명령에 따르기보다 윗사람의 언행을 보고 배운다

下之事上也, 不從其所令而從其所行 하지사상야, 부종기소령이종기소행 _예기

부하는 윗사람의 명령에 따르기보다 윗사람의 말과 행동을 보고 배운다는 것이다. 즉, 윗자리에 있는 사람은 스스로 기호라든가 행동에 신중을 기해야 한다는 뜻의 말이다.

『한비자(韓非子)』에 이런 이야기가 실려 있다.

옛날 제(齊)나라 환공(桓公)이 보라색 옷을 즐겨 입자, 조정의 신하들은 물론 백성들까지 그 흉내를 내는 바람에 보라색 천 값이 하얀색 천 값의 다섯 배나 비싸졌다. 이에 환공이 재상 관중(管仲)을 불러 상의한 결과, 관중의 진언에 따라 그날부터 보라색 의복을 입지 않았을 뿐 아니라, 보라색 옷을 입고 입조(入朝)하는 신하가 있으면 '과인은 그 보라색 냄새가 싫다'라며 코를 막았다. 그랬더니 무려 사흘도 안 되어 보라색 옷이 완전히 사라졌다고 한다.

이것은 단순한 옛날 얘기가 아니다. 현대에도 이와 비슷한 예는 얼마든지 있다. 『예기(禮記)』에는 이 표제의 구절에 이어 '그러므로 윗자리에 있는 사람은 호오(好惡 : 좋아하고 싫어함)하는 바에 신중해야 한다'고 못 박고 있는 것이다.

이일지만(以一知萬)
한 가지 이치로써 만 가지를 안다 _荀子.

탐욕하지 않는 것,
그것이 나의 보물이다

以不貪爲寶 이불탐위보 _좌전

옛날 송(宋)나라 재상 자한(子罕)이 좌우명으로 삼았던 구절이라고 한다. 이런 이야기가 있다.

어느 날 한 사나이가 다듬지 않은 옥(玉)을 자한에게 바치려고 하였다. 자한이 거절하자 사나이가 말했다.

"옥 가공인한테 감정을 해본바, 잘 다듬기만 하면 엄청난 보옥(寶玉)이 된다고 하더군요. 받아주십시오."

그러자 자한은 이렇게 대답했다고 한다.

"나는 탐욕하지 않는 마음을 보물로 삼고 있소. 그런데 그대는 옥을 보물로 삼는구려. 그렇다면 내가 이것을 받을 경우 우리는 모두 보물을 잃는 결과가 되겠구려. 내가 그 옥을 받지 않으면 서로의 보물을 온전히 보존할 수 있지 않겠소?"

서로가 생각하는 보물은 다르다. 그러니 그 보물을 상호 보존할 수 있는 길이 있다. 그것은 바로 그대가 보물로 여기는 옥을 내놓지 않고, 내가 보물로 여기는 '탐욕하지 않는 마음'을 잃지 않는 것이란 말이다. 재미있는 이야기이면서 교훈하는 바가 크다 하겠다.

이혈세혈(以血洗血)
피로써 피를 씻음. 즉, 더욱 악을 범함. _唐書.

선(善)을 보면 즉시 배우고
허물이 있으면 바로 고친다

見善則遷, 有過則改 견선즉천, 유과즉개 _역경

'즉(則)'은 이 경우, 즉시 내지는 금방을 말한다. '천(遷)'은 이행(移行)하는 것. 그러므로 '선(善)'을 보았으면 그 즉시로 배우고, 허물[過]이 있으면 바로 고치라'는 뜻이 된다. 이런 기민성 또한 군자(君子)의 조건 중의 하나이다.

선(善)을 볼 기회는 무수히 많다. 책을 읽고 옛 사람의 훌륭한 언행(言行)에 접한다. 주위 사람들의 선행(善行)에 감동한다. 그러나 '참으로 훌륭하구나' 하고 생각만 할 뿐이면 아무 도움도 안 된다. 자기 자신도 그 수준에 가까워지도록 노력을 해야 한다. 그것이 곧 '천(遷)'이다.

누구에게나 허물은 있고, 누구나 잘못을 범할 수 있다. 잘못을 범했다고 해서 걱정하거나 슬퍼하기만 하면 안 된다. 중요한 것은 잘못을 깨달았으면 어서 그것을 고칠 일이다. 그리고 같은 과오를 두 번 다시 반복하지 말아야 한다.

공자(孔子)도 '잘못을 즉시 고치기를 주저하지 말라'고 했다. 똑같은 잘못을 반복한다면 진보란 있을 수 없다.

인간만사 새옹지마(人間萬事 塞翁之馬)
인간사에는 화와 복이 따로 정해져 있지 않다 _淮南子.

수정할 것까지 염두에 두고 일하면
실패하는 예가 극히 드물다

爲其不可復者也, 則事寡敗矣 위기불가복자야, 즉사과패의 _한비자

『한비자(韓非子)』에 나오는 환혁(桓赫)이란 인물이 이런 의미의 말을 했다.

"조각을 할 때 코는 가급적 자리를 크게 잡고, 눈은 가급적 작게 잡는 것이 좋다. 왜냐하면 큰 코는 작게 만들 수가 있지만 작은 코는 크게 만들 수가 없고, 작은 눈은 크게 만들 수가 있지만 큰 눈은 작게 만들 수가 없기 때문이다."

한비자는 이 말 끝에 다음과 같은 구절을 덧붙이고 있다.

"이것은 조각할 때뿐만이 아니라 다른 어떠한 일을 할 때에도 적용된다. 수정(修正)할 수 없는 부분을 정성껏 손을 대면 큰 실패는 하지 않는다."

이 뒷부분의 원문(原文)이 표제에서 든 구절이다. 현대어로 말한다면 피드백(feedback)이라고 해도 좋을지 모르겠다. 무슨 일을 하더라도 가급적이면 피드백 시스템을 확립한 다음에 시작할 일이다. 그것을 할 수 없는 부분은 각별히 신중을 기하여 대처해야 한다.

인고부지족(人苦不知足)
사람은 물질에 만족하지 못함을 괴롭게 여긴다 _後漢書.

나무는 먹줄을 따라 바르게 켤 수 있고
왕은 간언에 따르면 성군(聖君)이 된다

木從繩則正, 后從諫則聖 목종승즉정, 후종간즉성 _서경

'승(繩)'이란 먹줄이다. '먹줄' 하면 젊은이들은 무엇인지 잘 모를 테지만, 목수가 목재를 켜거나 자를 때 먹으로 금을 긋는 도구이다. 이 먹줄을 따라서 제재(製材)를 하면 재목을 똑바로 다듬을 수가 있다. 이와 마찬가지로 군주(君主)도 신하의 간언(諫言)에 귀를 기울이면 훌륭한 군주가 될 수 있다는 말이다. 군주에게는 '쟁신(諍臣)'이 필요하다는 것을 강조한 말이다.

『효경(孝經)』「간쟁편(諫爭篇)」에는 다음과 같은 말이 있다.

"옛날 천자(天子)에게 쟁신 7명만 있으면 아무리 무도하더라도 천하를 잃지 않았다. 제후(諸侯)에게 쟁신 5명이 있으면 아무리 무도한 제후라 하더라도 그 나라를 잃지 않았다. 대부(大夫)에게 쟁신 3명만 있으면 아무리 무도한 대부더라도 그 가문을 멸망시키지 않았다. 선비에게 쟁우(諍友)가 있으면 그 몸이 명성을 잃지 않았다. 아비에게 쟁자(諍子)가 있으면 그 몸이 불의(不義)에 빠지지 않았다."

그러고 보니 리더만이 아니라 어떤 입장에 있는 사람이라도 쟁신 또는 쟁우가 필요하다는 말이다.

인걸지령(人傑地靈)
인물은 걸출하고 땅의 형세는 수려함 _王勃의 글.

대인은 언필신(言必信), 행필과(行必果)에 구애받지 않는다

❀ ───────────────────────────

大人者, 言不必信, 行不必果 대인자, 언불필신, 행불필과 _맹자

중일(中日) 국교(國交) 정상화를 위해 전 일본 수상 다나카 가쿠에이(田中角榮)가 중국을 방문했을 때의 일이다. 당시 중국 수상이었던 주은래(周恩來)는 다나카와 회담 테이블에 마주 앉았다.

회담이 며칠 동안 계속되던 어느 날, 주은래는 한 장의 메모를 다나카에게 건네주었다. 거기에는 '언필신(言必信), 행필과(行必果)'라고 적혀 있었다. '약속한 일은 반드시 지키시오. 그리고 하는 일은 반드시 끝까지 해내시오.'라는 뜻의 말이다. 이 말의 출전(出典)은 『논어(論語)』인데, 여기에는 이 정도의 일도 하지 못한다면 그것은 정치가의 반열에 설 수 없다는 의미가 내포되어 있다.

그것을 간접적으로 말해 주고 있는 것이 『맹자(孟子)』의 이 구절이다. 대인(大人)은 반드시 '언필신, 행필과'에 구애받지 않는다는 뜻이다. 그럼 대인에게 있어 가장 중요한 것은 무엇일까? '다만 의(義)가 있을 뿐'이라고 맹자는 단언하고 있다. '의' 앞에는 '언필신, 행필과'가 없어도 상관없다는 말이다.

> **인면수심**(人面獸心)
> 얼굴은 사람이지만 마음은 짐승이라는 뜻 _史記·匈奴傳.

슬기로운 자는 지나치고
어리석은 자는 미치지를 못하는구나

智者過之, 愚者不及也 지자과지, 우자불급야 _중용

'중용(中庸)'의 미덕을 강조한 말이다. '중용'이란 사물을 보는 견해나 행동이 한쪽으로 치우치지 않는다는 의미로서, 유가(儒家)에서는 가장 존중되는 개념이다.

슬기로운 자도 어리석은 자도 그 방향은 다를지언정 모두 이 '중용'에 반(反)한다고 했다. 슬기로운 자는 어째서 지나치다는 것일까? 탐구심이 왕성하므로 간혹 쓸데없는 것에도 파고드는 경향이 있기 때문이라고 한다. 그와는 반대로 어리석은 자는 이해 수준이 낮으므로 미치지 못하는[不及] 경향이 강하다고 한다.

이와 같이 '과불급(過不及)'이 없는 것이 '중용'이라면 이거야말로 '위대한 평범'이 아닐까. 참고로 『논어(論語)』에 한 군데밖에 없는 '중용'에 대한 구절을 소개한다.

"중용은 곧 덕이며 지극하고 지극하다. 사람들이 이를 멀리한 지 오래도다[中庸之爲德也, 其至矣乎, 民鮮久矣]."

인생칠십고래희(人生七十古來稀)
사람의 수명은 예로부터 70세 살기도 어려웠다 _杜甫의 詩.

성실하면 지지를 얻고
교만하고 제멋대로면 지지를 잃는다

忠信以得之, 驕泰以失之 충신이득지, 교태이실지 _대학

이것도 윗사람으로서의 마음가짐을 강조한 구절이다.

'충(忠)'의 본디 의미는 임금에 대한 충이 아니라 자기 자신에 대한 충이다. 즉, 자신을 속이지 말라는 말이다. '신(信)'이란 거짓말을 하지 않는다는 뜻. 그러므로 '충신(忠信)'이라 하면 성실이라든가 진면목(眞面目)이라는 의미가 된다. 또 '교(驕)'는 사람을 내려다보는 것, '태(泰)'는 자기 내키는 대로 마구 한다는 의미이다.

그리고 득(得)과 실(失), 즉 얻고 잃는 대상은 '남으로부터의 지지(支持)'이다. 다시 말해서 남으로부터 지지를 모으려면 성실(자신을 속이지 않고 정직함)해야 하며, 반대로 남으로부터 지지를 잃는 것은 교만하고 멋대로 행동하기 때문[驕泰]이다.

'충신'이 과연 충분한 조건이 되느냐에 대해서는 의문이 없는 바도 아니다. 그러나 '교태'에 의해 묘혈을 판 리더는 무수히 많다. 할 수만 있다면 '충신'을 닦고 '교태'는 버리도록 노력할 일이다. 이 또한 리더에게 있어서는 필수적인 마음가짐일 것이다.

인심난측(人心難測)
사람의 마음은 헤아리기 어렵다 _史記·淮陰侯列傳.

훌륭한 인격과 빼어난 재능은
환난 속에서 연마된다

❋ ─────────────────────────────

有德慧術知者 恒存乎疢疾 유덕혜술지자 항존호진질 _맹자

'덕혜(德慧)'란 훌륭한 인격, '술지(術知)'란 빼어난 재능, '진질(疢疾)'이란 환난(患難)을 뜻한다. 그러므로 훌륭한 인격과 빼어난 재능은 간난신고(艱難辛苦) 속에서 연마되는 법이란 의미의 말이다. 즉, 좋은 환경 속에서 고생 모르고 자라는 것은 인격 형성에 별로 도움이 안 된다는 뜻이다.

『맹자(孟子)』는 '진질(疢疾)' 속에 있는 예라며 고신(孤臣)과 얼자(孽子)를 들고 있다. '고신'이란 임금의 사랑을 받지 못하는 신하, '얼자'란 첩의 소생이다. 그들은 모두 자신의 입장이 약하다는 것을 알기에, 모든 일에 있어서 만반의 태세를 철두철미하게 세우고 자신도 모르는 사이에 '덕혜술지(德慧術知)'를 몸에 익혀 나간다는 것이다.

맹자가 한 말에도 일리는 있다. 그러나 개중에는 '진질'에 짓눌리어 헤어나지 못하는 사람도 적지 않을 것이니 낙관은 할 수 없다. 가급적이면 '진질'을 밑거름 삼아 자신을 성장시켜 나가도록 마음 쓸 일이다.

인자무적(仁者無敵)
어진 사람은 모든 사람을 사랑하기 때문에 적이 없다 _孟子·梁惠王章句.

가난한 것을 걱정하지 않고
안정되지 않은 것을 걱정한다

不患貧而患不安 불환빈이환불안 _논어

공자(孔子)가 정치의 요체(要諦)에 대하여 한 말이다. 구(丘 : 공자의 이름)는 다음과 같이 말했다.

"유국유가자(有國有家者)는 백성이 적음을 걱정하지 않고 불균(不均)을 걱정하며, 빈곤한 것을 걱정하지 않고 안정되지 않은 것을 걱정한다[有國有家者, 不患寡而患不均, 不患貧而患不安]."

여기서 '유국유가자'란 위정자를 가리킨다. 그런 입장에 있는 사람이 마음 써야 할 일은 부(富)의 불평등을 없애야 하며, 백성들의 생활을 안정시키는 일이라는 것이다.

"불평등을 없애면 나라는 자연히 풍요로워지고, 화합하면 백성이 줄어들지 않으며, 안정하면 나라가 뒤집히는 일이 없어진다."

공자는 '민생의 안정이야말로 나라를 안태(安泰)하게 만드는 기초'라고 단언한 것이다. 이 말은 현대에도 그대로 적용된다 하겠다.

일각천금(一刻千金)
일각의 짧은 시간도 천금의 가치가 나갈 만큼 아깝다 _蘇軾의 詩.

아는 사람은 말이 없고
말이 많은 사람은 무지한 사람이다

知者不言, 言者不知 지자불언, 언자부지 _노자

노자(老子)는 만물의 근원에 '도(道)'의 존재를 인정하고, 그 '도'가 가지고 있는 무위자연(無爲自然)의 덕을 찬양한 사상가다. 여기서 말하는 '지자(知者)'란 근원이 되는 덕을 체득한 인물을 가리키고 있다. 번역하면,

"도를 체득한 인물은 지식을 자랑하지 않는다. 지식을 자랑하는 인물은 도를 체득했다고 할 수 없다."

가 될 것이다. 노자는 이렇게 말한 후, 다음과 같은 말을 덧붙이고 있다.

"도를 체득한 인물에 관하여 말한다면 친하게 사귀어야 하는지, 소원하게 지내야 하는지, 이익을 주어야 하는지, 손해를 끼쳐도 좋은지, 존경해야 하는지, 경멸해야 하는지 전혀 짐작을 할 수가 없다. 이런 기미를 느끼지 못하는 인물이어야 도를 체득한 인물이라 할 수 있다."

겉으로 아는 체하는 사람일수록 그 속이 얕은 법이다. 특히 리더 된 사람은 언행에 신중을 기해야 하는데, 그 이유가 여기에 있는 것이다.

일거양득(一擧兩得)
한 가지의 일을 하고 두 가지의 이득을 본다 _齊書와 戰國策.

333

아랫사람에게 묻기를
부끄러워하지 마라

不恥下問 불치하문 _논어

손아랫사람에게 묻고 배우는 것을 부끄러워하지 않는다는 의미이다. 자공(子貢)이란 제자가 어느 날 공자에게 위(衛)나라 중신 공어(孔圉)에 대하여 다음과 같이 물었다.

"공어란 사람에게 어찌하여 '문(文)'이라는 훌륭한 시호(諡號)가 내려졌을까요?"

그러자 공자는 이렇게 대답했다.

"재질이 민활하고 배우기를 좋아했으며, 아랫사람에게 묻기를 부끄러워하지 않으므로[不恥下問] '문'이라는 시호를 내렸던 것이다."

'불치하문'이란 역시 보통 사람으로서는 행하기 어려운 일이었기 때문에 그러한 시호가 내려진 것이리라.

'묻는 것은 잠시의 수치이지만, 묻지 않는 것은 일생의 수치'란 말이 있다. 아랫사람에게 가르침을 청하는 것은 그다지 내키는 일은 아니지만, 그런 것에 구애받지 않는 폭넓은 사람이라야 대성할 수 있다.

일도양단(一刀兩斷)
한칼에 베어 둘로 나누듯이, 행동을 날카롭게 결정함 _朱子語錄.

뜻을 지니고 있는 사람은
아무리 어려운 일이라도 해낼 수 있다

有志者事意成 유지자사의성 _후한서

아무리 어려운 사업이라도 '뜻[志]'만 있으면 해낼 수 있다는 말이다. 그럼 '뜻'이란 무엇인가? 그 뜻에 대하여 사람들은 전부들 아는 것같이 인식하고 있지만, 완전히 아는 사람은 의외로 드물다. 진정으로 '뜻'이란 아래와 같이 두 가지의 측면으로 생각해야 옳을 것 같다.

1. 마음속에 자각(自覺)하고 있는 선명한 목적
2. 그것을 반드시 이루어 내려고 하는 강렬한 의지

다시 말해서 목적과 의욕이 합쳐져야 비로소 '뜻'이라는 것이 이루어진다. 참고로 '뜻[志]'에 관한 말을 두 가지만 더 소개해 둔다.

"뜻 위에 서지 못하면 키 없는 배요, 재갈 물리지 않은 말과 같다."-왕양명(王陽明)

"높은 뜻 위에 서지 못하면 그 배움은 상인(常人)의 그것과 다를 바 없다."-진권(陳權)

이렇게 볼 때 인간은 누구든 '뜻'을 가져야만 한다. 왜냐하면 그 뜻이 없으면 시세에 따라 표류하는 인생이 되어버리기 때문이다.

일망타진(一網打盡)
그물을 한 번 쳐서 모조리 잡음 _宋史.

서리를 밟으면
곧 두꺼운 얼음이 언다

履霜堅氷至 이상견빙지 _역경

늦가을이 되어 서리가 내리기 시작하면 이윽고 두꺼운 얼음이 얼고 추운 겨울이 찾아온다. 즉, 겨울은 가을을 훌쩍 뛰어넘어 찾아오는 것이 아니다. 그전에 서리라는 전조(前兆)가 있는 것이다. 그러므로 서리가 내리면 겨울 준비를 서둘러야 한다.

인간 세상의 일도 모두 이와 같다.

큰 사건이 발생할 때에는 반드시 그 전조라 할 수 있는 작은 사건이 생긴다. 그러므로 사소한 전조라 하더라도 그것을 간과하지 말고, 즉시로 그 움직임을 찰지(察知)하여 미리 대비를 해야 한다.

'서리를 밟으면 곧 두꺼운 얼음이 언다'라는 말은 바로 그 점을 경고한 말이다.

단, 사소한 전조라도 놓치지 않으려면 항상 신경을 곤두세우고 긴장감을 늦추는 일 없이 매사에 임해야 한다. 서리가 내렸는데도 겨울이 닥쳐올 것을 깨닫지 못하고 있다면 그보다 우매한 일은 없다.

일면여구(一面如舊)
처음 만났는데도 옛 벗처럼 친밀해짐 _晉書.

November 11

다변(多辯)인데도 발언 하나하나가 핵심을 벗어나지 않는다. 이는 성인(聖人)이다. 과묵한데도, 발언을 하면 모두가 법에 합치된다. 이는 군자(君子)이다. 이에 비하여 다변이든 과묵이든 하는 말에 앞뒤가 안 맞는 사람은 소인(小人)이다.

하지 말아야 할 말은 하지 말고
근거 없는 말은 하지 마라

匪言勿言, 匪由勿語 비언물언, 비유물어 _시경

『시경(詩經)』에 있는 「빈지초연(賓之初筵)」이란 제목의 시(詩) 가운데 한 구절이다. 해야 할 말이 아닌 말은 하지 말고, 근거 없는 말은 함부로 입에 올리지 말라는 의미의 말이다. 술좌석의 문란함을 경고한 말이라고 한다.

누구나 기분이 나면 해서는 안 될 말까지 끄집어내서 상대방의 마음에 상처를 주는, 그런 체험을 한 적이 있을 것이다. 그런 상황이 자주 발생될 때가 술좌석이다. 얼근하게 취하여 무심코 던진 한마디 말이 화근이 되어 언쟁을 하게 되고, 나아가서는 주먹다짐까지 오가는 예가 적지 아니하다.

중국에 '주후토진언(酒後吐眞言)'이라는 속담이 있다. 술에 취하면 본심이 드러난다는 의미이다. 그래서인지 그들은 술좌석에 앉아서도 여간해서는 수다를 떨지 않는다.

우리나라에는 실언을 하더라도 '술에 취했었으니까…'라며 너그럽게 봐주는 풍토가 있다. 그러나 매사에는 한도가 있다. 술좌석이든 어느 곳에서든 때와 장소를 불문하고 말을 신중히 하는 것이 현명한 처세일 것이다.

일모도원(日暮途遠)
날은 저물고 갈 길은 멀다 _史記·伍子胥列傳.

덕을 행하면 늘 마음이 평안하고
거짓을 행하면 늘 마음이 괴롭다

作德心逸日休, 作僞心勞日拙 작덕심일일휴, 작위심로일졸 _서경

도(道)에 어긋나는 행위를 하지 않으면 마음이 평안하므로 하루하루가 즐겁고 힘이 난다. 이와 반대로 도에 어긋나는 행동을 하게 되면 그것을 숨기고 합리화시키기 위해서 매일이 고통스럽고, 하는 일도 잘 풀리지 않는다. '덕'을 쌓느냐 '거짓[僞]'을 행하느냐에 의해서 그 사람의 마음이 '평안'과 '고통'으로 나누어진다. 그리고 그 차이는 엄청나다는 말이다.

아마도 그런 경험은 누구나 다 있었을 것으로 생각된다. 무엇이든 선한 일을 한 날은 온종일 기분이 상쾌하다. 그러나 옳지 않다고 생각되는 일을 한 날은 하루 종일 마음이 꺼림칙하다.

그렇게 밝지 않은 마음으로는 하는 일이 잘될 리 만무하다. 단 하루의 행위만으로도 그처럼 마음의 변화가 심한데, 옳지 않음이 거듭된다면 대사(大事)의 성패 문제로까지 연결될 것은 당연한 이치 아니겠는가.

어떤 경우에는 '거짓을 행해서[作僞]' 잠깐의 이득을 볼 수도 있고, 또 성공한 것처럼 보일 수도 있을 것이다. 그러나 장기적인 면에서는 무조건 손해다. 당당하게 정도를 걷는 것이 결국에는 득(得)이 되고 진정한 승자가 되는 것이다.

일희일비(一喜一悲)
슬퍼하기도 하고 기뻐하기도 한다 _王琚의 글.

도(道)는 가까운 곳에 있건만
먼 데서 찾는다

道在邇 而求諸遠 도재이 이구제원 _맹자

'도(道)'란 인간이 걸어가야 할 길이다. 그렇다고 해서 그것은 높고 먼 곳에 있는 것이 아니라 항상 가까운 곳, 즉 우리의 일상생활 속에 있는 것이다. 그런데 사람들은 그러한 이치를 모르고 높고 먼 곳에서 그것을 찾으려고 한다는 말이다.

그럼 '가까이에 있다[在邇]'는 것은 무슨 뜻인가? 맹자(孟子)는 이렇게 말하고 있다. '부모를 공경하고 웃어른을 공경하면 천하는 태평해질 것이다'라고.

너무 낙관적이라는 생각도 들겠지만, 이 두 가지는 인간사의 기본이어서 이것만이라도 잘 지킨다면 세상은 많이 달라질 것이다.

근래에 와서 도덕에 대한 논의가 분분하다. 논의하는 것은 좋지만 어른들도 실천하기 어려운 것들을 아이들에게 강요하는 것은 억지이다. 그럴 것이 아니라 차라리 맹자가 말한 이 두 가지의 대원칙이라도 명시하고, 어른 아이 할 것 없이 모두가 지켜나가는 것이 세상을 사는 도리 아니겠는가.

일사무성(一事無成)
단 한 가지의 일도 이루어 놓은 것이 없음 _白居易의 詩.

소인은 과실을 저지르면
어름어름 숨겨 넘기려고 한다

小人之過也 必文 소인지과야 필문 _논어

'필문(必文)'이란 반드시 잘못을 숨겨 어름어름 넘긴다는 말이다. 요컨대 '소인은 과실을 저지르면 반드시 핑계 댈 것을 생각한다'는 뜻이 된다. 공자(孔子)의 제자인 자하(子夏)가 한 말이다.

핑계 대는 태도가 왜 나쁠까? 첫째로 자신이 저지른 과실에 대해 그 원인을 규명코자 하는 자세가 아니므로, 똑같은 과실을 반복할 위험이 있다. 그리고 둘째로는 저지른 과실에 대하여 반성을 하지 않으므로, 인간으로서의 진보와 향상도 기대할 수가 없다는 점이다.

물론 군자에게도 과실은 있다. 그러나 군자는 과실을 저지르더라도 그것을 즉시 깨닫고 항상 반성을 게을리 하지 않는다. 그러므로 똑같은 과실을 반복하지 않는 것이다.

공자의 제자인 증자(曾子)는 '나는 하루에 세 번 나 자신을 반성한다'고 말했다. 증자가 그러했듯이 우리도 하루에 한 번쯤은 자신을 반성해 보는 진취적인 자세를 가져야 하겠다.

일수백확(一樹百穫)
인재 하나를 키우면 사회에 큰 이익을 준다 _管子.

자신의 원칙을 굽힌 자는
리더가 되어도 바르게 이끌지 못한다

枉己者 未有能直人也 왕기자 미유능직인야 _맹자

'왕기(枉己)'란 자신의 원칙을 굽히어 상대방에게 영합하는 것. 그런 인간이 지도적 위치에 서면 아랫사람들을 올바른 방향으로 이끌 수 없다는 말이다.

맹자(孟子)는 인의(仁義)에 입각한 왕도정치(王道政治)를 주장했으며, 어떻게든 그것을 실현코자 제국(諸國)의 왕들에게 권고하며 돌아다녔다. 그러나 각국 공히 현실의 이익 추구에 여념이 없어서 맹자의 이상(理想)은 쉽게 받아들여지지 않았다. 그것을 안타깝게 생각한 한 제자가 좀 융통성을 가지고 상대방과 타협하는 편이 낫지 않겠느냐고 말했던바, 맹자는 이 구절을 인용하면서 제자를 꾸짖었던 것이다.

맹자가 한 말처럼 지도자의 입장에 있는 사람은 자기 자신이 옳다고 믿는 원칙을 어디까지나 일관되게 견지해 나가는 자세, 그런 의연한 자세가 있어야 한다.

특히 교육의 장(場)에 있는 사람일수록 더욱 그러하다. 그러나 현실의 장에서는 그것과 함께 유연한 융통성을 병행해 나가는 것이 훨씬 더 현명한 처세라 할 수 있겠다.

일언이폐지(一言以蔽之)
'한마디로 말하자면'이란 뜻 _論語·爲政篇.

자기 자신이 올바르면 명령을 내리지 않아도 따른다

其身正, 不令而行 기신정, 불령이행 _논어

'자기 자신이 바르지 못하면 명령을 내려도 따르지 않는다[其身不正, 雖令不從].'라는 구절이 바로 뒤를 잇는, 유명한 구절이다. 자기 자신이 행하는 바가 올바르면 명령하지 않아도 실행된다. 그러나 행위가 올바르지 못하면 아무리 명령을 내려도 실행되지 않는다는 의미이다. 공자는 이런 말도 했다.

"자기 몸가짐을 바르게 하면 정치를 함에 있어 어려움이 없다. 자기 몸가짐을 바르게 하지 못하면서 어찌 남을 바르게 다스릴 수 있겠는가[苟正其身矣, 於從政乎何有, 不能正其身, 如正人何?]"

이것이 '덕치주의(德治主義)'로 불리는 통치 이론의 근본이다. 윗자리에 있는 사람이 솔선하여 자세를 바르게 한다. 그렇게 함으로써 자연히 아랫사람을 감화시킬 수 있다는 사고방식이다. 오늘날 이것이 어려운 것은 우리의 정치계(政治界) 실상을 인용하지 않더라도 명명백백할 것이다. 그러나 역시 각계의 리더는 이런 경지를 목표로 끊임없는 노력을 해야 할 것이다.

일엽낙지천하추(一葉落知天下秋)
나뭇잎 하나가 지는 것을 보고 천하가 기울어짐을 안다 _文錄.

도(道)가 있으면 부하를 제어할 수 있고 도가 없으면 부하를 제어하지 못한다

有術則制人, 無術則制於人 유술즉제인, 무술즉제어인 _회남자

『회남자(淮南子)』에 의하면 '술(術)'이란 '임금이 나라를 다스리고 신하를 통어(統御)하는 도(道)'라고 하였다. 즉, 부하를 통솔하는 비결이다. 재갈과 고삐가 없으면 말을 다룰 수 없는 것처럼, '술'을 지니지 못하면 부하를 다스릴 수 없다는 뜻이다.

리더는 이 '술'을 반드시 갖추어야 한다고 강조한 것이 한비자(韓非子)이다. '술(術)은 남에게 보여주는 것이 아니다. 군주(君主)가 마음속에 은밀하게 지니고 있으면서 효과 있게 신하들을 조정하는 것이다.'라고 말한 한비자는 다시 이렇게 덧붙이고 있다.

"술(術)을 잘 사용하여 다스리면 군주 자신은 묘당(廟堂)에 처녀처럼 얌전히 앉아 있어도 잘 다스려진다. 이와는 반대로 '술'을 제대로 사용하지 않으면 아무리 애를 써도 효과는 오르지 아니한다."

리더는 그 지위에 맞는 덕을 몸에 익혀야 하겠지만, 그러한 '술'도 터득해야 한다는 말이다.

일일여삼추(一日如三秋)
그리워하며 몹시 애타게 기다림 _詩經·王風篇.

공을 세운 후에 물러나는 것이
하늘의 도리다

功遂身退 天之道也 공수신퇴 천지도야 _노자

일을 이룬 연후에는 물러나는 것이 하늘의 도(道)라는 말이다. 왜 물러나야 한다는 말일까? 그렇게 명쾌하게 행동해야 지금까지 쌓아 올린 공적(功績)이라든가 명성을 보존할 수 있기 때문이다. 반대로 언제까지나 자리에 머물러 있으면 어떻게 될까? 그릇에 가득 찬 물은 금방 넘치듯, 애써서 얻은 지위를 뜻하지 않게 잃을 수도 있다.

이런 처세를 실천한 사람이 한(漢)나라 유방(劉邦)의 군사(軍師)였던 장량(張良)이다. 그는 유방이 천하를 통일하자,

"나는 삼촌지설(三寸之舌)을 가지고 제왕(帝王)의 스승이 되었으며, 1만 호의 영지(領地)를 받아 열후(列侯)의 반열에 올랐다. 이것으로 내 임무는 끝이 났다. 앞으로는 속세를 떠나 선계(仙界)에서 노닐고 싶구나."

라며 조정에서 은퇴하여 여생을 즐겁게 보냈다고 한다.

장량의 처세를 따라 하기는 어렵다. 그러나 올라갈 만큼 올라간 다음에는 내려올 때를 생각하는 것이 자신의 공적과 명성을 보전하는 길임을 명심하자.

일자천금(一字千金)
한 글자의 값어치가 천금에 해당함 _晉書.

부정한 부와 지위는
나에게는 뜬구름과 같은 것

不義而富且貴 於我如浮雲 불의이부차귀 어아여부운 _논어

　부정한 방법으로 재화를 모으고 지위를 얻어 사치스런 생활을 하는 것은, 나에게는 하늘의 뜬구름과 같다는 의미의 말이다. 공자(孔子)의 술회(述懷)다. 그는 또 이 문장 앞에서 다음과 같은 말도 하고 있다.

　"채식을 하고 물을 마시며, 팔을 베고 눕는 생활에도 즐거움은 있다[飯疏食飲水 曲肱而枕之 樂亦在其中矣]."

　인생을 즐긴다는 것은 도대체 어떻게 즐김을 말함일까? 무엇보다도 먼저 마음이 즐겁지 않으면 그 인생은 즐거운 인생이라고 할 수 없다. 그렇다면 물질적인 면에서 아무리 풍족하더라도 그것만으로 마음의 즐거움, 인생의 참 즐거움은 얻을 수가 없다. 하물며 그것을 부정한 수단으로 획득한 것이라면 즐기기에 앞서 괴로움이 따를 것이다.

　공자의 술회는 정당하게 일하고 정당하게 얻은 수입으로 정당하게 살아가는 사람들에게 정신적인 교훈이 될 것 같다.

일장공성만골고(一將功成萬骨枯)
만 명의 병졸이 죽어야 한 사람의 장군이 공을 이룬다 _曹松의 詩.

덕은 작은 일을 쌓아가고,
악은 근본을 제거한다

樹德務滋, 除惡務本 수덕무자, 제악무본 _서경

덕을 몸에 익히려면 어떤 방법이 좋을까? 선(善)한 것은 아무리 작은 것이라도 무시하지 말고 쌓아나가도록 노력할 일이다.

그럼 악(惡)을 제거하려면 어떻게 해야 할까? 악을 제거하려면 지엽말절(枝葉末節)이 아닌 근본을 잘라버려야 한다. 인간의 수양을 강조한 명구이다.

인격, 즉 덕(德)이란 선한 행동을 차근차근 쌓아나가는 데서 움튼다. 그것은 마치 나무를 기르는 것과도 같다. 씨를 뿌리고 물을 주고 다듬고…… 그렇게 해서 한 그루씩 길러나간다. 그처럼 형성되는 것이 인격이다.

반대로 악은 싹이 트자마자 바로 그 뿌리를 제거해야 한다. 뿌리가 남아 있으면 언젠가는 또다시 고개를 들게 될 터이니 말이다.

이것을 사회적인 견지에서 본다면 각자가 작은 선행을 쌓아나감으로써 밝은 사회가 구축될 수 있으며, 악은 거물을 잘라냄으로써 뿌리를 말릴 수 있다는 발상일 것이다.

일진일퇴(一進一退)
한 번씩 앞으로 나아갔다 물러섰다 함 _管子.

잠자코 있어도 이루어지고 말하지 않아도 신뢰받는 것은 덕행(德行)의 소치이다

默而成之 不言而信 存乎德行 묵이성지 불언이신 존호덕행 _역경

군이 명령을 내리지 않더라도 순조롭게 진행되고, 잠자코 있어도 뭇 사람들의 지지를 모을 수 있는 것은 그 사람의 '덕행(德行)'에 의한 것이라는 말이다. 그럼 '덕행'이란 무엇인가? 그것은 훌륭한 행위이다.

지위라든가 능력으로 부하를 움직이게 하는 것이 아니라, 그 사람이 지니고 있는 인간적 매력으로 부하를 이끌고 가는 방법을 일컬음이다. 좀 우원(迂遠)한 방법일지는 모르겠지만, 조직이 위기에 몰렸을 때에는 이편이 훨씬 위력을 발휘한다.

지위라든가 능력으로 부하를 사용한다면 명령에는 따르게 만들지 모르지만 심복(心服)시킬 수는 없다. 그런 부하들은 위급한 상황이 일어나면 금방 이탈해 버린다. 떠나는 사람들이 나쁜 것이 아니다. 그들의 마음을 사로잡지 못한 리더 쪽에 책임이 있는 것이다.

그런 결과를 초래하지 않기 위해서는 리더가 평소부터 덕을 쌓고 그 덕으로 부하들을 움직이도록 힘써야 할 것이다.

일취월장(日就月將)
학문이 하루가 다르게 진보함 _詩經·周頌篇.

자신을 수양하고 남을 책망하지 않으면 이로써 난(難)을 면할 수 있다

修己而不責人 則免於難 수기이불책인 즉면어난 _좌전

춘추시대(春秋時代)에 있었던 일이다. 진(晉)나라 헌공(獻公)은 전처(前妻) 소생인 신생(申生)을 태자로 세웠었는데, 애첩인 여희(驪姬)가 해제(奚齊)를 낳은 후로는 이 해제를 태자로 세우고 싶어 했다. 그런 움직임은 신생의 귀에도 들어갔다. 불안에 떨고 있는 신생에게 한 중신이 위로의 말을 하면서 인용한 구절이 표제어이다.

주어진 직책을 완수하고 행동을 신중히 하여 상대방이 해(害)하고자 하는 틈을 주지 않고 비판을 하지 않는다. 그러면 폐태자(廢太子) 사태를 면할 수 있을 것이라는 말이다.

신생은 그 중신이 가르쳐 준 대로 행동했지만, 결국에는 여희의 음모에 걸려들어 자살하고 만다.

이 조언이 잘못되었던 것은 아니다. 일반적인 서민 사회 속에서 벌어진 일이었다면 그것으로도 충분했을 것이다. 그러나 권모술수가 소용돌이치는 특수한 정세 속에서 살아남으려면 이보다 더욱 비상한 재능과 지혜가 있어야 한다. 즉, 상대방의 기도(企圖)를 분쇄할 만한 생존능력이 더 필요한 것이다.

일취지몽(一炊之夢)
부귀와 공명이 꿈처럼 덧없음 _沈旣濟의 글.

예의의 시작은 용모를 단정히 하고, 안색을 부드럽게, 말을 순하게 하는 데 있다

禮義之始 在於正容體 齊顔色 順辭令 예의지시 재어정용체 제안색 순사령 _예기

『예기(禮記)』에는 '무릇 사람이 사람다운 소이는 예의(禮義)에 있다'고 말한 다음 표제의 말을 덧붙였다. 이것에 의하면 예의의 기본은,

①자세와 태도를 바르게 하는 것

②안색을 평정하게 갖는 것

③언어 구사에 신경을 쓸 것

의 세 가지이다.

구체적으로 말한다면 ①정중히 행동해야 할 자리에서 안하무인적인 태도를 취해서는 안 된다. ②슬픔을 표해야 할 자리에서 웃어서는 안 된다. ③그 자리에 어울리는 인사말 정도는 할 줄 알아야 된다는 것이다.

이것을 제대로 지키기만 한다면 그 어느 곳에서도 빈축을 사지는 않을 것이다. 이상 세 가지 사항은 인생을 살면서 가장 기본적으로 지켜야 할 수칙이나 다름없다. 그런데 이 세 가지를 지키지 못하고 실수를 하는 경우가 왕왕 있다. 따라서 젊었을 때부터 이 세 가지 예절은 확실히 몸에 익혀 두어야겠다.

자두연기(煮豆燃其)
형제끼리 서로 다툰다는 뜻 _世說新語.

부귀한 위치에 있을 때
빈천의 괴로움을 알아야 한다

處富貴之地 要知貧賤的痛癢 처부귀지지 요지빈천적통양 _채근담

지위라든가 재산을 얻어 풍요롭게 살 때에는 지위도 재산도 가지지 못한 자의 고충을 알아야 한다는 의미의 말이다.

『채근담(菜根譚)』은 이어서 "젊었을 때는 마땅히 노쇠(老衰)의 괴로움을 이해하여야 한다."고 말하고 있다.

젊고 혈기 왕성할 때, 늙고 병든 노인의 그 괴로운 심정을 이해해 주어야 한다는 의미이다.

두 구절 모두 약한 자에 대해 동정하고 남의 고통을 이해해 주는 인간이 되라는 뜻이다. 그처럼 동정심 있는 인간은 그렇지 않은 사람들과는 사뭇 다르다. 그 사람의 인자함과 따뜻함이 용모와 태도에 스며 있기 때문이다.

다시 말한다면 훌륭한 인격을 형성하기 위해서는 타인에 대한 동정심을 반드시 가져야 한다는 것. 물론 형식적인 동정이어서는 안 된다. 요컨대 모든 것은 마음의 문제인 것이다.

자의불신인(自疑不信人)
자신을 의심하는 사람은 다른 사람을 믿지 아니한다 _素書.

지혜로운 자는 물을 좋아하고
어진 자는 산을 좋아한다

智者樂水, 仁者樂山 지자요수, 인자요산 _논어

그 이유를 공자(孔子)는 '지자(智者)는 움직이고, 인자(仁者)는 조용하다'며 동(動)과 정(靜)의 대조에서 찾고 있다.

'수(水)'는 강이다. '장강(長江)은 쉬지 않고 도도히 흐르도다'(두보杜甫의 시)라고 하였듯이 하루도 쉬지 않고 계속 흐르는 것, 유동(流動)하는 것이 강이다. '지자'는 그 머리의 기능이 이와 같아서 지모(智謀)가 차례로 생겨나며 그칠 줄을 모른다. 그 진퇴(進退)도 세상의 동향에 따라 자재(自在)로이 변화한다.

이에 비하여 '움직이지 않으면 산과 같다'(손자孫子)고 하였듯이 산은 부동(不動)의 상징이다. '인자'는 이 세상의 동향에 초연하며 자신의 내면세계를 꿋꿋이 지킬 뿐 조금도 동요하지 않는다. 지자와 강, 인자와 산, 이미지가 딱 들어맞는다. 어떤 문인(文人)이 말했다.

"나는 젊었을 때는 물(바다)을 좋아했었는데, 요즘에는 산을 좋아하게 되었다. 하루 종일 산을 바라보고 있어도 조금도 권태롭지 아니하다. 이것은 나이 탓도 있겠지만, 그만큼 나 자신이 인자(仁者)의 영역에 가까워진 것이라면 실로 기쁜 일이 아닐 수 없다."

자포자기(自暴自棄)
자신을 학대하며 돌보지 않음 _孟子·離婁章句.

감정에 사로잡혀 죽기는 쉬우나 이성(理性)으로 의(義)를 이루기는 어렵다

感慨殺身者易, 從容就義者難 감개살신자이, 종용취의자난 _근사록

순간의 감정을 극복하지 못하고 죽음을 선택하는 것은 그래도 쉽다. 그보다 더 어려운 것은 냉철한 사고(思考)로 의롭게 사는 길이란 뜻의 말이다.

여기서 '감개(感慨)'란 고조된 감정이 시키는 대로란 뜻이고, '종용(從容)'이란 감정을 드러내거나 억제하는 것이 아니라 당연한 것을 당연한 것으로 받아들인다는 뜻으로 쓰였다.

이 말은 분명 맞는 말이다. 인간은 분노, 기쁨, 슬픔… 등등의 감정이 격해지면 억제가 잘 안 되어 걷잡을 수 없는 행동을 하게 될 때가 많다. 이에 비하여 '종용'이란 그런 감정을 배제한 이성(理性)의 영역 문제이다. 세상을 살아가면서 이 '종용'만 행하려 해도 쉽지 않을진대 '취의(就義)', 즉 '의(義)'에 이르기란 한층 더 뼈를 깎는 각고가 필요할 것이다.

즉, 평소에 수양을 깊이 쌓고 자기 자신을 단련하는 데 태만해서는 안 된다는 말이다.

장사진(長蛇陣)
병법가인 손자(孫子)의 진법(陣法) 이름. 변하여, 길게 늘어섬. _孫子·九地篇.

나를 말[馬]이라고 부른다면
나는 말임을 인정하겠다

呼我馬也 而謂之馬 호아마야 이위지마 _장자

어떤 사나이가 노자(老子)의 소문을 듣고 만나러 왔다. 집안에 들어서 보니 궁색하기가 그지없고 냄새 역한 세간살이가 온통 널브러져 있어 도대체 사람 사는 집 같지가 않다. 그는 노자를 쳐다보지도 않고 돌아갔는데, 다음 날 다시 와서 어제의 잘못을 사과했다. 그러자 노자는 이렇게 말했다.

"그대는 지자(知者)가 어떻고 성인(聖人)이 어떻다는 등의 관념에 사로잡혀 있는 것 같은데, 나는 그따위 것에서 이미 벗어났네. 어제 만약 그대가 나를 소라고 했다면 나는 그대로 인정했을 것이고, 또 말이라 했다 해도 역시 인정했을 것이야[呼我馬也 而謂之馬]. 사람들이 그렇게 말할 때에는 나름대로 근거가 있을 게 아니겠는가. 그것이 싫다고 해서 거부한다면 그야말로 더 고통스러워지기만 하겠지. 나는 무엇에든 거역하는 일이란 없네."

아무것에도 사로잡히지 않고 살아나가는 인생이다. 여기까지 달관할 수 있으면 인생이 한결 즐거워지지 않겠는가.

장삼이사(張三李四)
장씨네 세 아들과 이씨네 네 아들이란 뜻으로, 평범한 사람을 가리킴 _傳燈錄.

말함으로써 핵심을 찌르는 것은 지(知)요
침묵으로써 핵심을 찌르는 것도 지(知)다

言而當知也, 黙而當知也 언이당지야, 묵이당지야 _순자

발언하여 핵심을 찌른다. 이것은 분명 '지(知)'이지만, 침묵에 의해 핵심을 찌르는 것도 '지'라는 말이다. 순자(荀子)는 다시 이렇게 이어가고 있다.

"다변(多辯)인데도 발언 하나하나가 핵심을 벗어나지 않는다. 이는 성인(聖人)이다. 과묵한데도, 발언을 하면 모두가 법에 합치된다. 이는 군자(君子)이다. 이에 비하여 다변이든 과묵이든 하는 말이 앞뒤가 안 맞는 것은 소인(小人)이다."

그리고 다음과 같이 단언하고 있다. '묵(黙)을 아는 것은 지(知)를 아는 것과 같다.' 침묵의 의의를 아는 것은 곧 발언의 의의를 아는 것이란 말이다. 발언하는 것만이 능사가 아니다. 침묵에 의해 의지를 표명하는 것도 중요하다는 것이다. 침묵의 효과—이것을 아는 자가 더 강한 자인지 모른다.

물론 주장해야 할 때에는 거침없이 주장을 해야 한다. 그러나 논거가 정확하지 않은 것을 억지로 주장하는 것보다는 침묵을 지키는 편이 훨씬 설득 효과가 높을 수도 있는 것이다.

> **적토성산**(積土成山)
> 적은 흙도 쌓이고 쌓이면 큰 산이 된다 _荀子.

일은 은밀히 추진해야 이루어지고
말은 누설되면 실패한다

事以密成, 語以泄敗 사이밀성, 어이설패 _한비자

뜻한 바를 성공시키기 위해서는 일을 비밀리에 추진하지 않으면 안 된다. 외부에 누설되면 실패를 면할 수 없다는 말이다. 말조심, 입조심 하라는 뜻이다.

이러한 의미만 담고 있다면 아주 평범한 구절인데, 한비자(韓非子)는 이를 군주(君主)에 대한 마음가짐의 한 조항으로 말하고 있다. 예컨대 어떤 계기로 군주의 비밀을 알게 되었다고 하자. 그러면 '이놈이 알고 있구나'라며 의심을 하게 될 터이니 이쪽이 위험하게 된다는 것이다. 또 자신의 헌책(獻策)을 남이 알아내어 외부에 누설시켰다고 하자. 이런 경우도 그 혐의는 자신에게 돌아오니 역시 신변이 위험하다는 것이다.

현대에 이르러서는 이처럼 흉포한 관계는 존재하지 않겠지만 일반적으로 보아 계획 단계에서 누설된다는 것은, 그 즉시 실패와 연관되지는 않는다 하더라도 도움이 될 리도 없다.

은닉(隱匿)해야 할 것은 어디까지나 은닉한다―이것은 사업 집행의 대원칙이리라.

전전긍긍(戰戰兢兢)
겁이 나서 벌벌 떨며 조심함 _詩經·小雅篇.

배가 뒤집혔을 때 수영 솜씨를 알 수 있고
말을 달릴 때 말 다루는 솜씨를 알 수 있다

舟覆乃見善游, 馬奔乃見良御 주복내견선유, 마분내견양어 _회남자

'배가 뒤집어졌을 때에야 비로소 헤엄을 잘 치는 사람인지를 알게 된다. 말이 질주할 때에야 비로소 말 다루는 솜씨가 좋은지 아닌지 알게 된다.'— 이 말은 다시 말해서 위기에 몰려 있을 때 비로소 그 사람의 능력이나 진가(眞價)가 발휘된다는 뜻이다.

말이 보통 속력으로 달릴 때에는 마술(馬術)이 그다지 뛰어나지 않더라도 말 등에 꼭 엎드려 있기만 하면 떨어지지 않는다. 그러나 말이 속도를 강하게 낼 때에는 웬만한 실력으로는 어림도 없다.

사업 경영도 마찬가지이다. 사업이 잘될 때에는 범용한 경영자라 하더라도 나름대로의 성적을 올릴 수가 있다. 그러나 그것을 자기 실력이라고 착각해서는 안 된다. 실력의 진가가 나타나는 것은 위기에 빠졌을 때이다.

위기는 반드시 찾아오는 법. 그 위기를 얼마나 잘 넘기느냐가 문제이고, 그런 위기를 무사히 잘 넘겼을 때에야 비로소 유능한 경영자라 인정받게 되는 것이다.

> **전전반측**(輾轉反側)
> 이리 뒤척 저리 뒤척 밤잠을 이루지 못함 _詩經·國風篇.

구태여 천하에서
앞장서려는 생각은 하지 마라

不敢爲天下先 불감위천하선 _노자

노자(老子)에 의하면 이 세상을 무사히 살아가기 위해서는 '삼보(三寶)', 즉 세 가지 보물이 필요하다고 했다. 세 가지 보물이란 '첫째 자(慈), 둘째 검(儉), 셋째 감히 천하에서 앞장서지 않음' 등이다.

참고로 '자(慈)'란 자비로움, '검(儉)'이란 사물을 아낀다는 뜻이다.

노자는 이 세 가지를 든 다음 이렇게 말하고 있다.

"사람들을 자비로 대하기에 용기가 치솟는다. 사물을 아껴 쓰기에 널리 은혜를 끼칠 수가 있다. 사람들을 앞지르지 않기에 지도자로 천거될 수 있는 것이다. 지금 자비로움을 잊은 채 용기만을 과시하고, 검약하지 않으면서 은혜만 널리 끼치려 하며, 물러서는 것을 잊고 선두에 서려고만 한다면 결국 어떻게 되겠는가? 오직 파멸만이 있을 뿐이다."

이 모든 것도 난세(亂世)를 살아가기 위한 영지(英智)라 할 수 있겠다.

절치액완(切齒扼腕)
옷소매를 걷어 올리고 치를 떨며 몹시 분개하는 것 _戰國策.

어진 선비의 처세는
마치 주머니 속의 송곳과 같다

賢士之處世也 譬若錐之處於囊中 현사지처세야 비약추지처어낭중 _사기

뾰족한 송곳을 주머니에 넣으면 주머니 밖으로 삐죽 삐져 나오는 것같이, 유능한 인물은 반드시 두각을 나타낸다는 의미이다.

조(趙)나라의 평원군(平原君)이란 재상이 중대한 사명을 띠고 초(楚)나라에 사신으로 가게 되었을 때, 자기 식객들 중 뛰어난 사람 20명을 선발하여 사절단에 합류시키려고 했다. 그때 모수(毛遂)란 사나이가 스스로 자원을 했다.

"귀공은 우리 집에 온 지 몇 해나 되었소?"

"삼년 되었습니다."

"유능한 인재는 주머니 속의 송곳과 같아서 금방 눈에 뜨이는 법. 귀공은 우리 집에 온 지 삼년이나 되었다는데, 나는 아직 그대의 이름조차 들어본 적이 없소."

그러나 모수는 끈질기게 붙들고 늘어졌다. 그래서 평원군은 사절단의 일원으로 모수를 선발했는데, 후일 큰 공을 세워서 평원군의 체면을 세워 주었다고 한다. 평원군의 말에도 일리는 있다. 그러나 기회를 주지 않으면 아무리 재능이 뛰어난 사람이라 하더라도 두각을 나타낼 수 없는 법이다.

정중지와(井中之蛙)
우물 안 개구리 _莊子.

선수를 치면 남을 제압할 수 있고
후수를 치면 남에게 제압당한다

先發制人, 後發制於人 선발제인, 후발제어인 _한서

진(秦)나라 시황제(始皇帝)가 세상을 떠난 후 항량(項梁 : 항우의 삼촌)과 항우(項羽), 두 사람은 회계군(會稽郡 : 오늘날의 소주蘇州 부근)에서 반군을 일으켰는데, 그때 그 두 사람이 한 말이 표제의 구절이다.

『사기(史記)』에는 회계군의 태수(太守)가 한 말이라고 기록되어 있으며, '선즉제인(先則制人), 후즉제어인(後則制於人)'으로 그 표현이 약간 다르다. 그러나 어느 쪽이건 그 의미는 같다.

무슨 일을 하든지 선수를 치면 확실히 이점이 있다. 그러나 그 일을 성공으로 이끌기 위해서는 선발(先發)만으로는 부족하며, 다음 두 가지 조건까지 충족되어야 한다.

첫째로 적확(的確)한 정세 판단이다. 이 판단을 잘못하면 오히려 많은 사람의 표적이 되어 공격을 받게 된다. 두 번째로는 꾸준히 밀고 나가야 한다. 선발(先發)을 했더라도 꾸준히 밀고 나가지 못하고 주저앉는다면 무슨 소용이 있단 말인가.

이 두 가지 조건을 충족시키면서 선발을 했다면, 전쟁에서나 사업에서나 승리하지 못할 수가 없다.

> **정훈**(庭訓)
> 가정에서의 교육 _論語·季氏篇.

한 가지 이익을 보는 것은
한 가지 해(害)를 제거하는 것만 못하다

興一利不若除一害 흥일리불약제일해 _십팔사략

원대(元代)의 명재상이었던 야율초재(耶律楚材)가 한 말이다. 그리고 이 말을 좌우명으로 삼았던 정치가는 한두 명이 아니었다.

원나라는 기마민족(騎馬民族)인 몽고족이 세운 왕조로서 수탈적인 경향이 강했다. 그런 와중에 야율초재는 민생의 안정을 중시하고 수탈 정책에 제동을 거는 역할을 해냈다. 그는 태종(太宗) 쿠빌라이의 신임을 두터이 받았던 인물이다. 그의 일화를 『십팔사략(十八史略)』은 다음과 같이 전하고 있다.

"야율초재는 늘 말했다—한 가지 이익을 보는 것은 한 가지 해(害)를 없애는 것만 못하다. 한 가지 일을 만드는 것은 한 가지 일을 없애느니만 못하다고. 그는 함부로 말하거나 웃지 않았다. 또 손님을 대할 때에는 온순하고 공손한 표정이 늘 밖으로 비치었다. 그 덕(德)에 감화되지 않는 사람이 없었다."

당시에 '한 가지 이익을 보는 것', 즉 신규 사업을 시작하는 것은 곧 백성들로부터의 수탈을 의미했다. 현대에도 건전한 정치의 지침으로 삼을 만하지 않은가.

조장(助長)
서두르다가 도리어 일을 해친다는 뜻 _孟子·公孫丑章句.

오늘 배우지 않아도
내일 배울 수 있다는 생각을 하지 마라

勿謂今日不學而有來日 물위금일불학이유래일 _고문진보

송대(宋代)의 재상인 사마광(司馬光)이 썼다는 「권학문(勸學文)」의 한 구절이다. '오늘 하지 않더라도 내일이 있지 않으냐'며 게으름을 피우는 사람에게 경고한 말이다. 원래는 젊은이들에게 경종을 울리려고 한 말이었다.

요즈음에는 이런 식의 직선적인 설교가 설득력이 없을 수 있다. 그러나 '그때 좀 더 공부를 했더라면…' 하며 후회하는 사람은 많이 있다.

그러나 공부는 젊은 사람들만의 전매특허는 아니다. 어떤 문인(文人)은 말했다.

"장년이 되어서 배우면 늙어도 쇠(衰)하지 않고, 늙어서 배우면 죽어도 썩지 않는다."

생각만 해가지고는 아무리 시간이 흘러도 실행에 옮길 수 없다. 생각했을 때에 바로 실행에 옮기는 것이 상책이다. 실행에 옮긴 후에는 설령 진전이 빠르지 않더라도 멈추지 말 일이다.

> **주백약지장(酒百藥之長)**
> 술은 모든 약 중에서 제일임. 술을 찬미하는 말. _漢書.

사람을 천거하려면
물러설 줄 아는 자를 천거하라

擧人, 須擧好退者 거인, 수거호퇴자 _송명신언행록

'호퇴자(好退者)', 즉 물러서기를 좋아하는 자란, 양보하는 자이며 앞에 나서기를 좋아하지 않는 사람이다. 사람을 추천할 때에는 그런 타입의 사람이 좋다는 말이다. 송대(宋代)의 장영(張詠)이란 대신(大臣)이 한 말인데, 이 역시 음미해 볼 만한 말이다. 왜냐하면 그 이유는 다음과 같다.

"물러서기를 좋아하는 사람은 염근(廉謹)하며 부끄러움을 안다. 이런 사람을 천거하면 지조는 더욱 강해지고, 일에 실수하는 예가 적다."

욕심이 적고 주어진 임무에 성실하므로 결국 실패가 적다는 것이다. 이와 반대되는 사람이 나 아니면 안 된다며 경쟁하기를 좋아하는 '분경지자(奔競之者)'이다. 왜 이런 사람은 옳지가 않은가?

"분경지자는 흔히 지조를 굽히며 아첨을 잘하고 남들이 자기를 알아주기만을 원한다. 만약 이런 사람을 천거하게 되면 반드시 재능을 자랑하고 이익을 좇기 쉽다."

대기업이나 개인 업체나 사람을 들일 때 명심해야 할 말이다.

> **주상야몽**(晝想夜夢)
> 낮에 생각했던 바가 밤에 꿈으로 나타남 _列子.

자신을 단련할 때에는 금을 정련하듯 하라
속성으로 해서는 뜻하는 바를 못 얻는다

磨礪當如百煉之金, 急就者非邃養 마려당여백련지금, 급취자비수양 _채근담

자신을 단련할 때에는 금(金)을 정련(精鍊)할 때처럼 충분한 시간을 갖고 해나가야 한다. 속성으로 하면 아무래도 온전치가 않다는 말이다.

어떠한 기술이든 그 기술을 습득하기란 결코 쉽지만은 않다. 필자는 전에 정원사(庭園師)가 전지(剪枝)하는 것을 유심히 본 적이 있다. 젊은 조수는 한눈에도 미숙하다는 것을 알 수 있었는데, 정원사의 손놀림과 몸놀림은 털끝만큼도 나무랄 데 없이 매끄러웠다. 역시 오랜 기간 숙련한 기술자의 솜씨는 다르구나 하는 생각이 들었다.

기술도 이러하거늘 하물며 '인간'을 단련하는 일임에랴. 이는 더더욱 어려울 것임에 틀림없다. 십년, 이십년의 작업이 아니라 어쩌면 평생의 작업이 될 것이다.

그러나 단련된 사람과 단련되지 않은 사람은 큰 차이가 있다. 그것은 먼저 풍격(風格)에서 나타난다. 자기 수양과 자기 수련에 열심인 사람은 얼굴만 보아도 호감이 나타나고 그렇지 못한 사람은 어쩐지 어설프게 보이니, 정말 무서운 일이 아닐 수 없다.

주수(株守)
그루터기를 지켜본다. 변하여, 구습(舊習)에만 젖어 시대의 변천을 모른다. _韓非子.

집안에 현처(賢妻)가 있으면
그 남편은 횡사(橫事)를 안 당한다

家有賢妻, 丈夫不遭橫事 가유현처, 장부부조횡사 _통속편

'장부(丈夫)'란 남편, '횡사(橫事)'란 뜻밖의 사고, 또는 좋지 못한 일에 말려드는 것도 포함된다.

집안에 현처(賢妻)가 있으면 왜 그런 일에 말려들지 않게 되는 것일까?

먼저 안심감(安心感)이 크게 작용하는 때문인지도 모른다. 만약 악처(惡妻)를 두어서 늘 마음이 평안하지 못하다면 밖의 일, 즉 하는 일이 제대로 될 리 없을 것이다.

또한 가정불화가 심하기 때문에 그것이 악영향을 끼쳐 만사가 좋게 풀려 나갈 리도 만무하다.

공금횡령이라든가 뇌물수수 사건에 말려드는 것도 집안에 현처가 있다면 어느 정도 방지되는 법이다. 남편을 살리는 것도 죽이는 것도 그 아내의 손에 달려 있다는 말이다. 현처가 날로 줄어드는 세상 같으니 여간 슬픈 일이 아니다.

주지육림(酒池肉林)
술이 너무 많아 못을 이루고, 고기가 많아 숲을 이룸. 변하여, 어마어마하게 차린 퇴폐적인 술잔치. _史記·殷本紀.

법을 적용할 때에는
관용과 간결을 근본으로 하라

用法務在寬簡 용법무재관간 _정관정요

당(唐)나라 태종(太宗)이 어느 날 중신들을 모아놓고 다음과 같이 말했다.

"한번 죽은 사람은 결코 다시 살아날 수가 없소. 그러므로 법의 적용은 가급적 너그럽게 하는 것이 바람직하오[用法務在寬簡]. 그런데 작금의 사법관(司法官)들을 보면, 옛사람이 '관(棺)을 파는 사람은 해마다 역병(疫病)이 유행하기를 바란다. 그것은 사람들을 미워해서가 아니다. 관이 잘 팔리기 때문이다.'라고 말한 것처럼, 용의자를 가혹하게 다루어 사법관 자신의 위신만 세우려고 하는구려."

태종의 탄식은 오늘날의 우리에게도 그대로 적용되고 있다. 예컨대 오직 실적만을 올리기 위한 과도한 주차·교통 위반 단속 등은 그 중 한 예에 불과하다. 그런 일에 열중하는 나머지 진짜 해결해야 할 일을 뒷전으로 미루어 사태는 더 악화된다.

이런 문제는 경찰이나 사법 계통만의 과제가 아니다. 일반 인사관리에도 '무재관간(務在寬簡)'의 원칙으로 임했으면 하는 생각이다.

지록위마(指鹿爲馬)
사슴을 가리키며 말이라고 한다 _史記·秦始皇本紀.

먹자니 먹을 것이 없고
버리자니 아까운 닭갈비

鷄肋 계륵 _삼국지

    먹을 것은 시원치 않으나 버리자니 아까운 것을 '계륵(鷄肋)'이라고 한다. 서재에 꽂혀 있는 책을 보면 버리자니 아깝고 꼽아놓자니 별로 소용될 것 같지 않은 '계륵집(鷄肋集)'이 있다. 『삼국지(三國志)』에서 '난세(亂世)의 간웅(奸雄)'으로 일컬어지는 위(魏)나라 조조(曹操)가 한 말이다.

    조조가 유비(劉備)의 세력권이 된 한중(漢中) 땅을 공략할 때의 일이다. 이 때 유비는 군게 지키고만 있을 뿐 좀처럼 대항할 생각을 하지 않아 조조 군이 고전을 할 수밖에 없었다. 이런 일은 조조 대 유비의 싸움에서 흔치 않은 일이었다. 그러자 조조는 참모들을 모아놓고 '계륵!'이라고 한마디 중얼거렸다. 참모들은 그 말이 무엇을 의미하는지 알 수가 없었다. 그런데 유독 한 사람, 양수(楊修)만이 얼른 짐을 챙기며 후퇴할 준비를 서둘렀다. 모두들 그 이유를 묻자 양수는 이렇게 대답했다고 한다.

    "계륵, 즉 닭갈비는 버리자니 아깝지만 먹을 것이 없소. 이 한중 땅도 마찬가지요. 어서 철수하란 명령이외다."

    이런 결단을 빨리 내릴 수 있는 점이 조조의 장점이다.

지음(知音)
마음을 터놓고 사귀는 친구 사이 _楊雄의 글.

December 12

볼 때는 명(明)을 생각하고 들을 때는 청(聽)을 생각하며, 색(色)
은 온(溫)을 생각하고 모(貌)는 공(恭)을 생각하며, 언(言)은 충(忠)
을 생각하고, 사(事)는 경(敬)을 생각하며, 의심스러울 때는 문
(問)을 생각하고 분할 때는 난(難)을 생각하며, 득(得)을 보고는
의(義)를 생각하라.

'지(智)'의 주요 기능은
화(禍)를 면하게 하는 데 있다

智貴免禍 지귀면화 _삼국지

지모(智謀), 지략(智略) 등 '지(智)'라는 말에서 연상되는 것은 총명한 두뇌와 머리 회전이 빠르다는 이미지이다. 그것은 분명 사실이지만, 진정한 '지'란 겉으로 드러나는 것이 아니다. 예를 들면 도산(倒産)하기 직전의 회사를 재건한 '지'는 누구나 다 아는 '지'이다.

이런 '지'도 분명 중요한 '지'이긴 하지만, 수준이 그리 높은 '지'는 아닌 것 같다.

그것을 지적한 말이 표제의 구절이다. '지'의 중요한 기능은 화(禍)를 면하게 하는 데 있다. 즉, 도산 위기의 회사를 재건하는 것보다도 회사를 도산 위기로 몰아넣지 않도록 경영하는 것이야말로 진짜 '지'라고 할 수 있다.

그러므로 이런 '지'는 사람들로부터 갈채를 받는 '지'가 아니라, 사람들 눈에 잘 보이지 않는 '지'인 것이다. 조직의 리더에게 필요한 것은 바로 이런 '지'이다. 리더 된 자들이 깊이 생각해 보아야 할 구절인 것 같다.

> **직장곡로**(直壯曲老)
> 사리가 바르면 사기가 떨치고, 사리가 바르지 못하면 사기가 떨어진다 _左傳.

물이 너무 맑으면
큰 물고기가 없다

水清無大魚 수청무대어 _후한서

옛날부터 중국에는 '물이 너무 맑으면 물고기가 살지 못한다'는 속담이 있어서 표제어와 같은 뜻으로 사용되어 왔다.

후한(後漢) 시대에 서역(西域)의 경략으로 유명한 반초(班超)가 있다. 이 반초는 서역 경략에 평생을 바친 장군으로서 많은 일화를 남겼는데, 중임(重任)을 끝내고 귀국하자 그의 후임자가 찾아왔다. 그는 서역 경략의 책임자로서 갖춰야 할 마음가짐에 대해서 반초에게 물었다. 그러자 반초는 이렇게 대답했다고 한다.

"누가 뭐래도 서역은 이민족의 땅일세. 그들을 복속시키기란 그리 쉬운 일이 아니야. 너무 엄하게 통치한다면 민심을 잃고 말 것이네. 그대의 성격은 너무 엄격한 것이 탈이야. 물이 너무 맑으면 큰 물고기가 없는 법[水清無大魚]. 그러니 가급적 관용을 베풀도록 하고 너무 엄하게 경영·통치하지 말게나."

사소한 것까지 일일이 단속하면 뭇 사람들의 지지를 얻을 수 없다. 이것은 인간관계, 조직관리에도 공통으로 적용되는 철칙이다.

진금부도(眞金不鍍)
진짜 황금은 도금을 하지 않는다 _李紳의 詩.

말단 관리를 접할 때에도
예(禮)를 갖추어라

接小吏亦以禮 접소리역이례 _송명신언행록

송(宋)나라 태조(太祖) 때 조빈(曹彬)이란 명장이 있었다. 큰 싸움이 있을 때마다 반드시 조빈은 총사령관에 기용되었고, 천하통일 후에는 군사상의 최고 책임자로 임명되었다. 태조의 두터운 신뢰를 얻고 있었던 것이다. 그것은 물론 능력이 뛰어났기 때문인데, 그것만이 이유는 아니었다. 그의 근무 태도를 살펴보면 그 이유를 잘 알 수 있다.

예컨대 조정 업무에 임할 때에는 최고 책임자라는 지위에 있으면서도 언제나 겸허한 자세를 취했으며, '말단 관리를 대할 때에도 예를 갖추었고[接小吏亦以禮], 함부로 이름을 부르지 아니했다'고 한다. 오늘날로 말하자면 말단 직원에게도 반말을 하지 않았다는 것이다. 또 날이 새기가 바쁘게 궁궐로 들어가 조현(朝見)의 시작을 기다렸는데, 이러기를 단 하루도 게을리 한 적이 없다고 한다.

즉, 이 사람이 태조의 신뢰를 얻게 된 것은 ①겸허, ②정려(精勵)의 두 가지 이유 때문이었다. 이것은 어느 시대이든 똑같다고 하겠다.

진충보국(盡忠報國)
충성을 다하여 나라에 보답한다 _宋史.

성인도 촌음을 아끼었거늘
범인은 더욱 시간을 아껴야 한다

大禹聖人乃惜寸陰, 衆人當惜分陰 대우성인내석촌음, 중인당석분음 _진서

'우(禹)'는 고대 중국을 다스린 성군(聖君)이다. 표제어의 의미는 '우(禹)'는 성군임에도 불구하고 촌음(寸陰 : 짧은 시간)을 아끼며 나랏일에 열중했다. 하물며 범인(凡人)은 분음(分陰 : 촌음보다 더 짧은 시간)을 아끼어 일하지 않으면 안 된다'가 될 것이다. 동진(東晉) 시대의 명장 도간(陶侃)이 한 말이다.

도간이란 사람은 분명 그렇게 일과(日課)를 보냈던 듯하다. 그는 업무가 많을 때에는 퇴궐도 하지 않고 끼니조차 거른 채 임무에 열중했고, 절대로 그날 일을 다음 날로 미룬 적이 없었다. 그런 인물이었기에 술이나 도박 등에 빠져 직무유기 하는 부하들이 발견되면 그 자리에서 술잔과 도박 도구를 압수하여 강물에 내다 던지면서,

"이는 인간쓰레기들이나 하는 짓이다!"라고 호통을 치며 훈계했다고 한다.

좀 지나쳤는지는 모르지만, 그런 그의 마음을 이해하지 못하는 것도 아니다. 특히 리더에게는 도간이 말하고자 하는 '분음을 아껴 쓰는' 정려(精勵)가 바람직하다 하겠다.

> **창해일속**(滄海一粟)
> 넓은 바다에 한 알의 좁쌀. 천지간에 인간이란 미미한 존재란 뜻. _蘇軾의 詩.

관(寬)이란 가혹한 정치를 하지 않는 것, 간(簡)이란 번잡한 일을 피하는 것

寬者不爲苛急耳, 簡者不爲繁碎耳 관자불위가급이, 간자불위번쇄이 _송명신언행록

송대(宋代)의 구양수(歐陽脩)라는 정치가는 여러 지역의 지방장관을 역임했는데, 업적이나 평판에 신경 쓰는 일 없이 오로지 '관(寬)'과 '간(簡)'에 의한 행정에 힘썼다고 한다. 그래서 문제가 많은 지방에 부임을 해도 보름이 지나기 전에 문제의 태반을 해결했고, 한두 달쯤 지나면 관청은 할 일이 없어서 마치 심산유곡(深山幽谷)의 절간 같았다고 한다.

어떤 사람이 하도 이상하여,

"공(公)께서 베푸시는 정사(政事)는 관(寬)과 간(簡)을 요체로 삼으시는 것 같은데, 그래도 잘 다스려지는 이유는 무엇입니까?"라고 물었던바, 구양수는 표제의 말을 인용하면서 이렇게 대답했다고 한다.

"내가 마음 쓰고 있는 관(寬)이란 가혹한 다스림을 하지 않는 것[寬者不爲苛急耳], 간(簡)이란 번잡한 일을 벌이지 않는 것[簡者不爲繁碎耳]이지. 오직 이것에 힘쓸 뿐이네."

'관'과 '간'은 조직 관리의 포인트이다. 그런 의미에서 구양수가 한 말은 크게 참고가 될 것이다.

> **천도불용**(天道不容)
> 하늘의 도는 공정해서 악인을 용서하지 않음 _南史.

선(善)을 좋아하면서 실행하지 않고
악(惡)을 미워하면서도 버리지 않는다

善善而不能用, 惡惡而不能去 선선이불능용, 오악이불능거 _관자

옛날 제(齊)나라 환공(桓公)이 일찍이 자기가 멸망시킨 곽(郭)이란 나라의 영내(領內)를 시찰할 때의 일이다. 환공은 곽나라의 민심을 떠보기 위해 한 노인에게 물었다.

"곽나라가 멸망한 원인이 어디에 있다고 생각되는가?"

그러자 그 노인은, "우리나라 임금께서는 선(善)을 좋아하고 악(惡)을 미워하는 분이었습지요. 그래서 멸망한 것이옵니다."라고 대답했다.

이상히 생각한 환공이 다시 물었다.

"그대의 말을 듣건대 곽나라 왕은 현군(賢君)이 아닌가. 그런데 어찌 그것이 멸망의 원인이 된단 말이오?"

그러자 노인은 다시 이렇게 대답했다고 한다.

"그게 아니오라 저희 곽나라 임금은 선을 좋아하면서도 그것을 실행코자 하지 않았고, 악을 미워하면서도 그것을 물리치려 하지 않았나이다. 그것이 멸망한 원인이옵지요."

머리로 이해하고 입으로 말은 하지만 실행이 따르지 아니했다는 것이다. 실행이 따르지 않는 빈말만으로는 설득력이 있을 수 없는 법이다.

천리안(千里眼)
천리 밖을 내다볼 수 있는 눈 _魏書.

명군(明君)은 신하를 조종하는 데 두 개의 자루를 가지고 있다

明主之所導制其臣 二柄而已矣 명주지소도제기신 이병이이의 _한비자

'도제(導制)'는 조종한다, 자유자재로 쓴다는 뜻. '이병(二柄)'은 두 개의 자루란 뜻이다. 따라서 훌륭한 리더는 두 개의 자루만 쥐고도 부하를 자유자재로 부릴 수 있다는 의미이다. 그럼 두 개의 자루란 무엇인가?

한비자(韓非子)에 따르면 이러하다.

"두 개의 자루란 형(刑)과 덕(德)이다. 그럼 형과 덕이란 무엇인가? 형이란 벌을 가하는 것이요, 덕이란 상을 주는 것이다. 부하란 벌을 두려워하고 상을 좋아하는 법이다. 그러므로 군주가 상과 벌의 두 가지 권한을 제대로 움켜쥐고 휘두른다면, 뜻한 대로 부하를 움직일 수가 있다.

신상필벌(信賞必罰)로 임할 것, 이것이 부하를 자유자재로 부리는 열쇠라는 것이다. 한비자는 다시 다음과 같이 결론을 내리고 있다.

"죽음을 당했다든가 실권을 빼앗긴 군주는 상벌의 권한을 모두 부하에게 빼앗겼던 자들이다. 이런 상태에서 그 자신이 멸망당하지 않았던 예는 없다."

천변만화(千變萬化)
변화가 아주 심함 _列子.

이해관계로 맺어진 사람들은
곤경에 처하면 서로를 버리고 만다

以利合者 迫窮禍患害相棄也 이리합자 박궁화환해상기야 _장자

이해관계로 맺어진 사람은 고경(苦境)이나 곤란한 일에 직면하면 그 자리에서 상대방을 버리고 만다는 뜻이다. 그 반대는 어떠한가? 장자(莊子)는 이렇게 말하고 있다. '이천속자(以天屬者)는 박궁화환해상수야(迫窮禍患害相收也).'

'이천속자(以天屬者)'는 알기 쉽게 말하면 두터운 신뢰로 맺어진 사이다. 그런 사이는 곤란한 경우에 처하게 되면 오히려 내 일처럼 서로 돕는다고 한다.

이것 또한 진리라고 해도 좋다.

우리는 다면적(多面的)인 교우관계 속에서 생활하고 있으며, 이해관계로 맺어진 경우가 적지 아니하다. 그것이 꼭 나쁘다는 것은 아니지만 이렇다는 것쯤은 알아두는 편이 좋다는 말이다. 그래야 상대방에게 불필요한 심리적 부담을 강요하는 일도 없을 터이고, 이쪽에서 대응을 잘못하는 일도 없다. 곤경에 처했다 해서 의지할 바 못 되는 것에 의지하는 것은 아주 졸렬한 처세인 것이다.

천의무봉(天衣無縫)
하늘의 옷에는 꿰맨 솔기가 없다는 뜻으로, 시문(詩文) 등이 자연스러워 조금도 다듬을 티가 없음을 이름 _靈怪錄.

전부가 구부러져 있으면 바로잡을 수 없고 전부가 잘못되어 있으면 고칠 수 없다

衆曲不容直, 衆枉不容正 중곡불용직, 중왕불용정 _회남자

'중곡(衆曲)'이란 전체가 구부러진 것, '중왕(衆枉)'이란 전체가 잘못되어 있는 것이다. 조직을 예로 들어보자. 조직 전체가 구부러져 있다든가 잘못된 방향으로 나아가는 정황(情況)하에서는 한두 사람이 바로잡아 보려고 다른 주장을 해보았자 오히려 비판만 돌아올 뿐이다. 악(惡)은 악으로 치닫게 내버려 두란 말이다.

그런 조직 속에서 살아나려면 다음 세 가지 사항 중 어느 하나를 선택해야 할 것이다.

1. 어디까지나 '직(直)'에 속하며 '정(正)'을 주장하고 조직의 비뚤어진 것을 바로잡는다. 단, 이 방법을 택하려면 옥쇄(玉碎)를 각오해야 한다.

2. 대세에 거역하지 말고 나름대로 정황을 파악하여, 그 파악된 결과에 순응하며 살아간다.

3. 그런 조직은 훌훌 털고 달리 활로를 개척한다.

이상 세 가지 사항 중 어느 사항이 더 좋다고는 말할 수 없다. 각각 그 사람 됨됨이와 입장에 따라 선택도 달라질 것이다.

> **천재일우(千載一遇)**
> 다시 만나기 어려운 매우 좋은 기회 _袁宏의 글.

옥(玉)은 갈지 않으면 그릇이 될 수 없고
사람은 배우지 않으면 도(道)를 알 수 없다

玉不琢不成器, 人不學不知道 옥불탁불성기, 인불학부지도 _예기

『예기(禮記)』에 '고로 옛 왕자(王者)는 나라를 세우고 백성을 다스리는 데 교학(教學)을 먼저 했다'고 했다. '교학'을 최우선의 과제로 삼았다는 말이다. 그럼 무엇을 가르쳤을까? 아마 고고한 지식이 아니라 사회인으로서 바르게 살아가기 위한 기본적 교양과 마음가짐에 대해서였을 것임에 틀림없다. '부지도(不知道)'의 '도'란 그런 내용이리라.

오늘날 우리나라에는 이러한 면의 교육이 많이 부족한 것으로 생각된다.

그래도 남자의 경우는 좀 낫다. 가정과 학교에서 사회에 적응하는 교육이 미흡하더라도 사회에 나간 다음 싫건 좋건 단련되고 적응해 나간다. 기업에서의 사원교육 등도 그런 면에서는 상당히 중요한 역할을 해낸다.

문제는 여성의 경우이다. 옛 도덕이 무너져 가는 것까지는 좋지만, 이에 대신할 새 가치관이 정립되지 않아 '짜임새 없는 여성'이 늘어가고 있다. 실로 위험한 일이다.

천편일률(千篇一律)
시와 글을 쓰는 법이 모두 똑같아서 변화가 없음 _藝苑卮言.

알기가 어려운 것이 아니라
행동으로 옮기기가 어렵다

非知之難, 行之惟難 비지지난, 행지유난 _서경

각 기업들이 조직의 활성화(活性化)를 위해 간부 연수교육과 사원들의 자질향상 교육을 앞다투어 실시하고 있다. 실로 바람직한 일이며, 다른 한편으로는 평생교육(平生教育)의 일익을 담당하고 있는 것 같아 흐뭇하다.

필자가 어느 회사의 연수원을 찾아갔을 때, 강당에 '행난이학이(行難而學易)'라는 족자가 붙어 있는 것을 보았다. '행동하기는 어렵고 배우기는 쉽다'는 뜻으로서, 교육으로 배운 내용을 실천의 장(場)에서 행동으로 옮기기를 기대한다는 뜻으로 써 붙인 것이리라.

그런데 '행난이학이'란 글귀를 보면 표제의 말이 떠오르곤 한다. 의미는 똑같으며, 은(殷)나라 고종(高宗)을 섬겼던 부열(傅說)이란 명재상이 고종에게 경고했던 말이다.

또 이 말을 뒤집어서 '행이지난(行易知難 : 행동하기는 쉽고 깨닫기는 어렵다)'을 주장한 사람은 중국 혁명의 아버지로 불리는 손문(孫文)이다. 손문은 당시 조국이 처해 있는 상황을 너무도 모르는 한족(漢族)에게 이렇게 경고했던 것이다.

철면피(鐵面皮)
부끄러워할 줄 모르는 뻔뻔한 사람 _北夢瑣言.

사람은 그 마음을 완전히 비울 때
종횡자재(縱橫自在)의 판단을 하게 된다

坐忘 좌망 _장자

불교 용어로 사용되지만 사실은 『장자(莊子)』가 이 말의 출전(出典)이다. 오체(五體)에서 힘을 빼고 일체의 감각을 없애어 몸도 마음도 허(虛)의 상태가 되어 있음을 의미한다.

알기 쉽게 말하면 허심(虛心)이라든가 무심(無心)의 경지이다. 이는 노장사상(老莊思想)의 근본이 되는 것 중 하나이기도 하다.

고승(高僧)들이 심산유곡에서 무아(無我)의 경지에 이르기까지 명상하는 상태, 혹은 이른바 도인(道人)이 득도(得道)의 경지에 이른 상태라고나 할까.

옛 고승은 이런 말을 남겼다.

"사람은 그 마음속을 완전히 비우지 못하기에 번민을 하게 된다. 모든 것을 잊는 좌망(坐忘)의 상태에 이르고 가슴속에 아무것도 품지 않는 경지에 이를 때에야 비로소 만사만경(萬事萬境)에 따라 종횡자재(縱橫自在)의 판단을 할 수가 있다."

잡념이 가슴속에 가득 차 있으면 판단을 그르치기 쉽다. '좌망'의 경지에서 대처하라는 말이다.

철주(掣肘)
간섭하여 자유롭지 못하게 제지함 _孔子家語.

사람을 사귈 경우
상대방에게 완전을 요구하지 마라

與人不求備 여인불구비 _서경

타인과 어떤 관계를 맺거나 사귈 때에는 상대방에게 완전을 기대해서는 안 된다는 말이다. 이 말 또한 인간관계를 원활하게 하는 지혜가 될 것이다.

자기가 완전한 인간이라면 상대방에게 완전을 요구해도 이해가 간다. 그러나 현실적으로 완전한 인간이란 있을 수 없다. 완전하지도 않은 인간이 상대방에게 완전을 요구해 봤자 되지도 않을뿐더러 설득력도 없다. 오히려 반발만 살 뿐이다.

이런 결점을 드러내기 쉬운 사람이 리더들이다. 『서경(書經)』에는 표제의 구절 다음에 '사람을 쓸 때에는 반드시 기(器)로 한다'고 덧붙여 있다. '기(器)로 한다'란 상대방의 능력에 따라 사용한다는 의미이다. 상대방에게 없는 능력을 강요하지 말라는 뜻이다. 상대방이 갖추고 있는 것을 빼내어 쓴다. 그 사용 방법이 '불구비(不求備)'이다. 이 점 또한 사람을 쓰는 요체라고 해도 좋다.

물론 자기 자신한테는 갖추지 못한 것까지 요구해야 한다. 그러나 남에게 그것을 요구하는 것은 파탄의 근본이다.

촉견폐일(蜀犬吠日)
촉나라 개는 해를 보고 짖음. 변하여, 비범한 사람의 행동은 범인들의 의심을 산다 _韓愈의 詩.

준비를 잘한 일은 성공하고 준비가 모자라면 실패한다

事豫則立, 不豫則廢 사예즉립, 불예즉폐 _중용

무슨 일이든 충분한 준비를 갖춘 다음에 시작하면 성공하고, 준비를 게을리 하면 실패한다는 의미이다. 준비의 중요성을 지적한 말이다.

『중용(中庸)』은 이 말을 한 후, 다시 그 구체적인 내용으로 다음의 4개 항목을 들고 있다.

1. 발언하기 전에 충분한 생각을 한다.

2. 일을 시작하기 전에 충분한 준비와 계획을 세우면 고생하는 일이 없다.

3. 행동을 하기 전에 예정을 충분히 정해 놓으면 실패하는 일이 없다.

4. 발걸음을 내딛기 전에 일정(日程)을 정해 놓으면 도중에 지쳐버리는 일이 없다.

성공과 실패가 엇갈리는 열쇠는 다른 점에도 있겠지만, 제1관문은 분명 준비 여하에 달려 있다고 하겠다.

추풍선(秋風扇)
가을바람을 만난 부채. 즉, 계절이 지나 아무 쓸모가 없게 된 물건. _班婕妤의 글.

걸왕·주왕이 천하를 잃은 것은
백성들의 지지를 못 얻었기 때문이다

桀紂之失天下也 失其民也 걸주지실천하야 실기민야 _맹자

하(夏)나라 걸왕(桀王)과 은(殷)나라 주왕(紂王)은 중국 3천년 역사 속에서 나라를 멸망시킨 전형적인 폭군으로 불리는 인물이다. 그들은 정치를 어떻게 했기에 나라를 멸망시켰을까? 가장 큰 이유는 백성의 지지를 얻지 못했기 때문이다. 맹자는 이렇게 말하고 있다.

"걸왕과 주왕이 천하를 잃은 것은 백성을 잃었기 때문이다. 백성을 잃은 것은 백성의 마음을 잃었기 때문이다."

내우외환(內憂外患)이란 말이 있다. 나라가 망하고 조직이 와해되는 것은 이 두 가지가 가장 큰 원인인데, 따지고 보면 외환도 내우에 의해서 초래되는 경우가 많다. 그렇다면 내우를 막기 위해서는 어떻게 하는 것이 좋을까? 맹자는 이렇게 덧붙이고 있다.

"그러기 위해서는 백성을 손에 넣어야 한다. 백성을 손에 넣으려면 어떻게 해야 하나? 백성의 마음을 사로잡아야 한다. 백성의 마음을 사로잡으려면 어떻게 하여야 하나? 백성들의 원망(願望)을 충족시켜 주고, 싫어하는 일을 시키지 말아야 한다."

출람(出藍)
제자가 스승보다 낫거나, 아들이 아버지보다 나음 _荀子.

충고해서 선도(善導)해도 안 되거든 이를 중단하라

忠告而善道之, 不可則止 충고이선도지, 불가즉지 _논어

'벗이 있어 먼 곳으로부터 찾아오면, 이 아니 즐거운가?'란 『논어(論語)』첫 머리에 나오는 유명한 구절이다. 공자(孔子)가 살던 시대는 전화나 인터넷 등 통신수단이 있을 리 만무하니 친구가 멀리서 찾아온다는 것은 그만큼 각별한 기쁨과 즐거움이 있었으리라.

그럼 친구를 사귐에 있어서는 어떻게 해야 좋을까? 공자의 견해를 들어 보자. 어느 날 제자 자공(子貢)이 이에 대한 질문을 하자 공자는 다음과 같이 대답했다.

"충고를 하여 선도해도 불가능하면 즉시 중단하라. 지나친 충고로 오히려 욕을 당하는 일이 없게 하라."

상대방이 과오를 범했을 때에는 성의를 가지고 충고하는 것이 좋다. 상대방이 듣지 않으면 얼마 동안 그 사람의 상태를 관망한다. 너무 집요하게 충고하는 것은 그다지 효과가 없다는 말이다.

어디까지나 상대방의 주체성을 중시하는 자세이다. 이 또한 '군자(君子)의 교제'라 해도 좋을 것 같다.

취생몽사(醉生夢死)
아무 의미 없이 한평생을 흐리멍덩하게 마친다는 뜻 _程子語錄.

중단해서는 안 될 처지에서 중단하는 자는 무슨 일을 하든지 도중하차 한다

於不可已而已者 無所不已 어불가이이이자 무소불이 _맹자

중단해서는 안 될 상황에서 중단하는 사람은 무엇을 해도 도중하차 한다는 의미의 구절이다. 맹자(孟子)는 또 이렇게 말하고 있다.

"후(厚)하게 해야 할 때에 박(薄)하게 하면 박(薄)을 면치 못한다."

정성을 깃들여서 일을 해야 할 때에 손을 빼는 사람은 무슨 일을 해도 자기 멋대로이기 때문에 대부분 성공하지 못한다는 뜻이다.

인생에는 몇 번쯤은 실패가 찾아오게 마련이다. 여기서 분발하지 않으면 지금까지 애써 쌓아 올린 것을 잃게 된다든가, 혹은 이 처지를 뛰어넘지 못하면 새로운 전망이 열리지 않는, 그런 때가 찾아온다는 말이다. 맹자가 말하는 '무소불이(無所不已)'란 이를 말한다. 이 상황을 돌파하기만 하면 큰 자신감을 얻게 되어, 인간적으로도 크게 성장하는 계기가 될 것이다.

그것을 해낼 수 있느냐 없느냐는 의지력(意志力)의 문제이다. 평소부터 강한 의지를 단련해 두지 않으면 안 된다.

침어낙안(沈魚落雁)
물고기가 부끄러워 숨고 기러기가 얼이 빠져서 떨어진다. 즉, 절세미인. _莊子.

군자가 항상 마음 써야 할
아홉 가지의 생각

君子有九思 군자유구사 _논어

군자(君子)에게는 항상 유념해야 할 아홉 가지의 규칙이 있다고 공자(孔子)는 말했다.

"볼 때는 명(明)을 생각하고 들을 때는 청(聽)을 생각하며, 색(色)은 온(溫)을 생각하고 모(貌)는 공(恭)을 생각하며, 언(言)은 충(忠)을 생각하고, 사(事)는 경(敬)을 생각하며, 의심스러울 때는 문(問)을 생각하고 분할 때는 난(難)을 생각하며, 득(得)을 보고는 의(義)를 생각하라."

1. 시각(視覺)에 있어서는 명민(明敏)할 것.

2. 청각(聽覺)에 있어서는 예민할 것.

3. 표정에 있어서는 부드러울 것.

4. 태도에 있어서는 성실할 것.

5. 발언에 있어서는 충실할 것.

6. 행동에 있어서는 신중할 것.

7. 의문 나는 일이 있을 때는 탐구심을 가질 것.

8. 감정에 이끌려 미혹되지 말 것.

9. 이득을 보면 의(義)를 잊지 말 것.

파경(破鏡)
거울을 깨어 나누어 가짐. 부부가 생이별함. _太平廣記.

분주한 가운데서도 냉정을 잃지 않으면 마음의 여유를 가질 수 있다

熱鬧中着一冷眼, 便省許多苦心思 열뇨중착일냉안, 편성허다고심사 _채근담

'열뇨(熱鬧)'란 혼잡하고 분주한 상태. 그런 가운데 있더라도 냉정하게 주변을 살피는 여유가 있으면 초조한 마음을 어느 정도 해소할 수 있다는 말이다. 여기서 '허다(許多)'란 많음을 뜻하고, '고심사(苦心思)'는 괴로운 생각이란 뜻이다.

분주하게 돌아다니면 아무래도 마음이 조급하기 마련이다. 그래서 실수도 생기고 사고도 내기 쉽다. 그것을 피하기 위해서는 항상 침착한 판단력을 가질 필요가 있다. 몸을 바삐 움직이며 돌아다니고 머리는 아프게 회전시키더라도 마음만은 언제나 냉정성을 유지하고 있어야 한다. 그러기 위해서는 마음에 여유를 가져야 한다는 것이다.

'망중한(忙中閑)'이란 말도 있다. '한(閑)'의 시간을 적절히 가지는 것이 제일 좋은데, '망중망(忙中忙)'인 사람은 평소부터 의식적으로 노력하여 냉정한 판단력을 기를 필요가 있다. 『채근담(菜根譚)』의 이 말은 '망중망'인 사람들에게 주는 조언이리라.

파락호(破落戶)
방탕하여 가산을 잃은 사람, 직업이 없는 무뢰한 _咸淳臨安志.

남을 믿고 의지함은
내 자신을 믿는 것만 못하다

恃人不如自恃也 시인불여자시야 _한비자

남의 힘을 믿지 말고, 자기 힘을 믿으라는 말이다. 『한비자(韓非子)』에 이런 이야기가 실려 있다.

옛날 노(魯)나라에 생선을 좋아하는 재상이 있었다. 이 소문을 들은 노나라 사람들은 앞다투어 생선을 갖다 바쳤다. 그러나 재상은 그 생선을 하나도 받지 않았다. 어떤 사람이 그 이유를 묻자 재상은 이렇게 대답했다고 한다.

"내가 생선을 좋아하기에 안 받는 것일세. 생선을 받게 되면 그 사람의 부탁을 들어주어야 하고, 그러다가는 법을 어기게 되는 경우도 생길 것이야. 그렇게 되면 파직을 당하지. 그 다음엔 내가 생선을 아무리 좋아한다고 한들 누가 가져다주겠는가? 결국 수입이 없을 것이니 내 자신이 돈을 주고 사먹을 수도 없을 것이란 말일세. 지금 이렇게 거절하는 것이 현명해. 아무 때고 먹고 싶은 생선을 사먹을 돈은 있으니까!"

이 재상처럼 '남을 믿는 것'보다 자기 자신을 믿는 것이 안전하고, 올바른 처세일 것이다.

파부침선(破斧沈船)
솥을 깨고 배를 가라앉힘. 즉, 결사적으로 전쟁에 임한다. _史記·項羽本紀.

사물의 한 면(面)에 사로잡혀
전체를 파악하지 못함이 병폐이다

人之患 蔽於一曲而闇於大理 인지환 폐어일곡이암어대리 _순자

사물의 한 면(面)에만 사로잡혀서 전체를 파악하지 못하는 것이 인간의 결점이라는 의미이다. 왜 그렇게 되는 것일까? 순자(荀子)에 의하면 편견에 의해 마음이 혼란한 상태에 있기 때문이라고 한다.

"마음이 혼란한 것은 호오(好惡)의 감정에 좌우되기 때문이다. 시종(始終), 원근(遠近), 광협(廣狹)의 한쪽에 사로잡히기 때문이다. 과거와 현재 중 어느 한쪽에 사로잡히는 것도 마찬가지이다. 어떤 일이든 어느 한 면에만 사로잡히게 되면 마음이 혼란해져 대국적인 판단을 그르치고 만다."

인간은 원래 사실을 사실로 인정하지 않으려는 심리적 경향이 있어서 모든 것을 자신의 가치 기준에 맞추어 생각하려고 한다. 이른바 인지구조(認知構造)의 왜곡을 원칙적으로 가지고 있는 것이다.

거기에서 벗어나기 위해서는 ①고정관념에서의 탈피, ②냉정한 판단력의 양성, ③확실한 정보의 입수 등에 노력해야 한다.

파죽지세(破竹之勢)
대나무를 칼로 쪼개듯 무서운 기세 _晉書.

군자에게는 반드시 경계해야 할 세 가지가 있다

君子有三戒 군자유삼계 _논어

군자(君子)는 세 가지를 철저하게 경계하지 않으면 안 된다는 말이다. 먼저 공자의 말을 들어보자.

"젊었을 때는 혈기(血氣)가 안정되어 있지 않으니 여자를 경계해야 하고, 장년기에는 혈기가 왕성하니 투쟁을 경계해야 하며, 노년기에는 혈기가 쇠해지므로 탐욕을 경계해야 한다."

이것을 알기 쉽게 요약하면 다음과 같다.

1. 혈기가 안정되지 않은 청년 시절에는 색욕을 자중할 것.

2. 혈기가 왕성해지는 장년기에는 투쟁욕을 자중할 것.

3. 혈기가 쇠해지는 노년기에는 물욕(物欲)을 자중할 것.

색욕, 투쟁심, 물욕은 모두 정도에 맞게 발휘하면 인생을 살아가는 데 활력이 된다. 그러나 이것이 과잉분출 되면 자신을 파멸시키는 원인이 된다.

문제는 컨트롤이다. '색'에 빠져서 앞길을 망치는 청년, '투쟁'에 치달았다가 자멸하는 장년, '이익'을 탐내어 노추(老醜)를 드러내는 노년 등은 모두 자기 컨트롤에 실패한 예라고 할 수 있다.

파천황(破天荒)
아무도 하지 않은 일을 하는 것 _北夢瑣言.

사업을 일으키고 성공하는 사람은 머리 회전이 빠른 사람이다

建功立業者, 多虛圓之士 건공입업자, 다허원지사 _채근담

　사업에 성공하고 공적을 올리는 사람은 훌륭하고 머리 회전이 잘되는 사람이라는 뜻이다. 『채근담(菜根譚)』에서는 또 '일을 망가뜨리고 기회를 잃는 사람은 반드시 집요(執拗)한 사람이다.'—즉, 사업에 실패하고 스스로 찬스를 잃는 것은 모두가 고집이 세고 융통성이 없는 사람들이다—라고도 했다.

　성공하는 타입—허원지사(虛圓之士)

　실패하는 타입—집요한 사람

　이 대비를 깊이 생각하는 것이 좋겠다.

　좀 다른 방법으로 풀이한다면 '허원(虛圓)'이란 기존 사고방식이라든가 고정관념에 사로잡히지 않고 정세의 변화에 따라 유연히 대응할 수 있는 자질을 의미한다. 그러므로 위기관리에 강한 타입이라고도 한다. 이에 비하여 '집요(執拗)'란 자신의 생각만 고집하는 완고한 성격을 의미한다. 따라서 유동하는 정세에 대응할 수 없다. 이렇게 되면 명암이 엇갈리는 것도 당연할 것이다. 젊었을 때는 '허원'하더라도 나이가 들면 '집요'가 되기 쉬운데, 그런 점도 충분히 생각해야 할 것이다.

풍성학려(風聲鶴唳)
바람소리와 학의 울음소리, 즉 하찮은 것 _晉書.

부하들이 상사가 있음만 알 뿐인 상사,
그런 상사가 최고의 상사이다

太上 下知有之 태상 하지유지 _노자

노자(老子)는 지도자의 등급을 4가지로 분류하고 있다.

'태상(太上)은 아랫사람들이 윗사람이 있음을 알 뿐이다. 그 다음은 윗사람을 친하게 여긴다. 그 다음은 윗사람을 두려워한다. 그 다음은 윗사람을 업신여긴다.'

이것을 최저급의 등급부터 열거하면,

1. 부하들로부터 무시당하는 지도자, 2. 부하들이 무서워하는 지도자, 3. 부하들로부터 경애(敬愛)받는 지도자, 그리고 가장 이상적인 지도자[太上]는 '아랫사람들이 지도자가 있는지 없는지조차 모르는 지도자'이다.

'하(下)'란 부하를 뜻한다. 부하들이 보아서 윗사람이 있는지 없는지조차 모를 정도라야 이상적인 지도자란 말이다. 좀 더 구체적으로 말한다면 이러하다.

"훌륭한 지도자는 변명도 선전도 하지 않는다. 훌륭한 업적을 올리더라도 그것이 그가 해낸 것인지 알지도 못한다."

그렇다면 그것은 나의 공적이라며 자랑을 해대는 사람은 우선 이상적인 지도자상에서는 거리가 먼 사람이다.

풍수지탄(風樹之嘆)
나무는 조용히 있고 싶어도 바람이 그치지 않음을 한탄한다. 효도하고자 하니 부모가 세상을 떠나 어찌할 수 없다. _論語.

발분하면 먹는 것도 잊고
즐길 때는 온갖 걱정 다 잊는다

發憤忘食, 樂而忘憂 발분망식, 낙이망우 _논어

어떤 사람이 공자(孔子)의 제자 자로(子路)에게 '공자는 어떤 인물이오?'라고 물었던바, 자로는 대답을 하지 못했다. 나중에 이 사실을 안 공자가 이렇게 힐책했다고 한다.

"너는 왜 대답을 하지 않았느냐? '발분하면 식사를 잊고, 즐길 때는 걱정을 잊어 늙어가는 것조차 모른다'고…."

이 구절을 다시 설명하면, '왜 대답해 주지 않았더냐? 학문에 발분하면 먹는 것도 잊고 만다. 또 학문을 즐길 때에는 걱정거리도 다 잊는다. 그리고 늙어가면서도 앞날이 얼마 안 남았다는 것조차 잊고 사는 사람이다.'라는 뜻의 말이다.

이 말은 공자가 스스로 그려 보인 자화상(自畵像)이라는 데 의미가 있다. 실로 훌륭한 표현이 아닌가. 그리고 굳이 한마디 덧붙인다면 '발분'뿐만 아니라 '즐긴다'도 있는 것이 재미있다.

우리도 공자의 이런 삶의 자세를 배워나가도록 노력해야 하지 않을까.

필부지용(匹夫之勇)
생각 없이 날뛰는 소인의 용기 _孟子·梁惠王章句.

덕과 능력을 두루 갖춘 사람이라야 화(禍)를 미연에 방지할 수 있다

惟有道者 能備患於未形也 유유도자 능비환어미형야 _관자

'유도자(有道者)'란 훌륭한 덕과 능력을 가진 사람이다. 그러나 이 경우는 훌륭한 지도자란 의미이다. 그런 인물이어야 비로소 화(禍)를 미연에 방지할 수 있다는 말이다. 그 이유로서 관자(管子)는 다음 두 가지를 들고 있다.

1. 시의(時宜)를 얻어 대책을 세우므로 항상 큰일을 당하지 않는다.

2. 항상 공평무사한 태도로 임하는 까닭에 널리 부하들의 지지를 모을 수가 있다.

그 반대는 이러하다.

'지도자가 우유부단하면 그 정책은 항상 뒤떨어진다. 물욕만 왕성하면 인심을 사로잡지 못한다. 무능한 인간을 신뢰한다면 뜻있는 부하들로부터 버림받고 만다.'

이렇게 되면 화를 미연에 방지할 수 없다는 것이다.

리더로서 조직의 안태(安泰)를 꾀하고자 할 때에는 먼저 자신의 덕과 능력을 갈고 닦아야 한다는 것을 잊어서는 안 되겠다.

학철부어(涸轍鮒魚)
수레바퀴 자국에 괸 물에 있는 붕어라는 뜻으로, 사람이 아주 곤궁한 경우를 이름 _莊子.

세찬 바람이 불어닥쳐야
강한 풀을 분별할 수 있다

疾風知勁草 질풍지경초 _후한서

'경초(勁草)'란 강한 풀이다. 바람이 세게 불지 않는 날에는 강한 풀인지, 약한 풀인지 구별이 안 된다. 그러나 세찬 바람이 몰아치면 약한 풀은 쓰러지고 만다. 그러나 강한 풀은 휘어졌다가도 고개를 들고 일어선다. 세찬 바람이 부는 날이라야 강한 풀의 진가가 발휘되는 것이다.

인간도 그와 같아서 평온하고 무사한 날에는 강한 인간, 약한 인간이 구별되지 아니한다. 곤란한 일과 역경에 처해졌을 때에야 비로소 그 인간의 진가를 알 수 있는 법이다.

'질풍이 불 때 경초를 안다'란 바로 이런 것을 비유한 말일 것이다.

어느 시인이 '인간 행로(行路) 험난하다'며 한탄한 것처럼, 인생에는 곤고와 역경이 따르게 마련이다. 거기서 주저앉아 버리면 패자가 될 수밖에 없다. 그런 때야말로 당당하게 인내하며 헤쳐 나가야 한다. 질풍에 견뎌내는 경초의 모습에서 많은 것을 배워야겠다.

해로동혈(偕老同穴)
살아서는 같이 늙고 죽어서는 같은 무덤에 묻힌다는 뜻으로, 부부간의 맹세를 이르는 말 _詩經·邶風篇.

단안을 내려서 감행하면
귀신도 이를 피한다

斷而敢行, 鬼神避之 단이감행, 귀신피지 _ 사기

진(秦)나라 시황제(始皇帝)가 순행(巡幸) 도중 급사했을 때의 일이다. 유조(遺詔)에 의해 장남인 부소(扶蘇)가 후계자로 지명되었는데, 환관(宦官) 조고(趙高)는 부소를 죽이고 차남인 호해(胡亥)를 옹립코자 하였다. 범용(凡庸)한 호해를 조종하여 자기가 실권을 장악하려는 속셈에서였다. 그때 조고가 어정쩡한 태도로 있는 호해에게 담판을 짓기 위해서 한 말이 표제의 구절이다.

"소(小)에 마음이 이끌리어 대(大)를 잊게 되면 후일 반드시 해(害)가 있고, 호의유예(狐疑猶豫)하면 반드시 후일에 후회하게 되지요. 단안을 내려 감행하면 귀신도 이를 피하고 후일에 성공이 있으니, 바라건대 어서 결단을 내리십시오."

조고는 호해에게 이렇게 결단을 촉구했던 것이다.

일반적으로 말해서 무엇인가 큰일을 시작할 때 이처럼 의기(意氣)에 불타는 것은 좋다. 그러나 그것은 어디까지나 마음속으로 불타야 하며, 겉으로는 드러나지 않는 자세를 견지하는 편이 성공 확률이 높다.

해어지화(解語之花)
언어가 통하는 꽃, 즉 미인을 말함 _天寶遺事.

덕을 따르는 자는 번창하고
덕을 거역하는 자는 멸망한다

順德者昌, 逆德者亡 순덕자창, 역덕자망 _한서

한(漢)나라 유방(劉邦)이 항우(項羽)의 패권(霸權)에 도전하여 낙양(洛陽) 근처에까지 군사를 진군시켰을 때의 일이다. 그 지방에 살던 동공(董公)이란 유지가 유방에게 면회를 청하고 이 말을 인용하면서, 대의명분을 밝히고 도의상으로 우위(優位)를 점하는 것이 중요하다고 진언했다 한다. '덕'은 이 경우 도의, 혹은 도리라고 이해하면 되겠다.

동공은 이때 '신(臣)은 들었습니다'라고 전제한 다음 이 말을 인용했었다. 그것을 보면 이 말도 속담으로 널리 쓰이던 말 같다. 그것은 사회의 실태(實態)라기보다 사람들이 원하던 것이었으리라.

어느 시대이든 악한 무리들이 하는 일은 잘되는 것 같아서 악(惡)이 번영하는 것처럼 보인다. 참되게 살아가는 사람들은 그것을 보며 마음속으로 표제의 구절을 되뇌면서 자위했을 것임에 틀림없다.

그러나 그것은 긴 안목으로 볼 때 단순한 원망(願望)이 아니라 역사적 사실이었던 것이다.

형설지공(螢雪之功)
반딧불과 눈빛으로 공부함 _晉書.

환락이 극에 이르면
애정(哀情)이 많다

歡樂極兮哀情多 환락극혜애정다 _고문진보

한(漢)나라 무제(武帝)의 「추풍사(秋風辭)」라는 시(詩) 가운데 나오는 구절이다. 좀 더 인용하면,

환락이 극에 이르니 슬픈 정이 많구나

청춘이 그 얼마나 되나.

늙어짐은 어찌할 수 없는 것.

이라고 되어 있다.

무제는 한대(漢代) 전성기(全盛期)의 황제다. 마음만 먹으면 무엇이든지 할 수 있는 입장이었으며, 인생을 즐기는 방법도 극에 달했었을 것임에 틀림없다. 하지만 그런 위치에 있던 그 역시, 즐거움 뒤에 스며드는 '슬픈 정[哀情]'은 어찌할 수 없었던 것 같다.

우리가 즐기는 인생이란 무제에 비하면 조족지혈(鳥足之血)이다. 그러나 '환락의 극'에 이르렀을 때 느끼는 바는 마찬가지일 것이다. 흥이 극에 다다르면 즐거움은커녕 적적한 생각이 든다. 『채근담(菜根譚)』에서도 '세상의 즐거움은 대개가 그런 것이다. 어찌하여 적당한 정도에서 그치지 아니하는가?'라고 경고하고 있다. 여흥에 지나치게 빠지지 말라는 말이다.

호가호위(狐假虎威)
여우가 호랑이의 위세를 가장한다 _戰國策.

궁하면 변하는 법이고
변하면 통하게 마련이다

窮則變, 變則通 궁즉변, 변즉통 _역경

사태가 아무리 꽉 막힌 상태로까지 진행되었다 해도 거기서 반드시 정세의 변화가 일어나며, 변화가 일어나면 거기서는 또다시 새로운 전개가 시작된다는 말이다. 『역경(易經)』에 의하면 그것은 인간 세계에 있어 변치 않는 법칙이라고 했다.

우리네 인생에서 가장 괴로운 것은 궁해졌을 때, 즉 앞뒤가 꽉꽉 막혀 있는 상태에 빠졌을 때일 것이다. 수양이 아무리 깊은 사람일지라도 이쯤 되면 당황하거나 자포자기하여 진퇴(進退)를 그르치는 예가 적지 아니하다. 그런 때야말로 서두르지 말고 침착하게 정세의 변화를 기다려야 한다.

그러나 무조건 기다리라는 것은 아니다. 『역경』의 말을 빌리면 '군자(君子)는 기(器)를 몸에 익히며 때를 기다렸다가 움직인다'고 하였다. 다시 말해서 능력[器]을 기르고 그것을 몸에 익히면서 때가 오기를 기다린다는 것이다.

이처럼 기다리면 반드시 정세의 변화에 따라 새로운 전망이 열릴 것임에 틀림없다.

화룡점정(畵龍點睛)
마지막 마무리를 한다 _水衡記.